上海大学创意写作丛书(第三辑)
许道军　主编

创意写作基础研究

黛安娜·唐纳利　格雷姆·哈珀　主编
范天玉　王　岚　雷　勇　李枭银　译
刘卫东　冯　奇　审校

上海大学出版社
·上海·

图书在版编目(CIP)数据

创意写作基础研究/(美)黛安娜·唐纳利,(美)格雷姆·哈珀主编;范天玉等译.—上海:上海大学出版社,2022.3
(上海大学创意写作丛书.第三辑)
ISBN 978-7-5671-4454-5

Ⅰ.①创… Ⅱ.①黛… ②格… ③范… Ⅲ.①写作-研究 Ⅳ.①H05

中国版本图书馆 CIP 数据核字(2022)第 063034 号

上海市版权局著作权合同登记号图字 09-2022-0035 号
Key Issues in Creative Writing
© Dianne Donnelly and Graeme Harper (2013)
This translation of *Key Issues in Creative Writing* is published by arrangement with Cultural & Creative Publishing Center of Shanghai University and Multilingual Matters.

编辑/策划　曹　杨　江振新
封面设计　缪炎栩
技术编辑　金　鑫　钱宇坤

创意写作基础研究

黛安娜·唐纳利　格雷姆·哈珀　主编
范天玉　王　岚　雷　勇　李枭银　译
刘卫东　冯　奇　审校

上海大学出版社出版发行
(上海市上大路 99 号　邮政编码 200444)
(http://www.shupress.cn　发行热线 021-66135112)
出版人　戴骏豪

*

南京展望文化发展有限公司排版
上海颛辉印刷厂有限公司印刷　各地新华书店经销
开本 890mm×1240mm　1/32　印张 8.75　字数 196 千
2022 年 3 月第 1 版　2022 年 3 月第 1 次印刷
ISBN 978-7-5671-4454-5/H·402　定价　53.00 元

版权所有　侵权必究
如发现本书有印装质量问题请与印刷厂质量科联系
联系电话:021-57602918

总序(一)

葛红兵

2009年,我们在上海大学创建中国第一个创意写作研究中心,我们想把创意写作学科引进中国。引进,就要翻译;那时,我们除了翻译英美国家的教材,还特地翻译了美国创意写作史研究的专著,包括斯坦福大学英语系教授马克·麦克格尔的《创意写作的兴起:战后美国文学的"系统时代"》,D. G. 迈尔斯的《美国创意写作史》及其他理论专著等。

我们在引进《创意写作的兴起:战后美国文学的"系统时代"》的时候,申请马克·麦克格尔教授的授权非常顺利,2012年就出版了,收录在广西师范大学出版社出版的"上海大学创意写作丛书"里。这套丛书包括马克·麦克格尔教授的《创意写作的兴起:战后美国文学的"系统时代"》、我和许道军的《创意写作基础理论与训练》、陈鸣老师的《小说写作:虚构与叙事》等,这些成了中国创意写作学肇始期第一批著作,是中国第一套创意写作丛书,也是后来我们在上海大学出版社继续出版"上海大学创意写作丛书"的缘起。当年,还有另一个好消息，我们在上海大学创建了中国第一个创意写作学术硕士点和学术博士点、博士后工作站，中国第一批创意写作学术硕士和博士入校学习。

可惜，那时翻译的著作，许多都未能出版，有的因为著作者授权问题，有的因为双方出版机构的经费分歧，但我们一直没有放弃出版的希望：高尔雅不仅为翻译做了巨大的付出，还在联系版权等事宜上坚持不懈、孜孜不倦。迈尔斯身体一直不好，联系他和他著作权所在的出版社都非常困难（可惜的是，迈尔斯一生没有得到过美国高校的正教授任职，他也没能活着看到这部著作的中文版出版）；刘卫东（周语）也一直在收集、更新和整理《创意写作基础研究》这本书的相关内容和文书，争取原作者授权支持。

可喜的是，有志者事竟成。现在，我们终于可以出版它们了。刘卫东给我留言，邀我给"上海大学创意写作丛书"写序，他说："我记得在 2012 年的时候，就收到了您发给大家的迈尔斯的《美国创意写作史》的译稿，另一部正在定稿的《创意写作基础研究》也是您确定的译本名称。"时间过得真快，现在已是 2021 年了。"上海大学创意写作丛书（第三辑）"的出版，让人十分欣慰，它让我们完成了各自的心愿，补上了学科起步期基础资料上很重要的一环。

"上海大学创意写作丛书"一直致力于创意写作学科理论建设,致力于理论原创著作和理论翻译著作建设,它见证了中国创意写作学科十余年来筚路蓝缕的历程,是足迹,也是见证。

在这里再次感谢阅文集团,感谢林庭锋、侯庆辰、杨晨、杨沾等,他们的支持让我们这套丛书有了不懈的坚守。

学科的引进是起步,学科的中国化创生是起步后的长跑。

无论如何,"上海大学创意写作丛书"都会坚守下去,助力学科长跑。

2021 年 10 月 12 日

于上海大学

总序(二)

许道军

"上海大学创意写作丛书(第三辑)"的出版在时序上迟于第一辑、第二辑,但这并不意味着它的内容晚近或者其重要性处于非"优先"位置,实际上,第三辑的两部译著《美国创意写作史》《创意写作基础研究》所触及的问题、所讨论的知识和内容,几乎都是创意写作研究最前沿和最基础的部分。

创意写作兴起于美国,后在全世界推广开来,因此,美国创意写作无疑是世界创意写作的源头和开端。从学科角度说,美国创意写作史也应该是世界创意写作史的源头和开端,讨论世界创意写作必须从美国创意写作说起,这应是常识。D.G.迈尔斯的《美国创意写作史》正是这样的一本书,它从创意写作最基础的概念"creative"溯源说起,引出"创意写作"产生的语境,然后从历时(历史)与共时(专题)的交错角度,勾勒出美国,或者说世界创意写作学兴起的背景、历程与未来发展态势,尤其是关于美国写作课程的设置、作家教学的缘起、创意写作工作坊的形成、学科与流派的创建、师资的流动、写作与时代的互动诸方面,提供了丰富的历史信息、学科知识和未来发展的启示。这本书中有一个被戏称为"大象教学"的真实故事,来源于一则有关弗拉基米尔·纳博科夫找工作却碰了一鼻子灰的真实故事,可作为作家轶事趣谈,更可以作为一个隐喻反复琢磨,因为它几乎聚集着创意写作学科的所有问题、疑惑,同时,直到今天,它还是一个可以用于质疑或"攻击"创意写作的有效工具,当然,从这个"典故"入手,耐心、系统地解释创意写作这个学科,也是非常好的选择。大象教学动物学,作家教学写作,合理性在哪里,只能如此吗?这部著作的开端很有趣,但这个话题只是一个引子,如同"创意写作"这个概念一样,只是用于引出创意写作的历史语境,真正的用意不是概念推演,而是从这几个点入手,进行系统的历史回溯。

《美国创意写作史》是美国乃至世界创意写作研究的权威之作,也是权威的创意写作史读本。在中国,其一直备受关注,然而使它"出名"的方式却颇具戏剧性。2009年以后,中国创意写作的发展已经进入快车道,但无论是课程建设、学科建设还是理论研究方面,我们都需要知道创意写作在美国、在爱荷华是如何发展起来的,它的初心是什么,最初的"敌人"是谁,它的学科领域包括哪些,边界在哪里,等等。从学术研究的角度讲,我们迫切需要这本著作提供线索。但很不幸的是,这本书的翻译出版极其波折,因为著作授权的问题,这本书迟迟不能出版,虽然它已经早早翻译、校对完毕。在2010年和2012年,上海大学分别开设了"创意写作基础理论与训练""创意写作经典文献研读"两门本科生和研究生课程,这两门课程都涉及美国创意写作史,尤其是研究生课程。那个时候,我们对英美国家创意写作的了解局限于对这些国家相关大学官网的调研、相关访美作家、学者的自述,而更系统、更集中的信息却无从获知。那个时候,我们有关美国创意写作的判断,大多来自《创意写作的兴起:战后美国文学的"系统时代"》这本书,然而这本书着眼点不在"史"而在"是",即创意写作"是"什么,虽然它也大量涉及美国创意写作的发展,尤其是爱荷华大学师生在创作、教学以及师门传承上的渊源,为我们勾画了一幅有趣的"超级机器"的图画,但这仍旧是不够的。需要这本书的不仅是上海大学,那些想了解创意写作的学者、想报考创意写作的研究生、想开课的老师,纷纷从上海大学"取经"。我们一再强调,因为这本书的译稿涉及版权、涉及翻译者的大量劳动,我们希望它留在学校,留在教学、研究领域。但"不幸"的是,这本书的译稿电子版还是一度被泄露,在坊间广为流传,并作为注释和参考文献频繁出现在相关研究论文中。如果没有猜错的话,在相当长的时间内,这本书唯一的纸质版在上海大学,唯一的"通用"文字翻译来自高尔雅和葛红兵两位老师,有趣的是,大多数注释引用的是翻译文稿,标注却来自英文原著。这对作者和翻译者显然不公平,所以我们强烈要求我们的研究生在使用有关这本书的译稿注释的时候,一定要附加说明,翻译文字来自高尔雅、葛红兵,以示学术诚信和对他人劳动的尊重。当然,通过这本书的译稿复印本,大家找到了翻译文字的"源头",使用时直接用原著也无可厚非。但可恶的是,一些违规者找到了翻译文稿,进行影印后在网络出售,事态有些严重了。我们立即联系相关网站,勒令其立即下架,并让其承诺不再以任何方式兜售。在这里我们不是要"秋后算账",而是要欣喜地告诉大家:以后这样的事不会也不用再发生啦。

《创意写作基础研究》由创意写作研究专家、中国创意写作研究界的"老朋友"黛安娜·唐纳利和格雷姆·哈珀两位学者主编,共十一章,着眼"创意写作与学术、学院之间的关系",即"创意写作给学院带来了什么重要性和价值,大学环境的性质如何影响这门学科"新课题,以英国、美国、澳大利亚三个国家为主要考察对象,着重探讨了包括"我们如何在现代经济和批判性和学院中推动学科向前发展?我们可以通过哪些方式为创意写作在高等教育机构中的地位增加权重,并作为该学科的拥护者、主动而非被动的变革推动者,对此做出回应?""了解创意写作的历史对其实践和发展有多重要?""什么是创意作家的'创意写作栖息地'?""创意素养对创意作家和学术科目意味着什么?""在当今的创意写作学科中,我们如何定义类型?""'创意写作研究'以及'创意写作作为研究',这是两个不同的概念,它们各自的基本问题是什么?批判性理解在创意写作中以哪些方式发挥作用?""创意写作在哪些方面是一门基于知识的学科?""创意写作知识是否有更多机会传达我们对世界的看法和想法?"等在内的10个问题,其中部分问题还自带追问,实际上远不止10个问题。细究下来,与其说这些问题是创意写作"基础问题",不如说是创意写作发展全球化、数字化、学院化、制度化、学术科目化同时又与全民化、个人化并行不悖的今天所要面对和解决的"新问题""前沿问题",或者说是基于当代条件下的"基础问题"。就问题的提出时效性和问题本身的及物性来说,这本书远不止一部简单的有关"创意写作是什么""作家可不可以培养/创意写作可不可以教"这些真正"基础"问题的入门读物,而是一部关于"今天的创意写作是指什么""如何建立与创意写作相匹配的学术研究范式、深刻认识今天的创意写作实践""未来的创意写作如何基于今天的条件和认知方式向着新的可能性发展"等具有探索性的学术论著。就其先锋性和深刻性来说,《创意写作基础研究》可谓颠覆了我们诸如"创意写作没有学术""创意写作无须研究"等在内的传统观念,尤其对那些刚刚入门的教师、学者或者慕名而来的"观光者"以及兴冲冲来"砸场子"的质疑者来说,肯定会目瞪口呆:这完全不是我们想象中的创意写作!我们试举一例:关于创意写作研究,格雷姆·哈珀提出"创意写作作为研究"和"创意写作研究"两个概念,他认为:"创意写作为什么不能被视为一种研究形式呢?毕竟,创意写作的过程难道不是也包含了询问、某种形式的调查、检视等活动吗?"因为"创意作品为自己发声,它们本身就应该足以证明(或不证明)授予学位和/或认可作为研究的作品",同时,"创意写作作为研究和研究创意写作都将实践导向研究作为一种探究模式,或者一系列的探究模式"。这个问题的提出以及关于这个问题的回答极大地考验我们的脑回路!在这部著作中,这样的问题与回答还有许多。我们不能简单认为,《创意写作基础研究》提升了创意写作研究的格调,而是,创意写作实践与创意写作研究真的可能有这么复杂,这么前沿,我们以前有可能真的是视而不见、见而不闻、闻而不审。

我们研究创意写作,努力将其知识化、学术化、学科化,并非出自一个学者的职业本能和作为创意写作研究与实践推动者的本位思考,比如"创意写作研究总要有一点深刻的内容""创意写作学术也有系统性知识"等,而是真诚地认为,这是创意写作学科发展的需要,是新文科建设的需要。往小处说,是培养作家的需要;往大处说,是整体提升我们国家全民创意能力的需要。这个事业始终有相关工作者在做,但创意写作是要将这个工作专业化、科学化、知识化,也要全民化、通俗化、个人化,而这个工作很艰巨,路也很漫长。

"上海大学创意写作丛书(第一辑)"出版的时候,中国只有两家单位在做创意写作;第二辑出版的时候,就有五百多家在跟进了;第三辑出版过程中,有更多的同人在汇聚。我们并不是说,可能是创意写作丛书引领了这个变化,我们真正想说的是,创意写作研究正在与创意写作事业同步发展,共同成长。

"上海大学创意写作丛书(第二辑)"出版后,反响非常热烈,它们入选"上海市重点图书",其中,《创意写作十五堂课》《创意写作的创意理论研究》出版不到一年就需要加印,许多高校将其作为教材使用,或者以此为范式编写中小学创意写作或创意作文图书。在新近当当网图书综合排序创意写作类图书,这几本书排名都非常靠前。当然,这要感谢上海大学出版社江振新、徐雁华和袁苇鸣等编辑老师的精心设计和用心编校,他们永远在幕后付出努力。

最初，我们播下种子，静待花开；后来，创意写作的春天来了，大地万紫千红；但更值得期待的是秋天，让我们再次静待收获。

2021 年 10 月 18 日
于上海

目　录

导言：全球视域下的创意写作基本问题 …… 黛安娜·唐纳利
　　格雷姆·哈珀　1

第一章　重塑创意写作：学院的权力与代理
　　　　…… 黛安娜·唐纳利　19

第二章　创意写作在学院：走向野性的那一面
　　　　…… 米米·特博　52

第三章　创意写作栖息地 …… 格雷姆·哈珀　75

第四章　超越文学：为什么创意素养很重要
　　　　…… 史蒂夫·希利　91

第五章　救猫咪，或体裁及其自身 …… 凯瑟琳·哈克　116

第六章　创意写作研究 …… 格雷姆·哈珀　150

第七章　创意写作的知识 …… 黛安娜·唐纳利　166

第八章　面向未来的创意写作教学
　　　　…… 斯蒂芬妮·范德斯利　190

第九章　创意写作教育的艺术："坚持"与"放手"
　　　　…… 英迪格·佩里　204

第十章　构建更好的超级机器：创意写作项目设计个案
　　　　研究 …… 奈杰尔·麦克劳格林　220

第十一章　创意写作研究生教育的未来：制度化的文学写作
　　......帕特里克·比扎罗　235
结语：探究创意写作的基本问题
　　......黛安娜·唐纳利　格雷姆·哈珀　247
参考文献 251
译后记 255

导言：全球视域下的创意写作基本问题

黛安娜·唐纳利　格雷姆·哈珀

创意写作实践与学院

海泽·史密斯和罗格·迪恩认为"创意写作从业者在大学里工作的意义并不大，除非他们和大学环境能够形成一种互动关系"①。鉴于这种说法的影响，我们该如何看待创意写作与学术、学院之间的关系呢？或者，更具体地说，创意写作给学院带来了什么重要意义和新的价值，大学环境的性质又是如何影响这门学科的？

我们知道，在全球范围内，美国、英国和澳大利亚的创意写作课程、专业的报名人数持续攀升。例如，2011年美国作家和写作项目协会编写的《写作项目指南》指出，尽管如今的大学经常面临削减经费，人文专业比例整体下降等问题，但美国创意写作项目的数量却显著增加。1975年，当时大约只有79个本科生和研究生创意

---

① SMITH H, DEAN R T. Introduction: practice-led, research-led research — toward the interactive cyclic web[M]//SMITH H, DEAN R T. Practice-led research, research-led practice in the creative arts (research methods for the arts and humanities). Edinburgh: Edinburgh University Press, 2009: 9.

写作项目,与目前报告统计的813个项目数量相比,这个数字可谓相形见绌。其中研究生超过346人(37人获得博士学位),每年都有成千上万的学生进入创意写作项目并毕业。同样,尽管创意写作课程在澳大利亚起步相对比较晚,1999年的时候博士项目数量只有8个,但按照AAWP的统计,如今包括澳大利亚和新西兰在内,已经有25个创意写作博士项目。与这一增长趋势形成鲜明对比的是,在英国创意写作最初只是一种"单一的、实验性的课程",创意写作项目在40年的时间里发展到"139所高等教育机构提供不同形式的创意写作证书"。① 在英国,60个(在本文写作的时候)研究生创意写作课程被收录在英国全国作家教育协会的网站上,还有一些新开设的课程可能还没有被统计进来。

学生报名参加创意写作课程和学位课程的原因差异明显,因为创意写作课程/项目通常招收来自不同学科的学生。无论学生想在互动的环境中写作,尝试诗歌或小说形式或其他体裁,还是想探索创意素养,这些课程都可以满足学生的兴趣。史蒂夫·希利在本书第四章中总结道,创意素养"刺激了创意写作的繁荣",因为学生们想要接触到一种文化资本,这种文化资本不是专门的"文学",而是具有弹性的"创意"。澳大利亚阿德莱德大学的布莱恩·卡斯特罗坚持认为,创意写作"在许多方面都很活跃:从学生发表的文章到与社区、社群的联系"②。本书的撰稿人认为,创作不仅仅是出版。例如,凯瑟琳·哈克指出,创意写作不仅仅是"对诗歌、小

---

① MUNDEN P. Sharing the art, craft and imagination: The National Association of Writers in Education[J]. *New writing: the international journal for the practice and theory of creative writing*(special Issue),2011:222.

② 该部分观点的参考来源出自作者于2011年5月15日与布莱恩·卡斯特罗的个人交流。

说和其他文学体裁的作家进行简单的专业培训"。在第五章中,她提出,"如果我们把教学目标限制在写出'好文章',或者模糊地定义为'达到发表文学作品的品质'的写作,我们就错过了一个提高写作的重要机会,这是一个更为重要的问题——是什么或说它意味着什么,及怎样与世界密切联系"。哈克提出,"这些更为重要的问题是可迁移的,跨越学科和话语的"。格雷姆·哈珀将公众体验与学生论及创意写作课程(例如,与"文化"或"社会","文学","读者"或"作家"相关)的个人经验因素联系了起来,并指出学生的理想和思想的易变性表明创意写作作为一种实践具有易变性。[①]哈珀总结说,类似地,"创意写作,作为一系列的结果很少能长时间保持静止"。在第九章中,英迪格·佩里则将创意写作课程描绘成"海洋——拥有不断变化的水、洋流、水位、温度、边界、颜色和纹理"。

康奈尔大学的罗伯特·雷侬认为,大学环境提供了"一个作家与想要写作的学生相遇的理想场所"。佛罗里达州立大学的维果·萨尔兹认为,大学环境是"一个便捷的地方和社群空间,人们可以在这里从事具有创造性的工作"。尽管以实践为基础的创意写作实践与其他学科,尤其是与创造性艺术的实践没有什么不同,雷侬还是指出,创意写作并不一定能"很好地与其他艺术形式所采用的那种学徒制契合"。换句话说,雷侬相信,一个年轻的作家并不需要参与某个写作团体,或者加入某个写作组合,或者作为一个写作工作室助理。但是,大学的独特环境确实可以为学生提供机会去发现、实践,及与写作社群建立联系。对此,布莱恩·卡斯特罗还

---

① HARPER G. *On creative writing*[M]. Bristol: Multilingual Matters, 2010: xi.

补充说,大学还"为研究提供了一个框架,创意活动可以融入其中"。他指出:"它应该是这样的。"

美国、澳大利亚和英国的创意写作课程有哪些不同之处?许多本科项目都为美国所谓的"非专业"学生提供创意写作课程,一些课程还将创意写作课程纳入通识教育的范畴中,这意味着它对所有学科的学生都适用。美国的 MFA 项目所涉及的范围甚广,包括基于工坊制的项目,专门的创意写作项目以及类似文学专业的学术研究的项目。而在全球范围内,博士学位则被称为"探究、理解和从事创意写作的制高点"[1]。

英国和澳大利亚的创意写作博士学位的开设并没有直接参照美国的创意写作硕士学位,因此,创意写作并没有像在美国那样与写作研究共享历史,"英国出现创意写作博士的一个原因是文学硕士课程令人难以置信的流行"[2]。哈珀对此进行了分析并指出:"在 20 世纪 80 年代末和 90 年代初,英语系尤其承受着压力,需要找出在经济上可行的新想法,以适应商业研究、休闲研究、心理学,甚至媒体研究等学科的强劲增长。"[3]总体上,这种学术竞争的情况与美国的情况并没有太大的不同。

大多数英国和澳大利亚的研究生需要完成一份原创性的作品

---

[1] HARPER G. The creative writing doctorate: Creative trial or academic error? [J]. *New writing: The international journal for the practice and theory of creative writing*, 2005(02): 80.

[2] HARPER G. The creative writing doctorate: creative trial or academic error? [J]. *New writing: the international journal for the practice and theory of creative writing*, 2005(02): 80.

[3] HARPER G. The creative writing doctorate: creative trial or academic error? [J]. *New writing: the international journal for the practice and theory of creative writing*, 2005(02): 80.

和一份内容充实的批判性研究成果（后者贡献了学科知识）。而在美国，这种原创性的作品被认为是与硕士或博士的学术性相等的研究成果。

创造性和批判性的混合不仅考虑了创意作家在创作行动中的过程，而且也考虑到"为了获得知识和理解而进行的原始探索"[①]。换句话说："创意工作可以视为一种研究形式"，因为创意实践——"创意从业者所拥有的训练和专业知识，以及他们在（编写创意作品）时所致力的过程"——可以导向一种"专业的研究见解，它们可以被概括或提炼，形成一种研究。"[②]史密斯和迪恩指出，"第一个论点关注的是基于实践的研究，强调创意实践本身；而第二个论点则是以实践为主导的研究，强调的则是当作者反思和记录他们自己的创意实践时可能出现的洞见、概念化和理论化。"[③]

在英国和澳大利亚，大学的规章制度和学院的期望强烈地影响着研究实践，而这些规章制度和期望背后的机构是政府的资助机构。相比之下，对于美国来说，设计以实践为主导的研究项目作为研究生创意写作学习的一部分，其背后并没有大量的资金推动。进一步的阻碍因素是，在学术层面上，创意写作教师对从事创意写作的批判性研究缺少强烈的职业冲动。事实上，莫斯利将现有教

---

① CANDY L. "Practice-based research: a guide", creativity and cognition studios, University of Technology[EB/OL].[2011-01-13]. http://www.creativityandcognition.com.
② SMITH H, DEAN R T. *Introduction: Practice-led, research-led research — toward the interactive cyclic web*[M]//SMITH H, DEAN R T. *Practice-led research, research-led practice in the creative arts (research methods for the arts and humanities)*. Edinburgh: Edinburgh University Press, 2009: 5.
③ SMITH H, DEAN R T. *Introduction: practice-led, research-led research — toward the interactive cyclic web*[M]//SMITH H, DEAN R T. *Practice-led research, research-led practice in the creative arts (research methods for the arts and humanities)*. Edinburgh: Edinburgh University Press, 2009: 5.

师激励制度的约束力量放在了正确的位置,他不仅指出了"这门学科的发展是缓慢的"①,而且还指出了他本人于1989年主编出版的具有开创性意义的学术文集《创意写作在美国:理论和教学法》并未纳入自己的成果,并对此提出怀疑。再加上这些限制,2010—2011年学生入学人数令人惊讶,众多的大学机构的"削减"(在某些情况下暂停)教师招聘,并导致本科班级规模的增加(在某些情况下,每班60~90名学生),创意写作教师的时间成为一种宝贵的资源,可以只追求提升和促进某些创意作品。

此外,最近在美国还有一种探究创意写作实践的趋向,倾向于将创意写作定位于一种更具实践性的模式,老师们关注的是教什么以及怎样开展教学活动,这类学科依旧注重以实践为基础,更多地基于教学层面而非批判性或理论层面的方法。

在美国、英国和澳大利亚,创意写作项目之间存在的许多差异与大学和资助计划有关。而这些国家所有创意写作项目的相似之处(但出于不同的原因)则是大学环境的本质所致,创意与批评是两种不同的、相互矛盾的需求,院校对后者的强调带给了创意写作项目很大挑战。大学环境所特有的严格的分类标准和方法论也同样对创意写作项目的发展具有较大的影响。在这样的背景下,一些人质疑研究生创意写作是否符合其他学科的研究标准;另一些人则想知道,考虑到高等院校里的这些标准的来源,创意写作是否应该达到这些标准。

在美国,虽然创意写作专业的毕业生可能会受到创意过程的

---

① MOXLEY J. *Afterword: disciplinarity and the future of creative writing studies*[M]// DONNELLY D. *Does the writing workshop still work?*. Bristol: Multilingual Matters, 2010: 231.

影响,但如前所述,他们并不需要提交学术论文来作为他们原创性作品的补充。此外,政府的资助机制并不真正支持那种以实践为主导的创意写作研究,而这种研究可以通过这种形式探索该领域的普遍知识。这类对原创作品的反思和批判性研究可以以作家个人的自我报告的形式出现。此外,这类耗费大量精力的研究一旦成为必要的部分,它可能会影响故事、小说或诗歌(或混合/多模态文体)的真实性和可信性。因此,原创性的作品被期望作为研究成果而独立存在。

事实上,美国的创意写作相关人员被要求在年度教员评估申请中展现他们的各类原创性活动。越来越多的美国创意写作研究生和老师参与了相关的研究活动,而这些活动的成果可能会出现在写作会议论坛或其他学术出版物上。最近,少数的创意写作艺术硕士和/或博士项目以批判性研究作为学位的一部分来作为原创性作品的补充,这种驱力可能会使这门学科在这些大学中处于一个更"主流"的学术方向。同时,随着创意写作博士项目的不断增长,它也可能会影响到学术动向,使得人们更容易接受创意写作的探索和注重批判性考核的关系。

在英国和澳大利亚,创意写作的博士学位(或其他博士资质)越来越成为大学教学职位的标准要求。因此,原创型的创意作家往往被要求遵循学术研究要求,提供相关的知识获取、探索和进步的证据。因此,英国和澳大利亚的创意写作项目正面临着与其他学科竞争研究经费的挑战,它们正越来越多地致力于将创意写作视为一门学科,可以定义自己的研究领域和研究实践。

负责评估美国博士项目的相关组织也对提升创意写作在学术中的地位有重要影响。美国国家研究委员会(NRC)对研究性博士学位项目的评估,追踪了 20 个可以评估项目质量的变量。这些研究结果得到了学术领袖的重视,也为未来的学生进行研究生学习项目提供了参考。NRC 为评估教员研究活动而收集的数据,包括教员荣誉和奖励、出版物、论文被引用情况和所获得的相关资助。NRC 并没有把创意写作列为英语系的一个组成部分,可能是因为在这样的研究领域,这门学科还没有达到临界标准。

如果 NRC 将创意写作列入排名领域,该学科可能会考虑,文学研究为何在 2010 年的排名中落后,主要是因为"用于计算科学领域论文引用的程序……只选取了一部分人文期刊,而没有选取人文专题著作"①。因此,"学术(是)几乎是衡量英语研究活动的唯一标准……重点最终是衡量数量,而不是质量。"②马克·柏雷林建议,"如果人文院系明智的话,他们会对 NRC 的报告充满热情地表示感谢,并礼貌地要求重新调整他们所在领域的排名。"③在上面的讨论中,有一个关于创意写作的警示性故事:如果这门学科要在学院中拥有举足轻重的地位,那么现在就应该开始评估研究活动的基准——教师奖金、相关资助、荣誉和所获奖励。

美国、英国和澳大利亚的研究评估机构之间存在相当明显的差异。其中一些研究评估机构与资助计划有关,因此与学院对创

---

① BAUERLEIN M. *Two problems with the new doctoral rankings. Minding the campus: reforming our universities* [EB/OL]. [2012 - 08 - 08]. http://www.mindingthecampus.com/originals/2010/09/two_problems_with_the_new_doct.html.

② BAUERLEIN M. *Two problems with the new doctoral rankings. Minding the campus: reforming our universities* [EB/OL]. [2012 - 08 - 08]. http://www.mindingthecampus.com/originals/2010/09/two_problems_with_the_new_doct.html.

③ BAUERLEIN M. *Two problems with the new doctoral rankings. Minding the campus: reforming our universities* [EB/OL]. [2012 - 08 - 08]. http://www.mindingthecampus.com/originals/2010/09/two_problems_with_the_new_doct.html.

意写作的认可有关。虽然在美国没有资助机构为参与研究活动的创意作家颁奖,但 NRC 根据教师价值、项目质量和出版物等变量对美国大学和学院机构进行了排名。NRC 研究大约每 10 年发布一次,尽管 2010 年的研究和之前的研究之间有 15 年的间隔。而在英国,研究评估工作(RAE)是一项全国性的措施,由撒切尔政府于 1986 年发起,定期考量英国高等教育机构(HEIs)的研究绩效单位。上一次在英国举行的这一研究评估工作是在 2008 年,与之相邻的一次研究评估,现在被称为卓越研究框架(REF),在 2014 年举行。这一评审结果已由委任的研究评审小组(现为参考小组)汇编,而评审结果会直接影响政府拨给各院校的研究拨款。REF 是由英格兰高等教育基金委员会(HEFCE)为英国管理的。在澳大利亚,澳大利亚政府的卓越研究计划(ERA)也对高等学校的研究表现进行了评估。2009 年的一项试验包括对创意艺术的评估,创意写作学科也被包括在内。该研究在 2010 年实施,并定于 2012 年再次进行。澳大利亚卓越研究计划建立在澳大利亚早期的研究质量框架(RQF)的基础上,并将其方法与英国 RAE 中看到的方法联系起来。

不同之处还包括研究资助机构和期刊发表的研究评估标准。例如,澳大利亚和英国的研究委员会将同行评议的期刊出版物视为学术成就的指标,但是,许多自新批评指导教科书问世以来主导美国市场的写作指南类的书籍等都不包括在内。尽管美国、英国和澳大利亚的研究评估机构之间存在显著差异,但所有机构都在试图找到衡量高等学校研究质量的办法。考虑到这种情况,关注如何看待创意写作的研究质量是一件紧迫的事情。

在全球层面上来看,解决创意写作研究的基准问题和战略计划,以提升国内和国际关于创意写作对人类知识、理解和批判性参与各类事务的贡献的认识,这种共识被证明是有价值的。在这一目标中,获得大学和管理机构对从事创意写作研究和创意写作实践的关注和理解,同样是重要的事情。

随着创意写作参与到现代学术竞争环境中,这一学科与学院之间经常存在某种程度的紧张关系,部分原因是因为20世纪的经济塑造了创意写作的公众形象,同样,这些也会影响到学院对创意写作的认知和态度。

到目前为止,受20世纪历程的影响,学生的兴趣在很大程度上成为推动创意写作项目在高等教育机构中发展的中坚力量。这门学科的持续发展,也常常通过学生对写作的广泛热情和投入来衡量。与物理科学或技术科学等其他学院里的领先领域不同,除了招生会带来收入之外,创意写作并不是一个主要的创收学科。甚至在英国和澳大利亚,政府资助往往直接给予各类研究,通常创意写作的博士候选人在吸引研究委员会资助方面鲜有成功者。尽管有证据表明,学科可能带来更多的成果,具有可评估性,比其他人文项目有更多的以知识为基础的产出。例如,2010年,"在澳大利亚政府的卓越研究(ERA)报告中,创意写作比文学研究或文化研究获得了更高的国家评级,并产生了两倍多的研究成果。"[①]

巴斯斯帕大学创意写作与出版系的主管史蒂夫·梅曾说,在过去的十年里,"创意写作已经成为英国高等教育中发展最迅速、最受欢迎的学科之一。"梅解释说,财务主管"喜欢高薪而轻松的招

---

① DALE J. *The rise and rise of creative writing*[EB/OL]. (2011-05-25)[2012-01-12]. http://theconversation.edu.au/the-rise-and-rise-of-creative-writing-730.

聘"。然而，英国政府对当前全球经济衰退的反应可能会影响这门学科的持续增长，因为政府计划撤回教育资金，并"将高等教育的成本转移到学生消费者身上"①。卡迪夫大学副校长特里·斯瑞德戈德表示，"从2012年到2013年，英国和欧盟学生的学费将从目前的3 500英镑（合5 582.86美元）上涨至9 000英镑（合14 355.93美元）。"斯瑞德戈德预测，对于人文学科来说，这个费用可能太高了。另一个变量则是，父母的收入（大学出勤率中一个不确定的因素）现在可能会成为影响学生学习的重要因素。随着政府优先考虑资金流向的领域（科学、技术、工程、数学），父母可能会建议即将上大学的孩子"努力"学习"老式"学科，以便在萎缩的就业市场中为自己创造更好的机会。②把这一因素与对艺术和人文研究委员会减少资助的意图的结合起来，人们关心的主要问题是创意写作学科将如何在英国维持其当前的发展。

根据布拉德利对澳大利亚高等教育的调查结果显示，澳大利亚政府将增加对大学的资助。部分财政支持与"需求驱动"资助系统有关，该系统允许高等学校注册并向学生提供本科学位。澳大利亚政府管理高等教育资金，管控高等教育的质量和成本，评估高等教育对公众和知识群体的利益，决定"哪种资助模式最能激励大学兑现澳大利亚政府对公平、技能、增长和质量的承诺"③。

约翰·戴尔坦言，在澳大利亚，创意写作要想达到美国高校里

---

① THREADGOLD T. *The global impact of UK university funding cuts* [EB/OL]. (2011-05-11)[2011-09-18]. http://theconversation.edu.au/the-global-impact-of-uk-university-funding-cuts-864.
② 该部分参考信息的来源为作者于2011年5月10日与史蒂夫·梅的个人交流。
③ *Higher Education 2020 Newsletter* [EB/OL]. [2010-12-08]. http://www.deewr.gov.au/HigherEducation/Publications/.../NewsletterIssue11.rtf.

那样的接受程度并融入大学是一个很大的挑战,而布莱恩·卡斯特罗则认为,很多老旧的层级制度很难理解这些。卡斯特罗认为,虽然(这门学科)吸引并带来了资金,但在大学里并不显眼,他哀叹大学"现在成了一个公司"。在如今经济萧条的情况下,许多美国大学希望政府不会再削减对高等教育的资助。缅因大学系统负责财务和行政事务的副主管丽贝卡·怀克认为,"公寓就是新的公寓"。"收益不会回到2008年的水平,直到2014年才会有所变化"。怀克预测,"国家将努力维持其所有服务,未来几年被压抑的资金需求将非常具有竞争力",对此她补充说,"我们很高兴现在正处于这样的态势。"在这个充满挑战的经济时代,许多州立大学和学院领导在协商学费、教学和其他运营问题时都面临着财政紧张,缅因州大学就是这种情况的代表。

在经济不景气的年份,管理者采取了整改大学基础设施、削减工厂成本和筹集资金等措施,以达到最佳运营效果,而提高学费成本则是一项对整个学院产生重大影响的举措。试想,如今的创意写作大学学位"自1972年以来增长了大约3 400%",但"家庭收入的增长却没有接近这个数字"①。当前和预期的失业率、信用卡和房地产泡沫使投资学位课程更具挑战性。2007年的经济衰退仍在影响着我们,学生和管理人员都感到了危机。从大学的角度来看,大学的学术和财政未来在于科学和技术工程,以及相关的培训项目,这些更有助于就业。② 尽管学生们对这个项目的兴趣有所增

---

① JAFFE S. *The next bubble is about to burst: college grads face dwindling jobs and mounting loans*[EB/OL].[2010-12-16]. http://www.alternet.org/story/151149/the_next_bubble_is_about_to_burst%3A_college_grads_face_dwindling_jobs_an.

② 该部分参考信息来源为塔克斯顿于2011年2月4日在AWP会议所做的发言《学院中创意写作的未来》。

加,但创意写作班的规模使得这门学科成为一项昂贵的投资。

虽然就业市场竞争激烈,但作为学院内创收部分的创意写作应该对此适当回避,以积极的姿态和现实的方式回应大学管理者们。那么,这种可持续性的"永不充分的演变"①对于学院中的创意写作实践究竟意味着什么? 目前,这种实践的支持资金不足,在许多大学和学院中还面临学生与教师比率的膨胀、混合模式课程及班级规模变得更大等诸多问题。对于大学管理者来说,有没有办法让这门学科更易于管理是一个值得深思的问题。2011 年 AWP 大会的成员特里·塔克斯顿坚持认为:"在我们失去它之前,我们需要讨论创意写作。"奈杰尔·麦克劳格林在本书中则预测,"可以肯定的是,还会有进一步的经济压力,我们需要找到新的教学方式,既能应对资金削减和效率提高的压力,又能保持教学质量。"鉴于这种预测和对现实的理解,即我们无法(在很大程度上)继续按照过去的相同框架进行教学,那么今天在学院讨论创意写作实践的最佳方式是什么呢?

创意写作这个领域是否如佩里所言,"变革的时机已经成熟?"如果真是这样,这种变化的驱动因素是什么? 我们如何考虑学院中创意写作的形态和空间,考虑创意写作的"空间、环境,以及教学和学习栖息地的可能性"(佩里)——栖息地作为"空间和时间的分层参与"(哈珀),"无拘无束的空间"(唐纳利),"围绕教师/学生、专业/业余爱好者和生产者/消费者二元关系","围绕类型和形式"(佩里)、围绕"两者兼而有之"和二元假设被视为"多重和流动"

---

① 该部分参考信息来源为塔克斯顿于 2011 年 2 月 4 日在 AWP 会议所做的发言《学院中创意写作的未来》。

(哈克)？

由于在大学内探索任何知识领域都肯定会受益，因此本书所收集的论文的目的、目标和重点均是从世界上多个地方的多种方法出发，探究高等教育机构中创意写作的某些关键领域。《创意写作基础研究》介绍了一系列的问题，这些问题将有助于我们对创意写作的实践和理解。它将创意写作作为大学和学院的一门学科进行研究，并讨论该学科所使用和探索一系列创造性和批判性知识的方式。这部作品概述了与创意写作的本质相关的研究话题，并指出这些问题可能构成理解学科的基础，并对课程、专业学习及其在当今学术环境中顺利发展具有影响。

《创意写作基础研究》的前一部分集中研究了学院内部和更大范围的教育机构的创意写作，并探讨了与创意写作栖息地、类型、混合性、研究和知识相关的关键问题。后一部分呈现了多个大学成功的创意写作教学与研究，包括它们的课程和项目设计情况。《创意写作基础研究》是一种探究式的研究，正是以基本问题为驱动，使得这本书在创意写作研究方面有了新的进展。

创意写作基本问题

第一部分

（1）我们如何在现代经济和批判性教育占据主导的学院中推动学科向前发展？我们可以通过哪些方式为创意写作在高等教育机构中的地位增加权重，并作为该学科的拥护者、主动而非被动的变革推动者，对此做出回应？特里·斯瑞德戈德指出："高等教育机构未来的成功取决于大学能够定期重新想象自己"。在《重塑创意写作：学院的权力与代理》一文中，黛安娜·唐纳利已经探究了这种"重新想象"对于学院中的创意写作可能意味着什么，并指出"创意写作的未来能否成功取决于我们的机构——取决于我们前进的方式，取决于我们采取的方式，有意识地设计我们的课程和项目，以及我们如何与学生的需求、现代的学院和我们的社群联盟保持协调。"

（2）了解创意写作的历史对其实践和发展有多重要？米米·特博探索了创意写作的历史及其与学院的关系，同时她也提出了问题，"我们是如何来到这里的？""我们属于这里吗？""我们知道我们在这里做什么吗？"特博用"他者"和"野性"来描述创意写作，并感叹其缺乏"相关性"。在《创意写作在学院：走向野性的那一面》一文中，特博解释了元认知语言的二元性，它促进了学生的发展或"循序性"的智力和伦理发展。

（3）什么是创意作家的"创意写作栖息地"？我们与作家为开展创意写作而创造、采用或改造的栖息地相关联的性质、形式和应用是什么？格雷姆·哈珀探讨了创意写作栖息地是如何产生的，以及在时间和空间方面它对创意写作项目的成功和失败的影响。他运用了多种不同的方式探索关于创意写作栖息地的问题，并深入思考我们可以教授和学习哪些与栖息地有关的东西。

（4）创意素养对创意作家和学术科目意味着什么？史蒂夫·希利认为，许多创意写作学生并不是对传统的文学类型感兴趣，而是更希望获得一种普遍的创意素养。这种学习的"实际意义"在于，"创意写作可以而且确实可以引导学生走向更广泛的职业和专业道路"。在《超越文学：为什么创意素养很重要》一文中，希利将创意写作视为一种在学院内发展创意素养的方式。

（5）对于当下的创意写作学科，我们如何定义类型？哈克在《救猫咪，或体裁及其自身》中解释了类型的"可跨越性"的性质，因为它"足够稳定以保持其功能，并且足够流畅以允许其自身的转变"。她教导学生"系统地思考他们在写作时正在做什么以及他们正在做出的选择的类型"，她还鼓励学生"两者兼而有之"，并探究写作"与更大的历史轨迹的关系"，其中写作被视为一种"对话"，一种"积极的价值"，一种"间隙性"。

（6）创意写作研究和创意写作作为研究，是两个不同的概念，它们各自的基本问题是什么？批判性理解在创意写作中以哪些方式发挥作用？格雷姆·哈珀探究了创意写作中私人知识和公共知识之间的关系，以及我们可以协商和发展这种关系的方式。哈珀问道：我们如何评估创意写作的研究生作品，其中很多作品内在地包含了批判性的观点，这些因素又该如何评估？

（7）创意写作在哪些方面是一门基于知识的学科？创意写作知识是否有更多机会传达我们对世界的看法和想法？黛安娜·唐纳利的研究将创意写作作为"一个知识探究领域"和"一门以实践为导向的学术科目，致力于在该领域推进和扩展知识"。在《创意写作的知识》中，唐纳利构建了创意写作的认识论形态，将其与其他领域进行了比较，并将其建立在创意写作主体的知识发现之上。

第二部分

（8）哪些现有的教学实践考虑到了创意写作在学院里的处境？除了教授作家可以在所有类型中使用的各种技术因素和策略之外，范德斯利为了让她的学生为他们所生活的世界做好准备，还讲授了更为核心的"思维习惯"。在《面向未来的创意写作教学》，范德斯利为她的"数字领域的作家"讲解了与"数字能力""行业意识和主动性"和"弹性"相关的多个概念。

（9）关于研究的批判性过程、学习和理论以何种方式影响创意写作教学法？与范德斯利一样，佩里将章节的内容置于她所学习和认识到的新视角之中，对于今天的学生来说，这些观点可谓十分新颖。在讨论未来的创意写作教育和学习时，佩里分享的要点是关于空间和开放性，那就是"坚持"创意写作理论，并在我们的课程设计、教学和评估方面保持开放性。

（10）创意写作项目可以设计得更好还是更糟，如果是往好的方面发展，那么会是在哪些方面？奈杰尔·麦克劳格林借助格洛斯特郡大学成功的项目设计案例，探讨了这个问题。他在《构建更好的超级机器：创意写作项目设计个案研究》中说，"对于创意写作项目设计来说，不假思索地复制爱荷华工坊模式或复制标准的做法的已经不够，这样做很难保障效果。"格洛斯特郡大学的创意写作项目设计注重的是"学生的进步"，一个聚焦写作教育的学位，一个以技能为中心，以学生为中心的批判性课程，重点是像作家一样写作和阅读。在第二部分，帕特里克·比扎罗将量子修辞定位为"将研究生水平的创意写作培训与专业/技术领域的研究生学习相结合，作为将创意写作在学院中扎根的一种方式"。在《创意写作研究生教育的未来：制度化的文学写作》中，比扎罗指出，"创意写作可能会帮助未来的专业人士更好地描述他们的新发现"，并且可能会"教授目前在大学中尚未普遍教授的写作技能，除了创意写作项目，我们目前不知道如何以任何其他方式教授这些技能。"

创意写作，作为一系列复杂行动的结果，很少能长时间保持静止。考虑到这一点，我们在本书中探究的创意写作的基本问题将会如何影响该学科的未来呢？比扎罗的预想是，对于创意写作而言,"未来有很多东西","有一些是我们现在无法想象的东西",而这门学科"将以越来越新颖的方式在大学中被运用"。麦克劳格林提醒我们,"在学生选择的时代",大学将要求"更独特的课程……适合市场的要求",并且"项目设计将更多地了解学生如何学习理论,以及通过研究告诉我们创造过程怎样运作。"佩里看到了一个允许"更大程度的智力参与"、更多"空间和开放性来激发创意的活力的未来;事实上,这关系到实践的动态能量"。《创意写作基础研究》考察了创意写作的动态和流动性,以及学科发展的方式,同时还提出了探索和缩小理解差距的方法——着眼于该学科未来在学院和整个世界的发展。

刘卫东 译

第一章 重塑创意写作：学院的权力与代理

黛安娜·唐纳利

特里·斯瑞德戈德认为"高等教育机构未来的成功取决于大学定期学习重新想象自己"。本章在质疑这种"重新想象"对创意写作的意义的基础上，提出创意写作的未来能否获得成功取决于创意写作前进的方式，取决于创意写作教师设计课程和项目的方式，以及创意写作项目保持与学生需求、现代经济批判、学院和社群联盟相协调的方式。本章认为创意写作（行政人员/教师）可以通过以下方式对学生和学院产生明显影响：① 与别的学科的联系并寻求跨界转型；② 新的教学形式和方向；③ 更灵活和适当的研究生职业道路；④ 通过建立更强大的公共和学术社群，包括与政府机构的更紧密关系以及更充分整合的国际伙伴和协会关系。

我们所做的一切都根植于时间，时间不仅改变了我们，也改变了我们的观点。①

——玛格丽特·阿特伍德

---

① ATWOOD M. *Writing with intent*[M]. New York: Carroll & Graf, 2005: xiii-xiv.

回顾她写的一些文章,玛格丽特·阿特伍德总是在思考她今天是否会以不同的方式重新思考它们,或者她是否会再写这些。她说:"一年的预言成为下一年的必然,一年后,它就成为历史……我们总是回头看,想知道为什么我们错过了对我们来说如此明显的线索。"① 创意写作的故事倾向于模仿这种反思循环。多年来,这门学科为了自身的利益在美国推广文学,直到战后,创意写作专业不断扩大,招生人数同步增加。大学补贴和国家艺术基金会赞助人提供了就业机会,使今天的就业市场是原来的三倍。20 世纪 80 年代,创意写作促进了作家和教师的涌现,直到 90 年代,创意写作再次处于十字路口;这个新职位不再与有利的市场同步。纵观历史,我们可以看到,作为一门学科,创意写作一直是一个分裂的群体的一部分,这体现在它长期隶属于文学研究,缺乏学术地位和知识的积累,以及它自己对改革的抵制。这阻碍了创意写作在学院中获得核心地位。

艾伦·泰特早在 1964 年就预测到,这门学科"将在这里停留至少很长一段时间"②,它的流动性以及跨越学科边界的可转移性和生成性是今天支撑创意写作并推动其向前发展的催化剂之一。然而,即使考虑到该学科在美国、英国和澳大利亚不断增长的学生数量与学位项目,甚至考虑到其作为一种经证实的知识的能力,创意写作也是学术豁免的一个重要因素。通过考虑我们遇到过的艰难选择,我们获得了新的视角,我们可以① 为我们的参与教学和写作实践提供新的历史启示;② 根据需要重塑创意写作的空间;

---

① ATWOOD M. *Writing with intent*[M]. New York: Carroll & Graf, 2005: vii.
② TATE A. What is creative writing? [J]. *Wisconsin studies in contemporary literature*, 1964(03): 181-184.

③ 在现代经济和批判性学术环境中推进学科向前发展;④ 作为学科的倡导者,作为积极的而不是被动的变革推动者做出回应。作为我们学科的支持者,这意味着,尽管考虑到经济的发展方向和影响学术的因素不可避免的变化,我们的选择可能会更少,但我们也可以将注意力集中在创意写作方面,思考它在许多不同的学术环境和管理中取得成功的机会。

特里·斯瑞德戈德提醒我们:"我们面临的政府评估标准,以及资金危机,将是变革的驱动力。"[1]他认为,"高等教育机构未来的成功将取决于大学学会定期重新想象自己"。本章则建议,我们可以通过① 与别的学科的联系与跨界转型;② 新的教学形式和方向;③ 更灵活和适当的研究生职业道路;④ 通过建立更强大的公共和学术社群,包括与政府机构更紧密的关系以及更全面的国际伙伴关系和联合,来影响学生和学院。

与其他学科的联系与跨界转型

福柯建立了一个与空间条件相关的二分法,他说空间可以是权力动力学的剧场,因为意识形态相互竞争,但它同时也可以是一个不受障碍约束的自由领域。[2] 当研究经费和就业能力因素影响行政优先权时,权力动力在学术环境中发挥作用。虽然创意写作

---

[1] THREADGOLD T. *The global impact of UK university funding cuts*. *The Conversation*[EB/OL]. (2011-05-17)[2011-09-18]. http://theconversation.edu.au/the-globalimpact-of-uk-university-funding-cuts-864.

[2] FOUCAULT M. *I discuss creative writing's hybridization in more detail* [M]// DONNELLY D. *Establishing creative writing studies as an academic discipline*. Bristol: Multilingual Matters,2011.

的注册人数可能对管理人员有利,但师生比例低和其他相关的管理费用会影响运营成本。此外,该学科的有效实践和学术价值已经在某种程度上脱离了大学,这几乎不被行政领导人理解,他们更多地关注那些达到临界质量的项目。

然而,随着研究型大学开始更灵活地应对经济和社会对某些技能和知识的需求的变化,以及随着它们对媒体相关领域的增长做出反应,它们越来越意识到"当今许多发达国家正在发生的巨大转变,从信息时代的逻辑、线性、类似计算机的能力"转变为与"概念时代的创造性、移情、大局能力……"[1]相关联的那种创造力。在这种情况下,创意写作的跨学科活动将变得更加富有成效,这对学院、专业、创意经济以及至关重要的学生群体来说都更有意义。

约瑟夫·莫斯利曾提醒我们:"创意写作与文学和写作(或文化研究),就此而言的普遍分离妨碍了文化素养的发展。"更具体地说,莫斯利想知道"我们对写作部门专业化的热情是否导致我们划分、细分和固化发现及塑造意义的过程"[2]。

考虑到这一点,福柯的不受约束的空间概念似乎有理由应用于创意写作在学术领域的跨界转型,因为福柯将空间、知识和权力视为必然相关的东西。他指出:"试图将人们对自由的有效实践、社会关系的实践以及他们发现自己所处的空间分布分离开来,这有些武断。"[3]因此,如果我们要重新研判创意写作的空间,它的边

---

[1] PINK D. *A whole new mind: why right-brainers will rule the future* [M]. New York City: Riverhead Trade, 2006: 1-2.

[2] MOXLEY J. *Tearing down the walls: engaging the imagination* [M]. Creative writing in America: theory and pedagogy, Urbana: National Council of Teachers of English, 1989: 25-45.

[3] FOUCAULT M. *Truth and power* [M]// *Power/knowledge: selected interviews and other writings. 1972-1977*, New York: Pantheon, 1980: 112.

界和它的力量,同时考虑到学生的技能随着技术和各种艺术形式的变化,迅速变化的大学环境,以及社群作为话语的原动力的推动力,那么这门学科就有潜力与它所在专业、学校以及在全球网络内的关系联系起来,作为通向更广阔视野的一种方式。创意写作强大的建构主义基础、社会和文化机构、细读技能和不断增长的知识库共同建起这些超越学术界限的共同基础。

创意写作还有哪些交叉的可能性?在部门层面上,保罗·道森认为创意写作和文学研究的共同目标是基于社会代理的观点,而非一般形式或创作过程的理论。他把作家和评论家都压缩成公共知识分子的形象,并主张一种特殊的"学院内部的文学研究模式",这种模式需要"文学和批评写作作为互补的实践"[1]。此外,创意写作和文化研究与对学生进行全面审美教育的理念也密切相关。这种与文化研究的结合使凯文·布罗菲得出了新的结论,指出这种综合是至关重要的,"如果创意写作的学生要保持高水平,那么抵制僵化的写作方法十分重要"[2]。

同样考虑到创意写作和写作研究之间的模糊界限,这些研究始于约瑟夫·莫斯利(1989年)和温迪·毕晓普(1994年)的早期学术研究,由蒂姆·梅耶斯和最近的道格拉斯·黑塞推进,我也处理了这个交叉问题。我们中的许多人参加了大学写作与交流会议(CCCC)和美国作家和写作项目协会(AWP)会议,他们都是创作型学者,同时也教授写作。因此,我们的教学方法受到两个学科的

---

[1] DAWSON P. Creative writing and the new humanities[M]. Oxford: Routledge, 2005: 178-179.

[2] BROPHY K. Taming the contemporary[EB/OL]. [2020-04-01]. http://www.textjournal.com.au/april00/brophy.htm.

影响,因为研究方法与观察相结合——经验技能与文献相结合——探究与教学学术相结合。我们代表了一种集体身份的融合,这自然会引起学科界限的模糊。

如上所述的空间分布展示了创意写作如何创造一个自由的空间,并仍然与它的部门关系相结合。创意写作已经在通过与其他跨学科领域的交互沟通努力塑造一个新时代。实践之一是新的创意写作遵循大卫·斯塔基证明的写作教学的"多元文化"方法,这种方法是由"多年来积极交叉融合曾经相互隔离的写作领域的教师理论家"[1]构建的。这样的交互将创意写作推进到新的有趣的空间,这些空间将学科定位为一个在教学和程序上健全的实体,完全被赋予了自己的身份和学识。如今,写作不再受体裁的束缚,取而代之的是根据学生的兴趣调整创意写作课程,他们越来越了解创造力是网络社群的一种体验产品。为了拓宽写作的范围,教师们开始更多地与那些在艺术创作、媒体、电影和技术研究等领域的人合作。因此,创意写作教师正在改变写作工坊的形式,并通过引入更多的表达渠道、更多的创意情境以及更多的活动和演示来教学。由此产生的写作类型经常挑战主流文体。

我们见证了创意写作的流动性,因为教师接受并将更多的技术素养技能(例如文学超文本、数字叙事、播客)融入他们的课程设计中。我们看到创造力和技术以超越大学数字文化的方式融合在一起,并考虑到——对于我们作为具有创造力的艺术家的学生来说,现在已经进入21世纪10多年了——新的受众以及在数字环境

---

[1] STARKEY D. *Teaching writing creatively*[M]. Portsmouth, NH: Boynton/Cook, 1998: xiv.

中写作的相关技能和实践机会。随着学生从事数字媒体,他们正在建立比传统文化更加复杂的新文化。

创意写作还以有趣的方式使用空间理论(即超文本、照片、地图、虚拟博客、维基、音乐),这些方式与文本维度、数字、有形资产和在线平台相结合。虽然数字化将读者带入了一个新的层次,同时也让学生们把其他学科的建设结合起来,鼓励学科以意想不到的方式融合合作,并让作者考虑如何通过排版照片、视频和文本来增强故事和文章的混合。说到视觉方法论,吉利安·罗斯问道:"当事物几乎总是在空间上接近时,为什么要把它们分开?"[①]我们可以将这一基本原理应用到整个大学系统的创意写作的学科交互中,我们可以问,当学科几乎总是在空间上接近我们的大学关系时,为什么要划分创意写作?随着创意写作在大学系统中跨越界限,我们看到了新的学科伙伴关系、新的关系和重新定义文学的新方法的更多潜力。查德·戴维森和格雷戈里·弗雷泽一致认为,"作家拥抱而不是忽视其他研究领域。"[②]大学校园提供了一个很好的空间来促进联系和增强想象力。[③] 阿德莱德大学库切创意实践中心的联合主任布莱恩·卡斯特罗同意"交叉和跨学科合作是关键词"。他问道:"为什么不创造性地写民族志,或者通过电影和图像研究叙事,从而使研究更有活力?"我们知道有传统的方法与田野调查方法相联系,然而人类学家可以是学者和文学作家,擅长以创造性和科学的方式编织叙事。我们也知道,创意写作和电影研究的交叉有

[①] GILLIAN R. *Visual methodologies*[M]// GRIFFIN G. *Research methods for english studies*. Edinburgh: Edinburgh University Press Ltd, 2005: 67-89.

[②] DAVIDSON C, FRASER G. The expanding role of creative writing in today's college curriculum[J]. *The writer's chronicle*, 2009(03): 76-77.

[③] 此处参考信息为2011年5月作者与布莱恩·卡斯特罗的私人交流。

助于说明对话、隐喻的使用以及场景的构建和其他组织原则。

作为教师,我们通过跨越学科之间的空隙来应对学生阅读和写作的变化。越来越多的大学提供一些课程让学生在新的数字时代过渡到写作,一些大学要求学生至少参加一个数字叙事作为创意写作课程组合的一部分。创意写作和其他大学相互之间的交流使我们的学生接触到更多的表演艺术,以努力拓宽他们的写作领域。学生写作的范围可以是由戏剧学生表演的对话,抑或舞台上产生的动作,或用音乐、雕塑、舞蹈表达的诗歌。教师将创意写作与"舞蹈工作室课程或视觉艺术生活绘画课"相结合(例如,英迪格·佩里在迪肯大学的创意写作教学)。其他老师将小说教学作为一种创造游戏的方法。詹姆斯·保罗·吉是《电子游戏必须教会我们学习和读写》一书的作者,他建议游戏一代的学生在创造环境、互动故事、角色和动画时,成为内部人员、教师和制作人。这种学习环境中固有的自我认知原则允许学生"在现实世界的影响被削弱的空间中冒险",掌握"符号领域",欣赏"多个符号系统内部和之间的相互关系"[1],将文本理解为相关文本的一个家族("流派"),并培养积极批判性的思维技能。

梅尔达德·马苏德曾询问科学写作是否有创造性。神经科学期刊呼吁创作与该领域相关的故事。研究表明,撰写描述性叙述(除了临床笔记之外)的医生和护士更有同情心,且观察力更强,更关心他们的病人。在康奈尔大学,作家与科学家、音乐家、舞蹈演员和视觉艺术相结合(罗伯特·雷侬[2])。创意写作的学生有机会

---

[1] GEE J P. *What video games have to teach us about learning and literacy* [M]. New York: Palgrave. 2003:207-212.
[2] 此处参考信息为2011年5月10日作者与罗伯特·雷侬的私人交流。

与商业和传播专业的教师交流,学校邀请企业招聘人员来上课,鼓励实习,以支持商业世界的创造力。北卡罗来纳大学威尔明顿分校的卡伦·本德尔认为,"更多的跨学科工作——包括英语、戏剧、电影和历史系——将提升所有大学的学习体验。"①这些转变让我们有勇气设想创意写作技能的教学,可以超越创意写作课堂,超越"非此即彼的逻辑——创意作家将自己与其他学科的同行隔离开来"。相反,有创造力的作家越来越多地采用"两者兼而有之"的心态,鼓励跨界和文化交流②。

还要考虑可能存在于语言研究中的其他学术界合作伙伴关系,以努力"扩大跨文化阅读的可能性"③并为文学翻译创造机会。布莱恩·卡斯特罗建议"所有创意写作项目都应该将某种形式的文学翻译作为课程的辅助手段",并指出"跨语言的创造性工作对所有创作者来说都是一个不可思议的福音"。④ 例如,纽约法拉盛皇后学院提供创意写作和文学翻译,英国文学翻译中心与东英吉利大学文学与创意写作学院之间的合作伙伴关系也是读写翻译研讨会的典范。这让学生有机会"与西班牙学生一起学习文学翻译艺术"⑤。亚太写作伙伴关系主席科鲁兹则支持多语言文学理论,强调创意写作和语言研究的交叉点,他认为"掌握一种以上语言的

---

① 此处参考资料出处为2011年5月作者与本德尔的私人交流。
② DAVIDSON C, FRASER G. The expanding role of creative writing in today's collegecurriculum[J]. *The writer's chronicle*, 2009(03): 78.
③ CAMENS J, WILSON, D. Introduction: creative writing in the Asia-Pacific region[J]. *TEXT Special issue: creative writing in the Asia-Pacific region*, 2011(04): 1.
④ CASTRO B. Teaching creative writing in Asia: four points and five provocations [J]. *TEXT Special issue: creative writing in the Asia-Pacific region*, 2011(04): 5.
⑤ CAMENS J, WILSON D. Introduction: creative writing in the Asia-Pacific region [J]. *Creative writing in the Asia-Pacific region*, 2011(04): 2.

学生,无论其掌握程度有多差,都有一种新的、相对未被探索过的工具可以用来创作艺术作品"①。这些跨学科实践的例子确实以新的站得住脚和灵活的方式定位创意写作。例如,随着大学内创造性边界的建设建立了"利用不同话语力量的新混合学习方式"②,这些混合学习方式导致"混合领域",并很快开始以既令人兴奋又令人生畏的方式"回击"标准的探究模式。③ 如果我们的大学要成为一个学生可以产生想法、尝试这些新想法并继续寻求人类表达和知识获取的地方,如果我们认为写作空间会影响我们的写作以及我们与他人的互动方式,那么我们应该与我们所有的关系和开放空间合作,以便跨界学习。

新的教学形式和方向

虽然跨学科交互可以推进创意写作的发展,但现代学院内的创意写作管理却对该学科探索新的教学形式和方向构成了挑战。弗吉尼亚大学的丽莎·斯帕认为,"学院中的创意写作发生的事情当然会受到高等教育机构所面临的更大问题的影响:预算削减、转向兼职教学以及更少的教职员工教更多学生。"④

---

① CRUZ I R. Writing with two languages[J]. *TEXT Special issue: creative writing in the Asia-Pacific region*,2011(04):11.
② 此处信息来源参见戴维森和弗雷泽于 2011 年 5 月在美国作家和写作项目协会的大会发言《走向核心:创意写作作为大学课程的核心要求》(*Getting to the Core: Creative Writing as a Core Requirement in College Curricula*)。
③ MCWILLIAM E, HEARN G, HASEMEMAN B. Building trans-disciplinary borderlands forcreative futures: what barriers and opportunities? unpublished paper presented at the creativity or conformity?[J]. *Building cultures of creativity in higher education conference*,Cardiff,Wales,2007:9.
④ 此处参考信息来源为 2011 年 5 月作者与斯帕的个人交流。

第一章 重塑创意写作：学院的权力与代理

她的观点某种程度上也代表了我的想法，"即使在最糟糕的情况下，创意写作也能找到繁荣和发展的方法"。重要的是要注意到，学校或机构在许多方面有所不同，因此与项目设计和运营成本相关的讨论总是与环境相关的。一个程序中的指令有时在另一个程序中不是问题。然而，对我们如何教授创意写作以及我们教授什么进行积极的评估可以帮助我们尽可能地平衡学生和管理员的需求。由于大学的学术和金融未来仍被认为与 STEM 项目有关——科学、技术、工程和数学（尽管 STEM 中包括的学科各不相同，这取决于特定的大学和国际差异）——维持创意写作项目的资金（以 STEM 项目可能带来的程度）或产生关键研究资助的资金面临更大的不确定性。尽管创意写作确实能激发学生的兴趣，也能获得社区的青睐，但这门学科通常不会增加大学的盈利能力。维持小班规模的运营成本和师生比的膨胀影响着学院的底线。除了 10 个左右可能获得主要捐赠的顶级项目之外，大多数创意写作项目获得的资金很少，管理人员将可用资金用于设施维护和学生创收项目的培训。一些管理人员通过增加创意写作上限和要求从业者寻找更具成本效益的方法来运营和教授创意写作课程，从而寻求减少开销的方法。在这些更可怕的情况下，中佛罗里达大学的特里·塔克斯顿告诉我们，"我们必须思考我们能做些什么"[①]。当行政指令是增加班级规模和降低运营成本时，哪种选项可以最好地为本科生提供多种体验？接下来的不是一个说明性的解决方案，而是一个探索性的战略教学形式和方向，考虑替代的项目轨

---

① 此处信息来源为塔克斯顿于 2011 年 2 月 4 日在美国作家和写作项目协会的大会上的发言《创意写作在学院的未来》(*The Future of Creative Writing in the Academy*)。

道,独立的写作中心和完全集成的普通教育项目。

在《写作工坊是否仍然有效?》一书中,提出了两种本科阶段的课程方案,可以作为许多大学开放招生、小班授课的替代方案。

第一种是"作为通识教育轨道下的一系列课程",可供任何对"为了写作(和阅读)的进步(创意写作的早期教学目标)"感兴趣的学生使用。在这个方案中,没有创意写作专业,没有具体专注于职业轨迹或人生规划,也没有学生发表的目标。对于包括创意写作研究生教师培训项目或创意写作教学法课程的大学,二年级研究生可能会减轻教师的课程负担,并协调本科分组会议,以"推进与讲座主题相关的写作和讨论"[①]。

第二种是学士学位课程参考的是更高级的原创性作家课程,"其在项目中的位置取决于学生作品的样本"[②]。这个更加专业化的项目需要更小的班级规模;然而,学生在完成上述作为创意写作项目的先决条件的入门课程之前,可能不会选择这个项目专业。一些大学还雇用非终身教授,他们接受课程发布,以促进创意写作论文项目。

反思和重组创意写作学习体验也可能包括在线课程或混合模式/混合学习形式作为一种选择。这种差异化的教学可能需要结合传统的课堂教学、在线课程、独立的小组研讨会、参加特定的阅读系列或客座作家问答或网络研讨会。

[①] DONNELLY D. If it ain't broke don't fix it, or change is inevitable except from a vending machine[M]//DONNELLY D. *Does the writing workshop still work?* Bristol: Multilingual Matters, 2012: 22.

[②] DONNELLY D. If it ain't broke don't fix it, or change is inevitable except from a vending machine[M]//DONNELLY D. *Does the writing workshop still work?* Bristol: Multilingual Matters, 2012: 19.

这种混合模式课程的好处在于，最大程度模拟了学院之外的协商写作空间，抵消了传统教学模式相关的成本，并能为本科生提供各种各样的学习经验。当然挑战就是，要如何精心设计项目和协调必然增加的班级人数。

其他项目选择——包括美国的 MFA 和 PhD 项目，英国和澳大利亚的 MA 和 PhD 项目，以及 DCA（澳大利亚）和 MPhil（英国）项目——则可能不适用于大班级规模和混合模式的课程。学生的动机，延续到大学教学以外、更加灵活适当的职业道路，要基于这两点进行项目设计。这样的项目，不仅可以回应任何问题，比如，什么构成了我们对学生的责任；而且还可能帮助提升创意写作的盈利能力。

虽然在某些院系设置中，替代性的项目方案可能奏效，但独立的写作中心有更大的自主权，能就诸如资金、人员配置、课程设置等科层和运营议题，和如何在现有的大学结构中获得认可，获得独立的空间配置等问题展开协商。独立写作中心把创意写作放在管理的位置上，为学科在学术界建立了一个急需的话语权。虽然许多机构不能将创意写作作为一个独立的实体，放在自己的大厦内，但是这一学科，由于其可迁移和注重产出的属性，可以完全整合在大学的核心中。乔治亚大学就有这样一个项目，它将创意写作作为一门通用的（本科）课程，实现了其跨文化的益处。①

这让有关部门相信这种整合是有价值的。而体现其价值，意味着要展示创意写作的过程、对语言所承担意义的关注和其他基

---

① 此处信息来源参见戴维森和弗雷泽在 2011 年 5 月在美国作家和写作项目协会的大会发言《走向核心：创意写作作为大学课程的核心要求》(*Getting to the Core: Creative Writing as a Core Requirement in College Curricula*)。

础教育单元的相似性。事实上,创意写作课程——特别是当它们包括多模式的文化和学科合作时——促进了作为大学课程核心要求的增值相关性。二十多年前,温迪·毕晓普曾建议将创意写作列入必要的通识教育课程。2011年AWP会议上,与会成员积极强调,创意写作可以提高嵌入式大学核心课程的产出,这表明人们对创意写作作为基础课程的兴趣正在回升。但当转换需要实际位置的改变时,将学科转变为基础课程所面临的挑战,可能会涉及范式转换。乔治亚大学的创意写作单元现在就设在美术系。查德·戴维森和格雷戈里·弗雷泽建议那些,正在考虑一种完全整合项目的人们,要对这项行动所造成的一些"殖民焦虑"有一定的心理预期。①

项目设计是一个关键因素,它决定了成本效益、效率和创意写作课程是否成功。在大学系统中采取积极主动的立场,意味着创意写作要具备并能展示出其关键贡献。这种积极的行动也意味着,该学科要在学院范围内,对其预期成果、学生人数、通用性、适应性和宏观目标进行仔细地考虑。缩减规模并不总是应对经济挑战的本能反应,而且采取鸵鸟姿态肯定也无法稳居管理层面。重塑创意写作能增强学院的纪律、权力和能动性,但需要一种专注、全身心的努力。

为研究生提供更加灵活适当的职业道路

2009年,美国有超过2 000名艺术硕士和博士竞争大约100个

---

① 此处信息来源参见戴维森和弗雷泽在2011年5月在美国作家和写作项目协会的大会发言《走向核心:创意写作作为大学课程的核心要求》(*Getting to the Core: Creative Writing as a Core Requirement in College Curricula*)。

创意写作的终身教职。① 目前,在2009—2010年的AWP职位清单中,至少有3 000名艺术硕士和博士在竞争大约78个终身教职。自2009年的统计数据以来,创意写作终身教职的数量下降了20%,而竞争这些职位的毕业生人数却增加了50%。这些数字表明,该学科应该考虑,如何让其项目设计更实际地适用于大学和学生的未来生计。当然,任何与项目变更相关的讨论都可能考虑以下几个因素:首先,作为对自我认识的追求,创意作家参加研究生课程的动机目标是合理的。彼得·康恩和其他人认为,我们招收了"太多的博士生","花费了太多的时间来指导他们获得学位",然后让他们适应"功能失调的就业市场"。对此,格雷姆·哈珀认为,人文和文科学位的价值在于"成长、创造力、最大可能的意图和人类探索的目标"②。哈珀评论说,"雇主需要这些东西;但人类一般也需要。"他警告说,我们不能以"一成不变的、短视的眼光"低估自己和学生。

对人类探索这些目标提出质疑,对市场的收益做出响应,这是毫无疑问的。而希望在高校教授创意写作的学生,应该重视这一领域资格候选人的激烈竞争,大学应该承担一些义务,将这一特定结果阐明,激励学生愿意第一时间进修研究生创意写作课程。斯科特·斯莫尔伍德报告说,某些院系的做法延长了这种困境,即声称"我们一些更杰出的校友在威斯康星、哈佛、耶鲁和普林斯顿",而不是通过分享"在我们过去的30名毕业生中,以下是他们正在

---

① 此处信息来源为美国作家和写作项目协会2009年给出的一份名单(AWP professional lists,2009)。

② 此处信息来源为格雷姆·哈珀对《我们需要承认人文科学领域就业的现实情况》(*We need to acknowledge the realities of employment in the Humanities*)的评论观点。

做的30件事"来证明更广泛的成就基础。① 玛姬·巴特回应了我们学生的"毕业",指出"他们已经发展出了良好的写作能力,能够在一系列文体类型中清晰生动地表达自己;这种技能既可以用于撰写一份优秀的商业报告,也可以用于写作小说,以及得心应手地参加任何创造性活动"②。获得创意写作学位的学生在做些什么?巴特表示:

  一小部分人选择继续写作,或者继续研究生学习,目的是成为公认的剧作家、小说家或诗人,但他们通常也做其他一些"日常工作"来补充收入。而一些学生则直接成为了职业作家、记者、广告文案、编剧、剧作家。其他人则选择使用他们所获得的见解和技能谋生,成为了教师、公关人员、艺术治疗师、网站设计师、图书编辑、助理编辑、电视研究人员、文学代理人、图书管理员……家长。③

  我十分认同卡迪夫大学副校长特里·斯瑞德戈德的警示,即大学不会沦为商业和工业的工厂。而且,我绝不建议创意写作课程成为学生的就业中介。相反,我提供的是在学生成果方面进行现实讨论的可能性。由于大学提供的课程和教学种类不同,我主张学生应探索最符合其学术和研究生计划的课程,但我补充一点,创意写作实践者和管理者也需要考虑到我们的学生在创意写作课

---

① SMALLWOOD S. *Survey points to mismatch between Ph. D. students, their programs, and their potential employers* [EB/OL]. http://chronicle.com/article/Survey-Points-to-Mismatch/108651/.

② BUTT M. Position Paper, Sheffield Hallam University/English Subject Centre [J]. *New writing: the international journal for the practice and theory of creative writing*, 2001 (03): 2.

③ BUTT M. Position Paper, Sheffield Hallam University/English Subject Centre [J]. *New writing: the international journal for the practice and theory of creative writing*, 2001 (03): 2.

第一章 重塑创意写作：学院的权力与代理

堂和整个大学的创意写作整合中的其他可能性。

这种积极主动的状态意味着，我们要抓住市场的脉搏来设计课程和项目，为学生提供许多不同领域的创造性实践，更好地为创意作家呈现在电影、新闻、电视、戏剧设计，新媒体和数字内容产业，包括数字传播、电脑游戏、数字视频和电影、后期制作（编辑、电脑图像、音效等）、动画等行业现存的急速增长的机会。丹尼尔·平克告诉我们，"未来属于具有独特思维方式的独特的人——创造者和移情者、发明家、设计师和意义制造者。"①理查德·佛罗里达和一些人表示，"预计接近三分之一的未来劳动力将属于'创意劳动力'②，因为他们的工作本质是将其潜在的象征价值转化为经济和社会资产。"③如果他们的话没错，创造力，"商业世界的流行语"将具备实际的市场价值。肯·罗宾逊爵士称创造力是一个"战略问题"，并指出"在经济危机时期，创造力是当务之急"。此外，根据IBM董事长和CEO编制的2010年报告《利用复杂性》，全球1 500多名CEO将创造力确定为"最重要的领导能力"④。

在澳大利亚，政府政策将经济和社会准入与创意企业专业联系起来，作为重新定位知识的一种方式，这种调整重新制定了一些

---

① PINK D. *A whole new mind: why right-brainers will rule the future*[M]. New York City: Riverhead Trade, 2006: 1.
② FLORIDA R. *The rise of the creative class: and how it's transforming work, leisure, community and everyday Life*[M]. Annandale, NSW: Pluto Press, 2003.
③ MCWILLIAM E, HEARN G, HASEMAN B. Building trans-disciplinary borderlands for creative futures: what barriers and opportunities? unpublished paper presented at the creativity or conformity? [Z]. *Building Cultures of Creativity in Higher Education Conference*, Cardiff, Wales, 2007: 2.
④ IBM. *Capitalizing on complexity: insights from the global chief executive officer study* [EB/OL]. http://www-05.ibm.com/services/se/ceo/ceostudy2010/pdf/GBE03297USEN.pdf.

高等教育机构的学科边界(如昆士兰科技大学、格里菲斯大学、J. M.库切创意实践中心,迪肯大学,皇家墨尔本理工大学)。澳大利亚的创意经济,"据估计,为该国的国内生产总值(GDP)(2007/8)贡献了311亿美元,高于农业、林业和渔业等澳大利亚其他行业的贡献。"① 澳大利亚政府的艺术委员会指出,澳大利亚应该"寻求新的和灵活的方式,将艺术、流行文化和创意产业结合在一起"②。创意产业的发展势头日益强劲。政府肯定了创意产业的经济贡献,并希望高校培养出能参与该领域并促进经济发展的毕业生。澳大利亚委员会委托撰写的"艺术和创意产业报告",是该委员会和昆士兰理工大学创意产业与创新卓越中心之间的长期生产关系的一部分,认为"这些经常两极分化的艺术部门和创意产业之间的政策关系可能会被重新考虑,并更有效地得到处理"③。最后,报告指出,国家政策不应在"公共资助的艺术,流行文化和蓬勃发展的创意产业"之间作出区分④,而且高校在这些领域的整合中发挥了关键作用。

2010年5月,英国首相戴维·卡梅伦在关于经济转型的演讲

---

① Asia-Pacific Cities Summit. *The Business of Cities* [EB/OL]. [2011-09-10]. http://www.apcsummit.org/files/pdf/2011-APCS-industry-factsheet_creative industries.pdf.
② Alliance of Artists Communities [EB/OL]. [2011-07-07]. http://www.artistcommunities.org/.
③ O'CONNOR J. CUNNINGHAM S. and JAANISTE L. *Arts and creative industries: an historical overview; and an australian conversation* [EB/OL]. http://www.australiacouncil.gov.au/__data/assets/pdf_file/0007/98431/Arts_and_creative_industries_FINAL_Feb_2011.pdf.
④ O'CONNOR J. CUNNINGHAM S. and JAANISTE L. *Arts and creative industries: an historical overview; and an australian conversation* [EB/OL]. http://www.australiacouncil.gov.au/__data/assets/pdf_file/0007/98431/Arts_and_creative_industries_FINAL_Feb_2011.pdf.

中就曾强调创意产业是一种日益增长的知识型企业。① 此外,文化、媒体和体育部报告指出,"创意产业在 2008 年占英国总增加值的 5.6%,该年出口的所有商品和服务的 41% 是由创意产业产生的","在 2010 年,约有 182 100 家创意产业企业在跨部门商业登记册上登记。"②

美国政府可能会影响州立高等教育研究机构的资助,但它并不一定强调创意产业作为一个日益增长的知识型企业的重要性,也不一定像澳大利亚和英国的管理机构那样,将创意资本的潜力与高等教育机构联系起来。今年,白宫启动了一项"创业美国"计划,重点是把探索和创造力作为促进新企业的发展的方式。此外,奥巴马总统委托的一项研究建议,创造性活动应"在课程中占据明确的位置"③,但不可否认的是,资助仍然主要指向科学、技术、工程、数学或医学领域(同样,取决于全球对理工科的定义)。

人们可以在美国艺术网站(美国艺术学院)的邓白氏数据中找到一些数据,这些数据反映了每个国会选区的创意产业增长。政府名义上有必要发展这样一个产业。众所周知,美国公众的消费行为和知识技术的商业发展有关。作为国民,"美国人花在娱乐和休闲上的钱比他们花在汽车、医疗保健、服装和鞋子、住房和公用

---

① CAMERON D. Transforming the british economy: coalition strategy for economic growth [EB/OL]. [2010 - 05 - 28]. https://www.gov.uk/government/speeches/transforming-the-british-economy-coalition-strategy-for-economic-growth.

② *Department for Culture, Media and Sport Creative Industries Economic Estimates* [EB/OL]. [2010 - 02 - 10]. https://www.gov.uk/government/statistics/creative-industries-economic-estimates-february - 2010.

③ PEIRCE M. *Obama research calls for creativity to be put at heart of curriculum* [EB/OL]. [2011 - 06 - 12]. http://www.tes.co.uk/article.aspx?storycode=6090301.

事业上的钱还要多"①,因此,娱乐已经取代了"国防",成为"新技术的驱动力"②。自 20 世纪 80 年代以来,多媒体和数字视觉效果行业迅速崛起。2008 年,在电影和视频行业就有将近 361 900 个薪资工作岗位。③ 尽管如此,在将美国学院的创意艺术与经济效益,和创造就业的潜力的结合方面,却几乎没有协调一致的努力。鉴于这似乎令人信服的数据,我们可能会进一步思考高等教育机构,尤其是创意写作课程,在培养学生成为创意劳动力方面的作用。

关于研究生和本科生的其他灵活适当的职业道路选择,据美国劳工统计局统计,2008 年,共有 281 300 个作家和编辑工作岗位,其中 50%与广告、公共关系传媒、期刊、图书和名录出版商相关,50%与广播、专业和社会组织以及涉及电影和视频行业的创意产业相关。受薪编辑不仅为出版商工作,还为与网络内容相关的部门工作。该局认为,随着"许多机构将出版重点从印刷版转向在线版,以及出版业持续萎缩",对作家和编辑的需求"尤其是那些有网络或多媒体经验的人"不断增长。人们只需打开最新的 AWP 职业清单,就可以看到的不断增加的编辑职位数量。幸运的是,我们正朝着正确的方向前进,有大学最近开展了一些活动,提供出版和编辑方面的本科文凭、硕士和学士学位,并协调出版和编辑实习。

---

① RIFKIN J. *The age of access: the new culture of hypercapitalism, where all of life is a paid-for experience*[M]. New York:Tarcher, 2000:161.
② RIFKIN J. *The age of access: the new culture of hypercapitalism, where all of life is a paid-for experience*[M]. New York:Tarcher, 2000:161.
③ US Bureau of Labor Statistics. *United States Bureau of Labor Statistics*(2010-2011)[EB/OL].[2011-05-31]. http://www.bls.gov/oes/current/oes271014.htm.

更强的知识型社区

创意写作通常在学院内声名不显。它的课程（往往）被视为"较次要"的课程，不那么严肃和庄严，更"工具性"和没有基准①，甚至在美国它的实践者也延续了一个世纪以来的孤立主义姿态，这使得帕特里克·比扎罗得出创意作家的必备条件是"对任何学术的怀疑主义"的结论②。然而，这门学科的价值正在得到更充分的承认，这不仅体现在前面讨论的诸多整合方式上，而且体现在它通过强大的社区联系提高和促进创造性实践和意识的潜力上。"创意写作"，丹尼尔·纳特尔评论说，"是一种文化活动"，一种"文化发明"，也是文化发展的桥梁，因此，"如果成功地吸引了大量的人的注意和推动，它就会蓬勃发展；如果不能，它就会枯萎"③。创意写作的繁荣源于它与社群、社区项目的合作，源于它创造和传播知识，源于它与公共社区、学术社群、政府资助机构以及全球社会建立了一种知识文化共同体。这样的伙伴关系进一步证明了创意写作影响的广度和深度。

公共社区发展

大多数创意写作项目包括文学社团活动，如对公众开放的阅

---

① 此处参考信息来源为作者2011年5月15日与布莱恩·卡斯特罗的个人交流。
② BIZZARO P. Research and reflections: the special case of creative writing[J]. College english，2004(03)：296.
③ NETTLE D. The evolution of creative writing [M]//KAUFMAN S B. The psychology of creative writing. Cambridge：Cambridgeuniversitypress，2009：101－116.

读或系列讲座。在这里,来访的作家、教师和学生经常通过在公共论坛上阅读他们的作品来参加社区外展活动。一些课程通过让学生参与更加沉浸式的社区工作,参加支持性伙伴关系建设的社区项目,来培养他们对文学艺术的认同感。南缅因大学的安妮·芬奇预见到创意写作"走出学院和进入社区。随着经济的变化,要求作家们吸引更广泛的读者,而随着社会的变化,要求写作的疗愈工作让更多的人受益"的变化。她认为这些变化"自然导致了创意写作与社会工作、护理、心理学和美术等学科之间的更大合作"①。鲍尔州立大学的创意作家通过参与沉浸式学习课程,实现了与社区服务和社会服务合作,这证实了安妮的预测。学生与社区成员合作,共同创作和阅读合作作品集,为处于危难中的儿童、老龄化人口以及身心残疾者提供一个发声的场所。

为了补充这一合作模式,东密歇根大学创意写作的跨学科 MA 项目,让学生参加一个社区外展实习和研讨会,要求他们'在大学以外的社区探索文学文化的意义(东密歇根大学)。内华达大学拉斯维加斯分校的硕士培养,有一个国际/和平团项目,其国际义务是,让创意作家"成为双语人才"和"研究跨越语言和文化传统边界的创意过程",努力将"他们的技艺的更全球化和更现代的观点"结合起来,同时"服务于第三世界的当前需求"。斯蒂芬妮·范德斯利指出,学院的创意写作项目"会在这类活动,在扩张和扩大读写文化的社区伙伴关系中受益"②。这一评论在《AWP 指导手册》(2011)中有所体现并得到了支持,它倡导建立有利于创意写作项

---

① 此处参考信息来源为作者 2011 年 5 月 10 日与芬奇的个人交流。
② VANDERSLICE S. *Rethinking creative writing in higher education: programs and practicesthat work*[M]. London: The Professional and Higher Partnership Ltd, 2011: 108.

目的社区伙伴关系，并在政策和信息上予以支持。该项目指南指出，这是一个深有影响的项目，通过"与当地艺术社区建立伙伴关系，并拓展到其他地区的学校，包括中学"，"促进与周边社区的关系"。① 许多项目通过与"作家在学校"合作来模仿这一做法。"作家在学校"是一个非盈利组织，会根据当地情况，在学校、医院、社区中心、博物馆和其他公共场所为创意作家提供住宿。此外，作为2013年的一项举措，英国高等教育资助委员会宣布，"大学各系还必须提供案例研究，证明其工作在学校之外的影响"②。利普赛特为了形成这样的社区影响，学院的创意作家可以与当地的、地区的和国家的艺术委员会合作，以促进创造性意识，产生创新项目，增加学科对学院贡献的可见性和有效性。

例如，根据"数字内容产业可以被视为艺术、科学和技术相结合的纽带"的原则，澳大利亚艺术委员会（ACR）与澳大利亚电影、电视和广播学院在2006年合作，编写了《数字生活作家指南：选择自己的冒险》一书，旨在"以数字环境中的专业创意写作为主题，创建一个免费且拥有广泛知识的信息库"③。ACR今年还为数字和新媒体写作领域的新工作提供了资助。英国文化协会制定的英国驻校作家计划与爱荷华大学的国际写作计划达成了合作，英国艺术委员会和一些高等教育机构建立了战略合作关系。而国家艺术基金会（NEA）资助了高等教育机构的新媒体表演项目。

---

① VANDERSLICE S. *Rethinking creative writing in higher education: programs and practicesthat work*[M]. London：The Professional and Higher Partnership Ltd，2011：72.

② LIPSETT A. Universities braced for heavier research burden[N]. *The Guardian*，2011：2.28－3.13.

③ FINGLETON T，DENA C，WILSON J. *The writer's guide to making a digital living: chooseyour own adventure*[M]. Sydney：*Australia Council for the Arts*，2008：6.

最近，在2012年2月的《高等教育内幕》的文章中①，约翰·华纳提出了假设，如果2012年AWP会议的大部分与会者花时间通过一些方式来增加芝加哥的读者人群，比如在戴利广场提供免费抽奖书籍，或者拿出半天时间，在芝加哥的每个教室里安排一位从事创意写作专业的作家，那最后会发生什么呢？华纳想象着"一颗艺术的超新星，就此从（AWP）会议中心诞生，以最好的方式直击人心"。范德斯利指出，如果我们以2012年AWP的几场会议作为参照的话，那么这种向外拓展的尝试可能已经实现了。② 这些会议集中讨论了"如何在监狱中教授创意写作"，讨论了"向双语学生教授创意写作的构想"，探讨了"让青年、具有风险性人群和得不到充分服务的人群参与进来的最佳方法"，或者是"倡导社会正义和服务学习"或"研究了帮助退伍军人从军队过渡到高校学术界的最佳方法"。范德斯利想知道，如果这些小组中的每个观众都将他们的"热情以持续超过半天的节目的形式回馈给社区"，如果华纳期望的"艺术超新星"已经从2012年的会议中诞生，会发生什么。另外，出于很多原因，创意写作项目都可以和社区组织合作，因为这样可以将创意写作的知识与服务相整合，也可以进一步提高创意写作在学院中的知名度。

学术界发展

过去11年来弗吉尼亚大学一直指导创意写作项目的丽莎·

---

① WARNER J. *Insider higher education* [EB/OL]. [2012-02-24]. http://www.insidehighered.com/blogs/education-orontechurm/which-i-complain-about-awp-conference.

② VANDERSLICS S. *The view from AWP Chicago: The Writer-Con* [EB/OL]. http://www.huffingtonpost.com/stephanie-vanderslice/awp-chicago-writer-con-2012_b_1318068.html.

斯帕表示,她很欣赏的学院早期的创意写作组织"受到了一些学术界和学术界人士不同程度的怀疑、不理解,甚至傲慢的对待"①。在"具有紧张气氛,尤其是具有激烈矛盾冲突的地方,创意写作组织通常将自己与学术界区分开来,但其他机构却欣然接受创意写作"。在像弗吉尼亚大学这样的大学里,本科和研究生课程被该系接受,在本科和大学范围内被视为艺术与科学皇冠上的宝石,该学科拥有更多的机会参与关于项目设计、开发和整合的富有成效的工作。

本德尔提出,"创建一个基础设施对于向学生展示文学写作具有很重要的文化意义。"②她补充说,"学术组织需要认真对待创意写作,这不仅是为了培养年轻作家,而且是为了帮助学生在创造性的环境中了解自己和世界"。

我想补充的是,在批判性学术领域中对创意写作的有效性和功能性方面采取防御性(或孤立主义)姿态,可能导致从业者在考虑该学科如何才能最好地满足大学及其学生群体的需求时,也会采取更审慎和更容易接受的立场。因此,学科和学院之间的联系应该是相互的,这好比车轮上的每个齿轮,它们互相推动着前进。在① 管理人员尊重和重视创意写作课程为中心;② 创意写作可以与当代学院的管理人员协商课程设计;③ 创意写作跨越边界并触及学生在多个学科的生活——互利的伙伴关系将学生和项目成果与大学的倡议联系起来。为了给学院中的该学科增加急需的声音,创意写作也可以从更高管理水平中得到更有益的自身呈现。

---

① 部分信息来源为作者 2011 年 5 月 24 日与斯帕教授的个人交流。
② 部分信息来源为作者 2011 年 5 月 15 日与本德尔的个人交流。

作为奖项、奖学金、基金会和赠款的获得者,创意写作教师可以在学院中展示该学科的重要性和价值,增加其在该领域的知名度、有效性和影响力。有些奖项需要提名;有些是要求必须在特定国家/地区居住,当然,申请截止的日期各不相同。艺术家社区联盟是一个全国性和国际性的协会,为希望从事其工作的创意艺术家提供住所。该组织还发布了一份社区居民的全面名单。让人梦寐以求的艺术家社区还包括雅斗、麦克道尔、拉格代尔、班夫等。国家艺术捐赠基金和古根海姆奖学金是有影响力的资助方,美国政府资助有时会提供创意写作研究的资助,在富布莱特和国际殖民地的驻地,如在意大利的洛克菲勒基金会和博格利亚斯科基金会是最高的国际捐款方。① 还有许多其他奖项、基金会、补助金和奖学金可供创意作家考虑。

政府资助机构

在英国和澳大利亚,大学的规定和学院的期望直接影响研究实践,而这些规定和期望的背后是政府资助机构。布莱恩·卡斯特罗不太相信学院会抵制创意写作的发展,更相信"政府资助机构和媒体代表"尚未意识到"创意写作的学术和经济价值"。② 尽管批判性诠释补充了英国和澳大利亚创意写作博士学位的创造性成分,但用于收集此类研究的研究分类法和公认方法尚未普及,虽然在明确研究生创意写作的要求方面做了很多努力,然而关于该奖

---

① 我感谢南佛罗里达大学创意写作项目主管西瑞斯,感谢她在创意写作教师奖、奖学金、补助金和驻校机会方面的帮助(个人交流、通讯,2011 年 6 月 20 日和 6 月 22 日)。
② 此处参考信息来源为作者 2011 年 5 月 15 日与布莱恩·卡斯特罗的个人交流。

项的关键构成,仍未达成共识。根据研究评估练习(RAE)的条款,"研究"是指基于"发明和想法、图像、性能和原创作品。同样也包括设计的研究,这些会引导新的或更为高明的见解产生"①。值得注意的是,到 2014 年,RAE 将被 REF 取代,它将使用评估数据(2015—2016 年)为其研究资金提供建议,我们将及时了解对研究定义和要求的任何修订。同样,就卓越研究评估(ERA)而言,澳大利亚研究委员会评估将"研究"定义为"以新的和创造性的方式创造新知识和/或使用现有知识,以产生新概念、新方法和新理解。这可能包括对先前研究的综合性分析,使其具有新颖性和创造性"②。

迄今为止,ERA 或 RAE 标准中还没有支持将小说、剧本或诗集的写作作为研究活动的相关表述。相反,政府要求学院中有创造力的作家去证实他们的工作是如何代表一系列研究,并在该领域贡献新知识的。指导研究的指南通常不会区分不同学科之间的研究方法差异,尽管创意写作是一门基于实践的学科,但委员会经常要求创意写作研究人员遵守有证明证据的科学方法。因此,某些领域的创意写作项目面临着与其他学科竞争研究经费的挑战。进一步阻碍建立研究实践基准的是与创造力和研究相关的二分法。史蒂夫·梅认为"有些人抱怨规则和法规影响创造力";而另一些人则批评他们说,这些抱怨者通常是"那些发现自我激励和完

---

① Higher Education Funding Council for England, Scottish Funding Council, Higher Education Funding Council for Wales, Department for Employment and Learning. Research Assessment Exercise 2008: the outcome[EB/OL]. http://www.rae.ac.uk/results/outstore/RAEOutcomeAE.pdf.

② Australian Research Council. ERA Program Descriptors[EB/OL].[2008-09-19]. http://www.arc.gov.au/pdf/ERA_Indicator_Descriptors.pdf.

成创造性工作最困难的人"①。

卡斯特罗指出,获得政府机构认可的一种方法是"使创意写作更加引人注目,以更严谨的方式使其更具卓越性,不仅只是通过出版给(学科)打上烙印,而是要让创造力成为该'学科'的品牌化核心,使其在所有职业和专业中成为不可或缺的写作练习"②。他指出,除了"这本书的未来"以外,还应注意到"还有社会关系、交流以及文化、灵感和发明的传播",除非写出来,否则这些都无法用任何历史的方式来解释说明。除非我们对在创意写作和政府研究委员会之间建立更强大的社区有三个相互交叉的组成部分有所理解,否则就无法解释这些问题。一个是关于创意写作作家"更加意识到他们作为研究人员的地位"③,更加意识到为了创造新的理解和新知识以及"了解他们在文化中的地位……'创意作家'必须理解——就像科学家也必须了解——在该领域还做了什么"④。除此之外,还有"知识获取活动"与大学为创意写作研究人员提供的"现场机会",以"发现与实践并行的新理论和知识"。⑤ 特别是,海泽尔·史密斯和罗格·迪恩建议"一旦高等教育越来越接受创造性工作及其与研究的现有和潜在关系,我们也会看到大学院系的组成、会议的召开方式以及学术写作的风格和评估模式发生的变

---

① 此处参考信息来源为作者 2011 年 5 月 10 日、7 月 11 日与史蒂夫·梅的个人交流。
② 此处参考信息来源为作者 2011 年 5 月 15 日与布莱恩·卡斯特罗的个人交流、通讯。
③ 此处参考信息来源为作者 2011 年与史蒂夫·梅的个人交流。
④ KROLL J. *The exegesis and the gentle reader/writer* [EB/OL]. http://www.textjournal.com.au/speciss/issue3/kroll.htm.
⑤ SCRIVENER S. *Reflection in and on action and practice in creative-production doctoral projectsin art and design*, working papers in art and design 1[EB/OL]. http://sitem.herts.ac.uk/artdes_research/papers/wpades/vol1/scrivener1.html.

化"。与政府研究委员会建立更强大社区的第三个因素是,理事机构越来越注重将创意写作与其他研究学科区分开来的独特方法。卡斯特罗指出,研究"毫无疑问是一种创造性的工作"①。

全球社区

在《新写作:创意写作实践与理论国际期刊》的一期名为"建立联系:21世纪的创意写作"的特刊中,格雷姆·哈珀提出"……如果我们处在一个人类经验联系更为普遍的时代,人类的互动超越了地域和时区,那么我们也处于一个机遇不断涌现的时代,我们有机会可以分享我们的创造性活动,交流知识,甚至发展我们的理解和合作,共同努力"②。

鉴于创意写作在美国、英国、澳大利亚、新西兰、菲律宾、爱尔兰、苏格兰和加拿大,以及在非洲的一些大学中是一门成熟的学科,并且在许多其他国家/地区都有设置,我们看到了它所拥有的这种分享、交流和合作机会的潜力。蒂姆·梅耶斯指出,创意写作拥有的国际关注点是其他人文学科所没有的。这使我们在全球范围内,有理由提出这样一个关键问题,我们如何才能更全面地理解创意写作,如何能提高创意写作其学术地位以及如何为该领域贡献新的知识。

在英国和澳大利亚的创意写作项目中,研究生们对大学的研

---

① SMITH H, DEAN R T. Introduction: practice-led, research-led research — toward the interactive cyclic web[J]. *Practice-led research, research-led practice in the creative arts* (*Research Methods for Arts and Humanities*), 2009: 1-38.

② HARPER G. Making connections: creative writing in the 21st century[J]. *New writing: the international journal for the practice and theory of creative writing*, 2011(03): 203-205.

究实践做出了贡献,形成了创意写作作为一门研究学科的论述。因此,创意写作研究成为了大学生产力的一个日益重要的方面,也是创意写作研究作为一种知识获取和生产方法发展的一个重要方面。哈珀得出的结论是"因为创意写作是一个知识领域,我们可以调查这个知识领域的性质和维度,如果我们愿意,也可以创建关于这种知识及其组成部分的模型或理论"①。

在美国,创意写作与知识的关系是通过该领域不断发展的教育学主体来实现的。虽然我们知道创意写作研究方法,但我们还没有完全展开在任何重要的背景下探索我们的方法。然而,通过国际社会的集体声音,英国、澳大利亚和美国的从业者可以发现,在何种条件下,意义可以被视为知识或知识的获取。因此,作为一个全球性领域,创意写作的意义必须克服国际课程学位差异,进入一个共同的"全球"语言可能存在的公共空间,并从中探讨作为一门知识型学科的创意写作。为了了解如何有效地对创意写作研究进行基准和衡量,我们必须打开新的全球和国际门户,以促进对创意写作特定研究模式的更好理解。

作为一项全球衡量标准,卡斯特罗鼓励我们"不要低估创意写作国际化的渗透效应"。他指出,重要的是"访问作家,尤其是国际作家,教会学生如何成为世界作家"②。由于美国、英国和澳大利亚的大学拥有越来越多的国际教师和学生,因此这一总结有特别的意义。同时,全球市场为作家提供了更广泛的学习机会和跨越文

---

① HARPER G. *Creative writing research today*[EB/OL]. http://www.nawe.co.uk/DB/wie-editions/articles/creative-writing-research-today.html.

② CASTRO B. Teaching creative writing in Asia: four points and five provocations[J]. *TEXT special issues: creative writing in the Asia-Pacific region*, 2011: 6-7.

化道路的手段。创意写作组织,如作家和写作项目协会(AWP)、澳大利亚的写作项目协会(AAWP)和全国作家教育协会(NAWE)等,他们都通过国际会议、奖学金和高等教育网络促进创意写作教学法和教育,促进全球文化和交流。许多为全国社区服务并链接到海外类似组织的印刷和在线出版物包括 AAWP 的在线期刊《文本》(TEXT)、AWP 的《作家编年史》、NAWE 的《教育写作》和《新写作:创意写作实践与理论国际期刊》。此外,"卓越写作——国际创意写作会议"建立在"全球对创意写作研究日益增长的兴趣"的基础上,国际创意写作研究中心(ICCWR)提供了一个新的国际论坛,探讨学术界的创意写作问题。由董事兼主席格雷姆·哈珀来领导,其中包括国际创意写作协会(CWS),是"一个讨论创意写作实践主导和批判性研究的地方,也是讨论大学创意写作教学的渠道(ICCWR)。"ICCWR 通过国际合作和相互交流开展工作。例如,2009 年 T. S. 艾略特奖得主菲利普·格罗斯教授在 2011 年 6 月的首届视频链接研讨会上,在伦敦举行的第 14 届"卓越写作国际创意写作年会"上进行了现场直播。2012 年,凯特·科尔斯(美国)、奈杰尔·麦克劳格林(英国)和杰里·克罗尔(澳大利亚)举行了与研究生学习有关的国际对话。

此外,作为这项全球努力的一分子,来自美国、韩国和澳大利亚的教师和学生于 2011 年 11 月召开了电话会议,共同讨论学院的创意写作,并计划在不久的将来开展一个更大的全球翻译项目。2010 年,一个名为"Unmade!"的国际虚拟合作交流中心将来自美国阿拉巴马州蒙特瓦洛的教师、作家和其他创作艺术家聚集在一起;包括来自澳大利亚诺曼维尔、韩国首尔和英国威尔士的人员。2012 年 4 月,美国、韩国和澳大利亚的创意写作教师、艺术家、作家和学者就创意实践的批判性理解这一主题建立了国际联系。

我们在2012年AWP国际研讨会上看到了更多兴趣的证据，在会上与会者们讨论了创意写作MFA项目的国际化。此外，《新写作：创意写作实践与理论国际期刊》的特刊还组织了名为"建立联系：21世纪的创意写作"的全球交流，来自AWP、NAWE、AAWP的撰稿人以及来自新西兰、亚太写作伙伴关系（APWP）和欧洲创意写作项目协会（EACWP）的投稿人参加了交流。

其他鼓励创意写作国际化并引起当地和全球认可的项目包括出国留学项目、国际写作项目、跨大西洋写作合作和文化交流项目。此外，在美国研究机构接受晋升的创意写作教师（例如副教授、教授、特聘教授）通常会在当地也有一定的地位。丽塔·西瑞斯[①]是南佛罗里达大学的创意写作主管，她提供报告称，大学指导方针建议学术作家可以通过以下几种方式实现这一地位。① 将他们的作品翻译成其他语言；② 在国际会议上或作家研讨会发表或提供阅读资料；③ 作品出版双语版本；④ 将其他作家的作品翻译成其他语言；⑤ 为国际文学杂志、报纸或期刊撰写书评、文章或创作作品；⑥ 撰写关于自己的作品、种族或宗教的文章，并试图将他们的作品刊登在对此类作品感兴趣的国际杂志上；⑦ 参加国际作家聚居地活动或者获得富布赖特等国际资助。

结论

"重塑"创意写作，意味着我们需要认真审视创意写作实践与

---

① 该部分参考信息来源为本文作者2011年6月与西瑞斯的个人交流。

学术之间的关系。我们知道创意写作可以为学院带来价值,它的课程和学位课程满足了广泛的学生兴趣,并且该学科吸引了来自其他学科基础的学生。同时,我们也知道,大学环境为学生提供了发现、实践和与写作社群联系的机会,并提供了"与创造性活动相结合的研究框架"①。

然而,我们必须意识到现代经济在学院中塑造创意写作的方式,以及该学科在大学和社群中如何通过扩大其价值、重要性和知名度来重新构建自己的方式。丽莎·斯帕提醒我们,"学院内部正在进行精彩、大胆的工作,不断更新工作方式应该是与创意写作/学院联盟相关的每个人的特权和责任。"②创意写作未来的成功取决于我们的机构——取决于我们前进的方式,取决于我们有意设计课程和项目的方式,以及我们满足学生需求与现代经济和批判性学术相结合,乃至和我们的社群联盟相协调的方式。

雷　勇　译

---

① 该部分参考信息来源为本文作者2011年5月与布莱恩·卡斯特罗教授的个人交流。
② 该部分参考信息来源为作者2011年5月与斯帕教授的个人交流。

第二章　创意写作在学院：
　　　　　走向野性的那一面

米米·特博

尽管创意写作是一门颇受欢迎且能产生经济效益的学科,但它在学术界的地位仍存有争议。作为英语研究(往往无从评估并隶属于课外活动)的一部分,创意写作学科的发展疏离于当前英语文学中的批判性思维,导致学科文化的"野性"和"他性",以致在人文学科领域中无所适从。创意写作也继承了社区写作课的文化期望,其中包括治疗、赋权、个人发展和职业学习等概念。但这些期望可能会遮蔽教师、学生和外部世界对学科的参与意图和效果。威廉·佩里的发展阶段学说和英国全国作家教育协会的基准声明为创意写作该如何培养学生的"毕业资质"这一问题提供了优秀案例。然而,学科的论证方式、研究的定义以及创意写作教师如何实现在学院的深度嵌入仍是有待解决的课题。

一、我们是如何到达那/这里的?

年轻男人们围在一位教师周围,他们站在寺庙门廊的顶端台阶上。不,他们在一间霉旧的会议室里,老师拿着烟斗点着头听着,偶尔打断一下。或者,也有可能是个头发蓬乱的年轻女人,穿着厚袜子,咬着铅笔尾端,坐在他们身边。与此同时,窗外新英格兰的秋叶飘落下来,老师读着油印的书页。

人们低头看着卷轴;袖珍的,方形的棕色书籍;过于厚重、权威的选集。诗歌的奥秘昭然若揭,仿佛这首诗正被放在解剖学家的桌上一样。

夕阳西下,烟斗被敲进炉栅,或铃声响起。学生们站了起来;或彼此之间交流,或是与导师交谈。有人害羞地低下头说:"拜托,先生,我自己写了一篇,您能……?"与此同时将手伸进上衣、长袍或胸前的口袋。

自古以来,诗学方面的学生有时会展示自己的创作。① 作为一门学科,创意写作从未有过让博览群书的教师来帮助年轻作者成长的想法。但它确实去掉了"拜托"。

创意写作学生有资格让教师和同学认真考察他们的创意作品。这种权利是创意写作教学的关键特征,与学科的发展密切相关。创意写作学科的兴起,本质上与21世纪赋权、包容和个性的概念交织在一起,这些概念在学院内部转化为一种学科文化,有些人也可能认为这种学科文化是叛逆、开放和打破传统的。正如大卫·莫利所言,创意写作一直颇具野性。②

尽管很多人,包括威尼弗瑞德·布莱恩·霍纳③都认为:包括修辞学研究在内,作文和诗学一样,作为古典教育的一个组成部

---

① MARSHALL A J. Library resources and creative writing at rome[J]. *Phoenix*,1976, 30(03):252-264.

② MORLEY D. *The cambridge introduction to creative writing*[M]. Cambridge:Cambridge University Press, 2007:20.

③ GAILLET L L, HORNER W B. *The present state of scholarship in the history of rhetoric: a twenty-first century guide*[M]. Columbia, Missouri:University of Missouri Press,2010.

分,它们都是英语学习的核心,但创意表达并不具有相同的中心地位。然而,作文和创意写作有着相同的传统。20世纪初,大西洋两岸的英语文学系教师都忙于教授写作技巧,但他们也为学生的写作提供相关内容。正是这种"相关性"形成了创意写作在学术界地位的主要区别。

年轻男人坐在椅子上,身体前倾,他的导师靠在椅背上,一边看书,一边用钢笔的尾端敲着发黄的牙齿。

"啊,"导师终于开口了。"这,这里。"这时老师也向前倾了倾身子。他的头几乎碰到了文章。"这想法不错,但表达得太差劲了。"

学生发出一丝绝望的声音。

"如果你是在和我说话,该怎么表达呢?"

学生开始出汗,"我会……嗯……我认为——"

"不,"导师打断道,"不要觉得,别说'觉得'、'感觉'或是'认为'。要么明确自己是对的并且去做,要么就别做了。"

学生看起来很震惊,但与此同时脸上也流露出一丝理解的神情。他想了一会儿说:"我想说'美丽'不意味着可爱。"

导师笑着向后靠了靠,"好。"他说。

学生松了口气,身体往后靠去。

"所以,"导师问,"你如何定义'美丽'?"

作文中发展起来的教学技巧涵盖了创意写作的许多核心教学工具,包括将学生在私人时间完成或尝试的写作草稿视为形成性评价的依据。以上工作都会在一对一或小组研讨会中完成。

如上所述,对学生写作的讨论通常会引发对学生思想的讨论:对美学、伦理学以及文学文本(或其他"相关性")的理解。创意写作不仅承袭了对学生作品广泛又具一定研究性的审视,还扩展到了工坊。

在美国,出于实际考虑,作文被从更广泛的英语研究课程中分离出来。大部分通过了英语基础课程的学生本质上对文学并不感兴趣,而是对在纸上清晰地表达自己的能力感兴趣。这些学生也是英文系主要的资金来源。英语基础课程逐渐失去了作为批判性研究基础的特色,成为了写作技能的训练基地,后来与跨课程写作中心结为联盟。这一现象为英语学习中"相关性"的去除提供了先例。

从教授随笔写作技巧的独立课堂到教授创意表达写作技巧的独立课堂,并不存在巨大的概念性飞跃。早在19世纪80年代,独立的创意课程便已经开始出现,到20世纪20年代和30年代早期,创意元素开始被美国多地的英语研究课程所接受①。

然而,创意写作作为学科的发展,并非只与学院内部有关。新世纪之交,人们尝试在美国部分短篇小说杂志上发表作品,各类"写作俱乐部"和指导书籍激增。这些指导传授了故事叙述的技巧,以"出人头地,赢得胜利"这样的话语来形容普通人的胜利,这是当时的叙事方式。不屈不挠的实证主义话语让欧·亨利②这样的杂志作家大受欢迎,此外,这同样是成人教育"俱乐部"和"课程"所使用的话术。

20个人坐在一间灯火通明的教室里;街灯在大而漆黑的窗户上发出微弱的光。这是一群奇怪的人——有年轻人,有老年人。

---

① MYERS D G. *The elephants teach: creative writing since 1880* [M]. Englewood Cliffs, New Jersey: Prentice Hall, 1996.

② Literature Collection (n. d.). *O henry online stories*[DB/OL]. [2011-07-23] http://www.literaturecollection.com/a/o_henry/.

有些人穿着粗花呢,有些人穿着便宜闪亮的布料。一位戴角质镜架眼镜的中年男子站了起来,清了清嗓子开始朗读。导师是个精力充沛的年轻人,先是随着读者的节奏点头,但后来越来越快,直到他实在忍受不了,跳起来打断了读者。

"不,不,不。你必须抓住它们,明白吗?"他用手捋着头发,"我们必须在第一页上就进行设置。你的女性人物、男性人物,还有这辆失控的火车。这些是好东西,但你得把它写在第一页上。"

中年男子坐了下来。导师继续讲授节奏和结构,讨论精密的商业短篇小说写作准则。全班同学都学会了这一切,有些人带着优越感得意地笑,有些人则快速记下每一个字。

最后,他走到中年男子跟前,亲切地拍了拍他的肩膀。"不要放弃,坚持写下去,总有一个会被激活,你等着瞧吧。"

在这种情况下,衡量成功的标准往往是出版,而不是文学作品本身的质量。1934年,多萝西娅·布兰德在《成为作家》一书中抱怨,创意写作指导建议过多地集中在了技术指导方面。[①]

成立于1936年的爱荷华作家工坊(该工坊的延续在一定程度上促进了研究生创意写作教学法的模式形成),目的是培养文学虚构小说的写作人才,保留了"发表能力"的教学概念,继承了社群写作课程和写作研讨会的教学方式。[②] 但很快,它与出版商建立了联系,开始讨论学生在出版物方面取得的成功。

八个学生和一个导师围坐在桌子旁。除了其中一个,所有人

---

① BRANDE D. *Becoming a writer*[M]. New York: Harcourt, Brace & Company, 1934: 20.

② MYERS D G. *The elephants teach: creative writing since 1880*[M]. Englewood Cliffs, New Jersey: Prentice Hall, 1996: 43.

都广泛浏览了被标记的页面。那人在位置上坐立不安地等候着。

"好吧,"导师说。"大家怎么想呢?"

一位热心的年轻人俯身向前:"我很欣赏这个作品,它让我笑了。"导师点点头,接着问道:"哪儿惹你笑了?"

年轻人迅速地翻动书页。"第六页,"他说,"整个第二段。在雷滑了一跤那儿,玛丽也看到了。"

"我也在那笑了,"坐在桌子末端的一位迷人的金发女人说。

"我也是,"一个面无血色的年轻女子附和道,她戴着醒目的黑色老花镜,"我觉得这很好地体现了人物的性格特征。"

导师说:"我明白了。"

那个年轻人说:"就是这样。性格特征。之所以如此有趣,正是因为我们太了解他们了。"

作品正被讨论的那个人在其中显得格格不入,他抬头看了看导师,希望得到肯定。

"嗯……"他说,"大家还有别的想法吗?"

人文学科的商业成功给象牙塔带来了一股产业化的气息。作为英语研究的新兴领域,创意写作已因为缺乏"相关性"而遭到质疑。现在,它似乎是华而不实的,但又吸引着公众的眼球,因产业化的联结而受到非议。

在英国,该学科很大程度上是在学院之外作为区域化活动发展起来的,由公共资助和/或与丽贝卡·欧鲁尔克所称的"狂热者和社会运动"[1]有关。诚然,工人教育协会明确的社会主义目标,很

---

[1] O'ROURKE R. *Creative writing: education, culture and community*[M]. Leicester: National Institute of Adult Continuing Education, 2005: 56.

早就使包容性成为了英国创意写作学习的动力。此外,与各种写作团体合作的小型出版社开始出版作家的作品,目的就是增加其他声音(特别是工人阶级的声音)来对抗主流文学的出版。①

"弗兰克,"新的导师用长笛般的女高音宣告,"已经完成了一首关于博彩店的诗。"

正准备读诗的弗兰克反对道:"与博彩店无关,"他说,"它讲述的是关于一个博彩公司之外的老人。"

"很好,弗兰克。"她说,"请读吧。"

同学们趴在课桌上。弗兰克的声音平静而有节制。诗虽然轻浅,但意象和细节都很丰富。

当他读完时,其他同学都发出了轻微的赞叹。弗兰克把诗折起来,放进身后的口袋里。

"弗兰克,你称这首诗为什么?……是自由诗,还是意识流,还是?"

"这就是一首诗。"弗兰克说。

讨论到此结束。

在这门学科诞生之初,创意写作就与"他者"的概念相关联;它不在英国文学的主要课程范围之内,也不属于主流出版领域(写作教育的重要发展通常发生在远离纽约和伦敦的出版中心的地方)。学生写作缺乏"相关性",教学方法也是从非正式的社区教学中借鉴而来,对英语研究的继承也一样。

从一开始,创意写作就是"野性"的。

---

① HILLIARD C. Modernism and the common writer[J]. *The historical journal*,2005 (03):769-787.

第二章 创意写作在学院:走向野性的那一面

然而,在研究创意写作在大学中的地位之前,我们需要用另一种创意写作的教学观念来观照服务于治疗的创意写作与个体发展的创意写作。在20世纪60年代和70年代,心理咨询小组和心理治疗团队用创意写作来完成"自我实现"①。这为广大民众带来了一种观念,即作为实践的创意写作是有益于心理健康和个人成长的。

数十名妇女在铺着地毯的地板上松散地围成一圈,坐在靠垫上。其中两个抱着孩子:一个人在睡觉,一个人在哺乳——附近有孩子嬉戏玩闹的声音。她们三三两两地靠在一起,读着一张影印的纸。

"我真的能理解你的想法,戴娜,"一个人在总结时说道,"这是真的。我们要处理每个人的垃圾。"

接下来是短暂的沉默。

"是的,"另一个女人说,"婴儿、蹒跚学步的孩子、狗和丈夫的内衣。它们都是非常丰富的意象。"

"但我说的不是真正的垃圾,"戴娜显得很焦虑,"我想讨论的是生活的垃圾,你知道吗?展现出来了吗?"

她们再次向前倾。

"哦,当然,"第一个女人说,"确实给人留下了印象。"

大家都低声表示认同。

现在,治疗实践与个人发展已成为创意写作自身的学术问

---

① 有关20世纪70年代女权主义写作圈的描述,参见:http://www.cwluherstory.com/notes-on-a-writers-workshop.html.

题,①但自此以来,"创意写作是治疗的"这一概念在成人学习中已十分普遍。此外,一些学习型作家也正通过在治疗性环境中写作来探讨这个主题。

大学辅导员提供的轶闻证据表明,创意写作比其他科目更能吸引患有精神疾病的学生,一些研究似乎也证明了这一观点。②当然,研究已经表明创意写作学生和精神疾病之间的联系,③这对大学中的创意写作也有影响。今天,即使创意写作课堂不承诺或是不打算在任何方面起到治疗作用,学生也会确信它可以或应该可以。④ 我所在机构最近的研究表明,选择创意写作作为课题的学生占比相当大,因为他们觉得这有助于他们的自我发展。⑤

在学院中,创意写作带来的另一个关键问题是批判性风气的转变。在巴特⑥和福柯⑦对作者的死亡与缺席进行论述之后,批评的主要兴趣就转向了读者。如今,使用社会语言学的概念分析文本让写作的意义进一步凸显。

---

① Lapidus. [EB/OL]. [2011 - 07 - 23]. http://www.lapidus.org.uk/seminars/index.php.
② 课程网站,见于[2011 - 07 - 23]. http://www.english.heacademy.ac.uk/archive/publications/reports/disability.pdf.
③ Andreasen N C. Creativity and mental illness: prevalence rates in writers and their first-degree relatives[J]. *American journal of psychiatry*, 1987, 144: 1288 - 1292.
④ LEAHY A. *Power and identity in the creative writing classroom: the authority project*[M]. Clevedon: Multilingual Matters, 2005.
⑤ 艺术调查中的艺术作品学习[EB/OL]. [2011 - 07 - 23]. http://media.artsworkbathspa.com/research/pages/Learning%20in%20the%20Arts/learning%20in%20the%20arts%20report-aclews.pdf.
⑥ BARTHES R. The death of the author[J]. *Aspen 5 + 6*, 1967.
⑦ FOUCAULT M. *What is an author*[M]//FOUCAULT M. *Language, counter-memory, practice ithaca*, Translated by BOUCHARD D and SIMON S, NY: Cornell University Press, 1977: 124 - 127.

第二章 创意写作在学院：走向野性的那一面

迄今为止，英语文学的批判风气对有创造力的作家一直是有益的。一些概念，诸如意图谬误，①在创意写作课堂上很有用。把文本从作者的意图中分离开来，专注于从页面中搜集到的内容，为作者提供了一种严谨而富有启发性的体验。对于许多参加创意写作课程的人来说，解构主义及其后的理论似乎是对文本发展的批判责任的放弃。一旦批评感到它不用对作者如何实现自己的创作意图负责或感兴趣，作者也同样会对批评失去兴趣。正如万德所说，"当作者的存在和文本的自主性被否定的时候……作为生产性实践的文本概念开始以创意写作的形式进入学院。"②

由此产生的哲学上的分歧，导致"英语学习三分法"中的两个之间的关系令人不安。越来越多的创意写作学院从英语研究中收获了成功（媒体研究似乎更适合英国和澳大利亚等地区的许多学院），并得到更多的独立学位。美国、澳大利亚、加拿大和英国的创意写作学士和硕士学位课程也在迅速激增。③

极为讽刺的是，就在评论家们关注少数群体（后殖民主义、女权主义批评、酷儿理论）的创意写作项目（这些项目直接或间接地参与了教育并帮助广大作家实现了主流出版的活动）时，却在很大程度上脱离了英语研究的批评传统。正如权利问题在女性研究、黑人历史等人文科学中出现一样，大多数创意写作也迈出了人文学科的统一话语。

---

① WIMSATT W K, J R and BEARDSLEY M C. *The verbal icon: studies in the meaning of poetry*[M]. Lexington: University of Kentucky Press, 1954.

② WANDOR M. T*he author is not dead, merely somewhere else* [M]. Basingstoke: Palgrave MacMillan, 2008: 84.

③ 根据 Campus Explorer 网站的统计，仅在美国就有 284 个学士学位课程，参见[2011 - 07 - 23]http://www.campusexplorer.com/colleges/search/? location = &majorgroup = 9F474C02&majorgroup2 = 28CF111&major = 77408FD 1&online = &rows = 25&page = 1.

这一步对今天的主题有着深远的影响。野性及另类的概念并没有从创意写作中消失,而是随着时间的推移而增强。

二、我们属于这里吗?

考虑到创意写作的另类与野性,及其在当下人文批评的语境中几乎完全缺席的处境,创意写作究竟是否属于学术界?它在其中究竟在做什么?

有一种坚定而普遍的观念认为写作是不能教的——具有天赋的学生们之所以来到学院是为了润色或学习重写。在英国,这一话题的相关文章经常出现在《卫报》上①(当然,尽管他们很乐意为课程做广告),著名的爱荷华写作工坊就曾两次在该网页上声称写作是不能教的。

其推出的概念很明确:那些没有天赋的学生到大学来学习创意写作是在浪费时间和金钱。对于人文学科课程来说,这是不寻常的,包含了20世纪30年代残余的"快速变现"的写作学习动机。在所有的人文学科中,创意写作的本质往往被认为是职业写作。

我们不会根据历史学家研究成果的发表数量来判断历史系的教学质量,创意写作系却经常采取这种方式进行评估。此外,学院自己也经常参考毕业生在广告和市场营销方面的出版物来进行判断。这些出版物,几乎都出自于接受着狭窄的招生政策的研究生课程的学生。我们并不期望创意写作专业的学生一定要成为专业

---

① 近期的一个例子可以参见 *creative writing courses* [EB/OL]. http://www.guardian.co.uk/education/2011/may/10/creative-writing-courses.

第二章 创意写作在学院:走向野性的那一面

作家,就像我们不期望英国文学专业的学生都成为专业评论家一样。

既然大多数创意写作本科学生不会成为专业作家,也不是天才,那么他们能从创意写作中学到什么?创意写作的本科生们是否能顺利从学院/大学毕业?

"学历"的定义饱受争议,很大程度上与波动的经济价值观念相关。例如,在当前的经济危机之下,雇主们对"软技能"进行了大量讨论——一种着眼于毕业生个人发展的包容式话语。我们从雇主那里听到的信息往往集中在"好大学的好学位"这一概念上,而这种话语更倾向于"安全的赌注"和"最好的毕业生"的概念。

我们可以使用威廉·佩里①关于本科生智力和道德发展的经典模型来考察创意写作在学士学位课程中培养毕业生的能力,而不是使用雇主定义的毕业生学位。那么,在创意写作教室中发生的事情会促进道德和智力发展吗?

佩里的主要观点是,学生在思想/道德的旅途中早就来到了学院,他们在学习中遇到的挑战促使他们改变与知识、权威和整个世界的联系方式。我将利用自己在大学中收获的创意写作的实践和经验,将佩里的发展阶段说与学生在创意写作中的发展联系起来,通过威廉·拉帕波特所提炼的简洁大纲,进一步深化佩里的思想。

1. 二元论/客观知识

正确/错误的答案,就刻在天空中的金匾上,为专家们所知。

(1) 基础二元性:所有的问题都是可解决的;学生们的任务就

---

① WILLIAM G, PERRY J R. *Forms of intellectual and ethical development in the college years: a scheme*[M]. New York: Holt, Rinehart & Winston, 1970.

是学习正确的解决方案。

（2）绝对二元论：部分权威学科（文学、哲学）不同意；其他权威学科（科学、数学）同意。因此，存在正确的解决方案，但是一些老师认为"金匾"是模糊的。学生的任务是学习正确的解决方案，忽略其他！

这是拉帕波特对佩里发展阶段说的精彩总结的第一部分，体现着创意写作工坊的人普遍认可的思维方式。学生们通常认为存在正确或是错误的散文、诗歌和剧本的写作方式，而他们的任务是学习正确的写作方法。由此，在工坊中，学生们可能会从同伴那里听到一些并非导师会表达的观点。这时，他们会忽略同伴，听取导师的意见。

学生在这一发展阶段会感到很自由，并且不懈地坚持下去，只会有轻微的不适。因为导师不再只是"告诉他们"如何写故事/诗/脚本。

另一个问题是，权威的概念会与出版商的概念混为一谈，学生可能觉得成功的职业作家兼导师会"看到"这些"金匾"。

2. 多样性/主观知识

相互矛盾的答案；因此，学生必须信任他们"内心的声音"，而不是外在的权威。

当学生开始质疑导师对"金匾"是否有清晰的认识时——事实上，导师并不知道应该如何书写每个故事/诗歌/剧本——他们往往会回到自己大学前的审美，拒绝老师的训告以及优秀的写作范例。

从自身的经验出发，我倾向于关注本科生发展阶段中出现的不必要的过时用法和激增的动名词。导师们会发现这一阶段的学生令人抓狂，因为他们在课堂上说的话或内容似乎都没有帮助学生的作品取得任何进步。

3. 早期多样性

存在多种情况：

(1) 我们知道这些问题的解决方案；

(2) 我们尚不知道这些问题的解决方案；

(3)（因此仍是一种二元论）学生的任务是学会如何找到正确的解决方案。

4. 后期多样性

大多数情况是第二种。所以，每个人都有权发表自己的意见；或者：

(1) 有些情况是无法解决的；因此，选择哪种（如果有）解决方案都没有关系。学生的任务是漫谈。（大多数新生都处在这个位置上，这是一种相对论）；

(2) 在这一点上，一些学生变得有些抵触，或者退回到一个更早的位置（"我想我会学习数学，而不是文学，答案很明确，不确定性也不会有那么大"）或者选择逃避（辍学）（"我受不了大学；他们想要的只是正确的答案"；或者是"我受不了大学；没人能给你正确的答案"）。

我发现多元化的各个阶段都伴随着学习热情增减和出勤问题。学生们认为，由于每个人对他们的作品都有自己的看法，每个人的看法也都是平等的，所以，没有必要参加工坊，他们可以随心所欲地写东西。他们认为导师的意见完全是主观的，甚至可能是不公平的。学生将必需的阅读与导师的个人审美观相提并论，并且可能会反感导师们将自己的意见强加于人。

学生们的反思性写作在他们的发展中往往是一种创意广告式的提交（"我的墨卡琳回忆录和巴勒斯一样好，我的所有室友都喜欢"）或者是一种道歉（"你可能不喜欢我的墨卡琳回忆录，但我认为这是真实而有趣的,我做到了工坊上说的一切")。

5. 相对论/过程性知识

关联知识:同理心("你为什么相信什么?""这首诗向我表达了什么?")与分离的知识:"客观分析"("我可以用什么技巧来分析这首诗?")。

我将其解释为,在亚马逊评论中的文字讨论("我喜欢这个","我喜欢那个","我认为这很无聊","我与主人公产生了共鸣")与基于技巧的分析之间的差异("当叙事声音进入主人公的视点时,理解主角的动机变得更加容易",或"标点符号的分离与不断进行的分段方式给人呼吸不畅的感觉")。

6. 语境相对论

所有被提出的解决方案都需有理由支撑,即必须在上下文中和相对有力的角度进行查看。根据具体情况,某些解决方案要比其他解决方案好。学生的任务是学习评估解决方案。

对我来说,这就是上述学生对自己在写作过程中增长的审美意识与技巧性话语的应用。学生可以将技巧的解决方案应用于自己的作品("我以第一人称视角尝试过,但是很难理解发生了什么,把故事放在第三人称视角下,效果更好"),再把他们读过的出色写作应用到自己的作品中("……但后来我想起了《航运新闻》[①],我把它保留在第三人称中,但从人物的视点来看,我喜欢它是因为……")。

7. "预承诺"

学生认为有必要:

(1) 作出选择;

---

① PROULX E A. *The shipping news*[M]. New York:Scribner, 1993.

(2) 致力于解决。

在创意写作教学法中,有一个"寻找声音"的概念。找到自己的声音意味着找到一种写作风格,这个风格足够灵活,可以在多个写作项目中使用,又能反映出自己的个人审美。这一发展阶段被认为与此过程有关。学生能够清楚地辨认出自己在写作时所做的选择,并理解这些选择的传统与背景("我只想创作幻想类型的文学作品""我想写家庭故事,因为我对内向的人的心理很感兴趣")。

8. 承诺/建构知识

将从他人那里学到的知识与个人经验反思相结合。

(1) 承诺:学生做出承诺。

(2) 承诺的挑战:学生体验承诺的含义,探究责任的问题。

(3) "后承诺":学生意识到承诺是一种持续的、展开的、演变的活动。

在这里,学生已准备好以预定的风格开展持续的写作项目。他/她将阅读项目相关的内容,了解项目的(历史、商业)背景,并在开始之前完成一些技巧上的决策。当学生开始写作时,这些选择将融合成为所谓的"声音"(一种独特的叙事美学)。

但是,在编写项目的过程中,这种风格/声音/美学将会带来挑战。学生经常需要根据这些挑战重新评估自己的风格,其中可能包括表现方式或写作责任和道德局限性方面的问题。

可以看到,创意写作学科在学院中的关键任务就是让尽可能多的学生落实佩里的阶段理论,让毕业生成为真正有用的社会成员。创意写作学生在思想上和道德上的发展,可能不会反映在他们的成绩或写作质量上——佩里的成果没有对此形成评估标准。一些毫无疑问的"天才"创意写作学生被困在初级阶段,他们认为他们的主要任务是漫谈,而大部分的高级阶段学生并没有写出令人信服的作品。也许结构不错,但可能并不精彩。

如果学生因为希望发展自我而从事创意写作,而创意写作正是在这样培养学生,那么学科毫无疑问是成功的。的确,在英国,来自全国作家教育协会的学科评估报告列出了学生应从他们的创意写作学位中获得的技能和特长清单,其中许多内容成功地映射到了佩里的后期发展阶段。

当然,我对学生学习过程的描述,无论怎样被创意写作学者认可,都是有严重缺陷的,我认为,创意写作是一门学科的教学工作。它包含一个假设,即创意写作有"学科的论证方法",像"工坊""批评""声音"和"技巧"这样有稳定和普遍的意义的词。但这些假设都饱受争议。

三、我们知道我们在这里做什么吗?

英国全国作家教育协会在评估报告中说:

工坊的运作方式多种多样。有些模式可能会要求学生在有限的时间内写点东西,然后与工坊成员"共享",或者邀请学生将作品带来阅读或表演,然后发表评论。在某些情况下,也可能会要求他们提前提交工作,以便可以在工坊之前将其复制分发,让人们有时间仔细阅读并发表书面评论。其他工坊(有时也称为研讨会)可能会处理典范式的作品。①

---

① NAWE.英国全国作家教育协会研究基准声明[2011-07-23]. http://www.nawe.co.uk/writing-in-education/writing-at-university/research.html.

第二章 创意写作在学院：走向野性的那一面

工坊的经典描述会提到"信任"和"合作"。学生的叙述范围从紧张到无聊，再到热情，却往往能够体现点对点学习的价值，例如格雷戈里·莱特①研究中的这个例子②：

我认为我正在学习区分自己想要写的东西和已经写下的东西，因为……只有听到反馈，我才意识到自己想要讲述的内容并没有被表现出来。我必须重新思考一下我要表达的内容和表达方式，以便它被清晰地呈现。（莫妮卡）

斯蒂芬妮·范德斯利在提及工坊内容时滔滔不绝地陈述道："这些20世纪现象的目的和最佳实践，结论十分复杂，难以着手处理，但又简单到可以用这样一个句子来概括：作家，认识你的读者。"③

但是，米歇琳·万德将工坊视为"矫正之屋"。她说，在工坊中，"未经理论化的"（或者说在最好的情况下，极为缺乏理论根据的）"批评"原则被轮流转化为残酷和屈就的交流，这否认了创意写作"与其自身历史的关系，它们被嵌套在英语的历史中"④。

利兹·阿尔蒙德说，工坊"应该提供一个安全的环境"，但是"如果你不习惯对他人的作品做出回应，就需要花一些时间来开发批评

---

① LIGHT G. From the personal to the public: conceptions of creative writing in higher education[J]. *Higher education*, 2002(02): 257-276.
② 关于这方面的深入阅读，可以参阅史蒂夫·梅在英语学科中心的项目，学生对创意写作的反应：连贯、进展和目的。
③ VAMDERSLICE S. *Workshopping* [C]//HARPER G. *Teaching creative writing*, London: Continuum, 2000: 147-157.
④ WANDOR M. *The author is not dead, merely somewhere else* [M]. Basingstoke: Palgrave MacMillan, 2008.

词汇"①。对此，万德尖锐地回答道："是的，这就是攻读英语文学学位。"②而保罗·道森等人则认为创意写作有自己的批评词汇，尽管他也承认，它们是"理论性不足和特殊的"③。

当然，这种"理论性不足"的诗学/批评的词汇是特殊的，尽管万德渴望与英国文学和解，在创意写作教学和研究中强行采用叙事学的话语，也不太可能与其融合为统一的语言。

这只是部分原因。因为这样的话语可能不会总对创意作家有用（我不确定能否辨认出自己最新的作品的"能动模型"，也不确定我能从中学到什么），但也因为创意写作教师不太可能本身就曾接受过叙述学的教育，或者甚至接受过更加前沿、主流的英语文学批评话语的教育。杰拉尔德·普林斯的《叙事学词典》（修订版）涵盖了103页八号字体的条目。④ 每个条目都为相关术语的概念和来源提供了便捷的溯源式的阅读指南，其中就包括我和同事们从未阅读过的批判性和哲学性文本。

我们没有阅读它们，而是一直在阅读其他促进写作研究或是提高自身写作能力的文本。由于学院的工作，我们并没有太多时间去浏览不属于我们当前领域的作品。机构为我们研究提供的时间必须用于自己的创意作品，因为这是我们的专业领域。我们负担不起，我们的机构也无法承担让我们成为一个有抱负的叙事学

---

① SINGLETON J, LUCKHURST M. *In the workshop way*[M]//SINGLETON J, LUCKHURST M. *The creative writing handbook*. New York: MacMillan, 1996: 18, 22.

② WANDOR M. *The author is not dead, merely somewhere Else*[M]. Basingstoke: Palgrave MacMillan, 2008: 129.

③ DAWSON P. *Creative writing and the new humanities*[M]. Oxford: Routledge, 2005: 32.

④ PRINCE G. *A dictionary of narratology* (*revised edition*)[M]. Lincoln, Nebraska: University of Nebraska Press, 2003.

家的时间。

因此,"论证方法"的问题仍然存在。如果"工坊"具有任何意义——从使用回忆和记忆在课堂上写作的治疗方法,到以文本为基础的学生作品细读,再到使用随机刺激法来激发新写作的练习,阅读示范性作品并一起讨论——将其作为一种教学模式进行讨论时,准确性如何?它可以是令人鼓舞和受益的,也可以是残忍而居高临下的。当我写下"工坊"时,我在写哪一种工坊?你又接受哪一个呢?

同样地,"批评"也可以是"评论",继承了艺术同行和导师对正在进行中的作品的评价,也可能是"建设性的批评",同行们会为作者草稿中选择的解决方案提供其他可替代性的方法。保罗·道森①和蒂姆·梅耶斯认为,一种被梅耶斯②称为"批判技巧"的新批评主义声音正在出现,这种声音关注着文学生产,可能会参与到"后理论"的人文话语中。当我们说学生正在培养自己"批判性地看课本"的能力时,我们要为他们争取的是哪种批判能力呢?

如果我们回到佩里所说的"学科论证方法",那么作为独立学科的创意写作成功融入学院的情况就不那么确定了。创意写作的论证方法是什么呢?

有两个主题的发展能帮助我们回答这个问题。

其一,研究这一问题的书籍数量的激增。在过去十余年里,关于创意写作的定义、历史以及教学法方面的论文呈爆炸式增长,对于"工坊"和"批评"概念的研究也已经发表,这些都表明创意写作

---

① DAWSON P. *Creative writing and the new humanities*[M]. Oxford:Routledge,2005.

② MAYERS T. (*Re*)*Writing craft*[M]. Pittsburgh:University of Pittsburgh Press,2005:30.

学科的方法不会长期停留在"理论不足"的状态中。

其二,创意写作博士学位的发展也在体验端与"论证方法"作斗争。在最好的情况下,这些学位的批判性/情境性组成部分聚焦于写作过程——作家研究(帕特里克·比扎罗在 2004 年发表于《大学英语》期刊①上的文章中提供了一个精彩清单:"我们擅长的事情")、技巧以及创意元素的形成对类似于文本结构指导的研究。在最坏的情况下,批判性/情境性部分会为其他学科提供补充性研究(通常是文学批评、社会学和文化研究)。② 全国作家教育协会关于研究的基准声明提出了一个案例:创意写作可以在创意自身中找到研究的可能,也就是说,创意写作的作品可能正在"回答"研究"问题"(一种在表演艺术中广泛使用的相似策略),从而为被消除的批判性/情境性部分敞开了大门。

创意写作已经慢慢接受了美术和表演艺术中的传统。从某种意义上说,它是人文学科中唯一一门基于实践的学科。采用表演性论证话语的另一个问题是创意写作本质上作为一种艺术形式,经常被描述为"无形的"。同时,创意写作的他者性和野性已经成为学科文化的特征,进一步将其和其他实践性话语与批判性话语隔离开来。

创意写作野性文化的持续性,一定程度上缘于学者自身多种多样的职业道路。有些导师是英语文学学者,他们喜欢写作,或是业已成为了出版作家;有些导师是成功的作家(诗人、戏剧家以及

---

① BIZZARO P. Research and reflection in english studies: the special case of creative writing[J]. *College english*,2004(03):294-309.

② BOURKE N A, NEILSEN P M. The problem of the exegesis in creative writing higher degrees[J]. *TEXT: Journal of writing and writing courses*,2004(03).

第二章　创意写作在学院：走向野性的那一面

有创意的非虚构作家），或是拥有与学科无关的学位，或是根本没有学术经验；有些导师在攻读文学硕士或艺术硕士之后重新进入学院，甚至可能继续攻读创意写作的博士学位。最成功的导师可能是那些终将成为出版作家。他们不可能有相同的学术理念，或是拥护同样的"论证方法"。尽管从事于支持或审查博士候选人的工作人员出于必要（即使没有兴趣）而就这一主题参与了各种讨论小组，但到目前为止也没有达成共识。

创意写作与产业的关系进一步削弱了对"论证方法"的忠诚度。创意写作学者的晋升、薪资和工作条件，与其说是取决于学科网络中的参与度，毋宁说是取决于他们在学院外（在商业出版领域中，包括广播和表演）所做的工作。凯利·里特[①]将此称为"公共资本高于学术资本"。与工程或药物化学领域的学者不同，创意写作学者在相关领域的商业成功或声望不会转化为学院收入；制度支持和知识产权的概念大不相同。

对学院来说，创意写作学者著作的出版价值主要体现在招聘和课程、机构的市场营销方面。尽管成功的作者与美国校友的筹款，可能与英国的一些研究收入之间存在着联系，但为新设施、大型研究项目和博士奖助学金筹集资金这种严肃业务，通常不是创意写作人会期望的或能完成的。即使他们的出版物可能是最高标准的，且受到全世界的尊敬。

所以，创意写作的话语往往来自出版界，而创意写作学者很可能会接受，毕竟他们对学术界的忠诚度不如对出版业的忠诚度那

---

① RITTER K. Ethos interrupted: diffusing 'star' pedagogy in creative writing programs[J]. *College English*, 2007(03): 283-292.

么强烈。报纸评论中的描述性术语，例如"强大的""黑暗的"或"感觉良好的"，不经审查便毫不客气地被带入课堂，就像产业化概念（例如"联合"或"小妞文学"），我们对写作价值的看法通常取决于产业的接受程度（即"可发表程度"）。

由于创意写作与产业之间的这种紧密却又若即若离的联系，学科"相关性"的缺乏、主题论述理论性的缺乏及其文化的野性，它很难在学术界立足，尤其是在人文学科。创意写作学者很难成功申请到研究经费，行政人员也不太可能晋升至学院的高级管理岗位（尽管他们掌握了管理这些分散而迥异的员工的技能）。

因此，尽管本章标题的前一部分是"创意写作在学院"，但即使在130年后，也不能完全确定创意写作能否"进入"学院。这是一门具有吸引力、活力、经济效益且不断在发展中的学科，一门可以很好地说明与之互动能够如何培养学生并改善他们大学生活的学科。但是，创意写作的学院化已经深入到何种程度，想要走多远，都尚待商榷。

就算创意写作不再是野性的，也可能被视为半野性的。学院是它的常居之所，却仍不可完全称之为家。

李枭银　译

第三章 创意写作栖息地

格雷姆·哈珀

创意写作栖息地是创意写作的根基,然而我们至今仍未能对其进行分析,也未能更深入地探讨栖息地是如何影响创意作家和创意写作的。同样,尽管长期以来创意作家创造并再创造了栖息地,接纳并改造了它们,但我们还没有从创意写作的角度对此进行过研究。或者,很少把创意写作当作一种职业或业余活动来探讨它一系列的行动。目前,虽然一些关于创意写作栖息地的研究已经得到了充分的检视,但却不是从创意写作的角度展开的。准确地说,它们主要是从文学文化的角度进行研究的。这些研究虽然值得称赞,但尚未能为创意作家提供他们真正需要的信息。最后,创意写作本身就是一种居住地形式的说法也是有争议的。居住地关系到一些特定的地点、时间和记忆,而这还未得到研究。因此,这是创意写作中的一个关键问题。

栖息地的创建

伊里·莫斯顿可能没有以前那么个性鲜明,因为在她目前与偶尔进行编剧创作的小说家艾伦·芬斯特的关系中,在某些事情上她都选择听从对方。例如,在他们家装修的定位和风格这件事上，她都以听从对方为主。这种新的处事方式让她不那么显眼，至少对于旁人来说是这样。可她以前并不是这样的。

在与她的前伴侣加里·吴一起生活的三年中，伊里总是把自己的居住需求放在第一位。她习惯了强势地判定什么对她有用，什么对她没用（虽然她自己不一定这样认为），还不容他人反驳地把他们的公寓选定在她理想的位置（同时兼顾工作和休闲）。在公寓装饰及各种空间利用方面，她告诉加里自己的喜好，一般情况下，加里都听之任之。

提醒一下，栖息地不仅与空间有关，还与活动有关：包括栖息地的内部活动、贯穿栖息地的活动和栖息地之间的活动。与伊里之前和加里·吴的关系相比，目前她与艾伦·芬斯特的关系体现的是两种不同的行为模式。她放下过去，在事业和思维方式上有了新的变化。虽然越来越忙，但她却觉得反而更放松。坦率地说，她宁愿把对家庭和生活方面的事情留给艾伦处理，也不愿在这些事情上花时间投入情感或思考。另一方面，艾伦似乎很看重这些考虑，所以伊里为自己的让位感到加倍的开心——尽管她是最近才意识到自己已经习惯了这样的生活。

为了更好地理解这种动态情境，如果我们以故事或寓言的方式、以动物的角色来理解艾伦和伊里的关系，例如，一对狼或两只交配的号手天鹅，那我们就可以在这一点引入相当多的环境因素（其中一些因素，艾伦和伊里只能部分掌控，包括栖息地与食物供给、住所、捕食、各种与天气现象和季节有关的因素，以及独立个体和伴侣关系中的个体解释能力）。

固然，人类很久以前就创造了抵御甚至对抗自然世界的栖息地。这些栖息地往往受到来自各个方面的控制，有时被接纳、改造、延续,但通常都是被严密管理的。不是所有的人都感到同样舒适;然而,在很大程度上,所有的人都是栖息地的创造者和操控者。动物也可能如此,但更多的时候它们只是栖息地的占有者,而不是栖息地的创造者。与人类相比,它们往往很难自如地控制自己所处的栖息地。

作为居住地的创意写作

我所描述的伊里·莫斯顿和艾伦·芬斯特并不是真实存在的。这可能会让有兴趣与他们进一步交谈的读者失望。如果现实生活中真的有伊里·莫斯顿和艾伦·芬斯特这样两个人,那他们也和我前面所创造的这两个虚构的人物不同。加里·吴也不存在,虽然我对他们思考的越多,写的越多,他们的存在就越真实,至少对我来说是这样。这就是创意写作在实践中的本质,也是一个创意作家从事创作的经验。在这方面,我们可以把创意写作称作人类居住地的一种形式。

作为人类居住地的一种形式,创意写作既涉及地点也涉及时间,它关乎我们,也关乎其他人(即使这些人并不存在,或仅仅是真实人物的虚构),它涉及占据某个地方和某个时间元素。我的意思是,正如"居住地"这个词所暗示的,创意写作意味着占用某处,存在于某处。文学评论家通常会在他们读到的完整文本中定位出这个处所,也就是居住地,即使他们可能没有用这些名字来指代这个定位。创意写作批评家则有所不同,他们所理解的居住地则包括了创意作家的行动、他们作为创意作家的自身活动,以及这些行为的客观记录。此外还包括终稿或初步完成的作品、草稿、笔记、日记,以及在创意写作过程中出现的一系列其他行为。

人类的居住地涉及对空间和时间的分层参与(包括当前版本的地点、当前时间、对先前版本的分层,等等)和动态参与。创意写作也是一样,创意写作批评具有很强的情境性,几乎完全由创意作家的需求所驱动,所以另一位遇到看似"铁证"线索的创意作家仍会通过自身的情境需求,也就是他们自己对线索的特殊体悟来更新它。

因此,当一个创意作家开始创作,与他们自己的或其他创意作家的行为线索相遇时,空间和时间的分层就随之出现。我们可以用同样的方式来考虑这个问题,就像我们可以考虑占据和重新获取任何更广阔的栖息地,根据我们的个人需求、愿望和环境,把栖息地改造得更加个性化、本地化一样。

关于栖息地的思考和再思考

显而易见,对于一个创意作家来说,栖息地有着实用意义上的重要作用,对于那些考虑创意写作的性质、活动和结果的人来说,栖息地也有着重要的批判或理论意义,在这里"创意写作"这个术语指创意写作这个任务,而不是仅仅指创意写作作品。

对于这位虚构的小说家艾伦·芬斯特来说,他现在有一个栖息地,以前至少也有一个栖息地,此外还有对这两者的一些感受——他是否考虑到伊里的感受或许就是另一回事了!他分析了过去和现在的栖息地,思考这些对他创意写作的效率和贡献的影响。他还试图通过创造或适应栖息地,以便使栖息地对他进行创意写作的多重影响最大化,尽管他面前没有详细的"数据"。

第三章 创意写作栖息地

创意写作首先是人类行为的集合,它们或多或少是动态进行的,又或多或少受到创意作家的理解和知识的影响。从这个角度可以说,芬斯特在他认为合适的时候创造且重新创造了他的栖息地(也许正是如此,因为他目前的搭档伊里很高兴他能决定他们的公共空间和时间)。这看起来有一定程度的即兴成分,通常明显受到情感背景的影响。

就艾伦本人而言,无论他是否意识到了这些问题,他的创作都无法脱离上述这些事实:

"进入我的办公室。左边有一扇窗户,有窗帘,但其实就是通常所说的'网'。透过网格,看向窗外,却只能看到灌木丛。房间里,右边有个大书柜,左边也有一个大书柜,两个书柜上都堆满了书。曾经被整齐摆放在书架上的书如今一本一本地摞着,有的堆在书堆上,有的堆在厚厚的纸张上。书架上下、地板上,到处都是纸堆。有的书掉在那,又被别的书压着,书页卷曲着压在别的书的硬封面上。还有一张桌子。在所有这些东西当中——用'当中'这个词是因为这里没有叠、堆、摞的区别,也看不出书柜、旧的圆形椅背的椅子以及放在它上面的松垂的花形垫子之间的差别——有一张桌子,桌子上散落着更多的东西,放满了纸张、书本,还有一个网球、一个6英寸的阿芙罗狄蒂绿色塑料雕像、一个插着银色钢笔的咖啡罐、一些放在没有标记的盒子里的银色DVD、一双卡其布针织手套、更多的书、更多的纸、一些铅笔、一条黑色蝶形领结、一张折叠的报纸。桌子甚至比地板还要大,在圆背椅子前面的这张桌子上有一台笔记本电脑。"

"这台笔记本电脑,被压在散落着剪报和图片的软木板子下,这完全不是它应该在的地方。那张图片是一个孩子的画……嗯,我猜是一只棕熊或一匹杂色马的临摹。但电脑屏幕发出的光与穿过灌木、网和布满灰尘的窗户的光线一样强,甚至更耀眼。"

即使艾伦没有像这样清楚地阐述这一点,或者实际上没有把他的分析简化为描述性调查,他对周围世界的感官参与也会引发或激发出上述版本的描述,尽管他的这个版本是以一种与他的个人感官指标及个人性格参数相关的方式构成的。也就是说,他所看到的、听到的、感觉到的、闻到的,以及他作为个体是如何处理和回应这些感官信息的。例如,一个人可能认为栖息地最重要的方面是它的功能,或者是它与空间和时间相互作用的整体感觉的关系;另一方面,它可能被认为主要是与环境或事件相关的情感价值,或这些事物的结构特性。

我们对创意写作栖息地的考虑可以采取像栖息地本身一样多的形式。毕竟,栖息地不会是一个单一的存在:它是由个人和公共的物理空间,以及在这些空间内随时间变化的各种行为组成。此外,它还包含所谓的"虚拟空间"(目前与20世纪90年代中期以前相比更有可能如此,那时数字世界才刚刚开始出现)。这些当代虚拟空间,顾名思义,就是本质上没有实体,却能影响、挑战或支持创意作家的影响力和态度。

一个栖息地还有时间周期、事件和长期演化改变(例如,一个季节性的工作空间,一个与某个出版、表演活动的短期特殊性相关的创意作家栖息地),包含物质目标(可能有非常广泛的形式,展现从美学的到实用的、个人怀旧到有研究作为导向的、偶然的存在到精心筹划的等更广泛的目的和功能)。类似这些要素的列表可以一直列举下去。这里真正需要注意的一点是,栖息地,以及我们所在的居住地,它们包括宏观和微观元素,较大规模的行动和成分,以及较小规模的行动和成分。

以人为本

　　我在这里引入这对虚构的艾伦和伊里夫妇的原因很简单,这样做是为了使这种讨论适当地以人为本,目的是为了将分析建立在人类行为的基础上,他们正是为了便于理论方面的探讨而虚构出来的。他俩彼此之间的独立性,与他们之间虚构关系的力量一样值得注意。

　　我们知道,创意写作与植物的种子被风吹到某个地方然后奇迹般发芽的情况不同。如果我们以那样的方式考虑创意写作,那么我们所说的关于创意写作的一切都是不准确的。同样,创意写作和那种一片普通木头在海里漂流、随着时间的推移而变的有意思的情况也不一样。然而,尽管如此,把创意写作比作萌芽或是对事物打磨后的产物,在创意写作的发展史上不胜枚举,并且现在仍然非常普遍。

　　这里,我想表达的是,如果不能认识到创意写作的发生是因为人们以某种方式来实现,而凭空想象,显然是错误的。但是这种认识并不是产生于当下,也不一定发生在今天。因此,虽然艾伦这个人物不是真实的,但他所做的、所承担的、所拥有的写作生活,又都是真实的,这些方面都需要我们去关注。创意写作留下的证据是人们有意无意创造的。因此,看着一首诗说"这是创意写作",这显然并不比对着一首交响乐的乐谱说"听听那个美妙的管弦乐队"更准确——尽管我们不能否认这样做的生动的隐喻可能性。

　　创意写作栖息地也是如此——它们一直不断地被人们创造和

再创造。尽管其中的一些活动的规模可能很小,例如,一支铅笔在桌子上移动,一叠文件被重新整理,作家在不同的时间开始进行创意写作。而在特定的某一天——他们的活动也可能要大得多,比如从一个大洲到另一个大洲,或者从一个家到另一个家,或者建构一组个人与公共关系等等。世界上大多数的创意作家,在创造和再造他们的栖息地的时候,不会像我们所称的"文学文化"那样,以成为创意作家出版和展示作品为目的,尽管栖息地的形成对他们的创意学写作等各种活动有着同等重要的意义。

实际上,尽管我们可以看到没有创意作家的创意写作栖息地,但我们不能不得出这样的结论:创意作家创造了栖息地,没有创意作家的存在,剩下的只是人类居住地的部分证据。同样,我们当然可以只看被纳入文学文化研究的创意作家的栖息地,但如果那样我们就看不到创意写作的栖息地;我们需要做出改变,着眼于对创意作家的栖息地的探讨。当然,如果之前对创意写作的分析都与创意作家的各种活动无关,那就不用说了。没有比这更离谱的了。

推进创意写作栖息地分析

分析创意写作的栖息地的方法有很多,可以采取的形式也有多种。其中有一点是至关重要的,那就是对创意写作栖息地的考察。我们应该将创意作家一生的大部分时间都在创作某样东西作为基本的研究对象,而不是考虑这些活动所产生的结果。

从与创意写作的关系的角度来看,我们可以这样考虑,就人类的这种创造活动而言,这个栖息地有哪些是成功的、有益的,哪些

第三章 创意写作栖息地

是失败的。"我从事写作的时间和地点对我的创作有帮助吗?时间或地点,或者两个因素都对我的创作有妨碍作用吗?""我受益于身边的这些材料,还是应该寻找别的东西?""我适合早晨工作还是晚上工作?""当我写作时,噪声会困扰我吗?""电脑、铅笔、手机这样的书写工具在多大程度上影响我的写作方式?""我是想改造栖息地,还是想改变我的行为以适应栖息地?"这只是一些与栖息地相关的问题,我们对创意写作栖息地进行分析的原因之一,就是为了得到这些问题的答案。目前我们在这个方面做的还比较少,而对这样问题的探索可能对我们的写作也有帮助。

某种程度上,创意写作本身可以被看作是居住地,创意作家接纳、形成、改造和/或改良栖息地与他们创意写作事业存在某种关系。到目前为止,我们更多地是关注创意作家的家庭或创意作家的工作习惯,以及他们所处的环境分析(例如,他们每天写多少字,或者他们写作的场所是家庭办公室、咖啡馆、火车上,还是床上),还没有足够深入地研究栖息地的性质,为创意作家提供关于这些栖息地的角色和结果方面的有用信息。

这并不是要忽略大量的作品,而去关注创意作家置身的地方、房子、房间、街道、城市等,也不是说多年来为研究作家的日记、笔记而做的工作不重要。事实上,是关于他们如何进行创意写作的整体揭示。然而,这种分析大部分只针对已知的创意作家进行,且主要是从文学文化的角度展开,主要是与作者生活有关的部分。这些生活很大程度上与读者对作品的阅读兴趣相关,而与作者本人创作的主动性方面关系不大。从这个意义上说,进行创意写作的栖息地分析确实是创意写作中的一个紧迫问题。这是我们现在应该努力去解决的问题。

创意写作栖息地的成败

首先，如果创意作家的栖息地被认为是重要的，那么各种各样的写作行为是如何影响这种创意写作栖息地的形成和改良的呢？如果一个独立的创意写作栖息地（任何一位创意作家的栖息地）已经建立很久了，它的哪些元素是在长期的过程逐渐中形成的，哪些元素属于创意作家习惯的写作活动的特定顺序？

有没有会改变创意作家栖息地的短期属性和构建的中断点，甚至是灾难性事件？那个栖息地是以某种积极的还是消极的方式建立的，以至于长期的、更稳定的方面决定了它的影响？对于作者来说，是否存在决定他们成功和失败的特定因素——甚至，成功和失败是如何决定的，由谁决定的，目的是什么？哪些活动可以被定义为栖息地选择、栖息地创造、栖息地改造、栖息地再创造或改良？

我们可以把这一切与作家的写作模式联系起来，并且在这样做的时候，我们可以思考，作为独立的创意作家，我们是否存在特殊的、独立的写作策略，它们就在我们既有的栖息地之中。我之前已经暗示过这些问题，对这些问题的探究是我们开始对创意写作栖息地研究的第一步。就目前的情况来看，在创意写作工坊教学中已经包括了这种交流——作家和研讨会老师谈论什么能帮助他们写作，学生们交流他们成功完成创作的经验，诸如此类。

我们钻研得越多，就越有可能发掘出新知识的可能途径，这样做可能有助于理解我们自己以及其他创意作家的作品。例如，会有初级栖息地和次级栖息地吗？个体栖息地、群体栖息地和/或共享栖息地？我们可能认识到这些，并作为创意作家以不同的方式使用它们，或者潜在地受到它们的影响吗？

我们可以在如下准则下对这些问题加以推测。

（1）初始栖息地形成。我们从哪里开始构建创意写作的栖息地？为什么？什么时间？用什么方式？在这里，我们可以考虑有多少栖息地被重置，有多少被移居或改造，它们属于再创造还是改良？

（2）居住地活动。这些可以从时间的角度来考虑，具体范围可以是在一天、一周或一年中发生的事情。此外，我们可以考虑这些活动中有多少是在创意作家的直接控制之下，有多少是部分控制的，有多少是作家无法掌控的。

（3）栖息地或多个栖息地的变化。这个变化是由什么或谁带来的？为什么？结果如何？这些变化如何与具体的写作活动联系起来考虑，或者说，这些变化如何对写作实践产生积极或消极的影响？

（4）栖息地意识。作为独立的创意作家个体，我们对自己的写作栖息地的环境及其对我们进行创意写作的影响和贡献了解多少？

通常情况下，对我们自己的创意写作栖息地的探究相对容易一些。这样的栖息地呈现了我们个人的行事模式，对我们既有的习惯也有所反映，而这些习惯可能对我们的创意写作有正面、负面的影响。当然，它必须是可分析的，我们可以据此了解哪些因素影响自己的创作，并采用不同的方式来调节这些因素。了解后者很可能对很多方面都有帮助，包括我们正在写的东西是否达到了预想的目标，或者我们是否可以继续这样写下去。

了解这一点对我们作为个体作家肯定是有用的。对比思考

（例如在创意作家之间，在创意写作历史的不同时期之间）会非常有意思，通过从创意写作的角度开始，而不是从完成作品或进入文学文化的角度开始，这种分析（可以从历史角度，假设我们不一定保留这种类型的信息）无疑将在影响、变化、决策和更多方面有更多的揭示。

例如，什么样的决策和环境的组合决定一个长期的创作写作栖息地的形式？有多少作家发现这种既定的栖息地促进了他们的创意写作？有多少作家受到不利于他们进行创意写作的决策的影响？

如果创意作家的所有行为都只是使用文字的行为，或者更狭义地说是创造性地使用文字，那么这种分析显然就是一种外围的研究，无法触及创作行为的核心。创意作家所做的许多事情都是为了创造出作品，例如，他们涂鸦或绘画、拍照、记录声音，这是一个动态的过程。如果我们只关注他们的作品（创作的结果）本身，那就忽略了这些有价值的东西。当然，创意作家在居住地的各种活动、行为远远不止这些。一个作家选择坐在窗边写作，俯瞰海滩，会有怎样的影响？如果作者选择一种特定的设备（铅笔、笔记本电脑、智能手机）来写作呢？选择什么样的房间——在房子里的位置，与其他房间的关系，是否非常安静，早晨还是下午更暖和，光线是弱还是强？而且，尽管阅读确实经常涉及词语（当然，阅读他人不需要；观察天气或潮汐也不需要）其他作家、诗歌、剧本、杂志文章对与已完成的书籍和文章相关的放置、实际移动以及再放置的模式是什么？这些完成的工作构成他们创作的某种基础吗？

因此，即使创意写作的语言与词汇、文本经常密不可分，但我们在讨论的时候也不必局限于此。目前关于创意写作的讨论中有很多新鲜的想法，但似乎都对创意作家用处不大，这确实是一个我们从事和研究创意写作的关键问题。这是由我们过去理解创意写作的方法存在缺失造成的,如果这个问题得不到解决,我们就无法找到探索新知识的潜在途径。我们为什么不能做更多的尝试呢?

通过比拟的方式,我们可以有效地揭示出当前创意写作研究中存在的问题。本文提到伊里的故事就是为了实现这个目的,它可以让我们看到创作活动所处的环境、人物关系等因素对创意作家的重要性。以伊里的故事或者其他类似的情况作为类比或对比的途径,也可以让我们更形象地理解本文所探讨的创意写作的栖息地。

使用已建立的栖息地理论

打个比方说,想想《美国博物学家》中的这句话:

栖息地选择策略对个体成功有很大的影响,因为在自然环境中,资源的丰富性和可获得性是不连续的。此外,栖息地质量的变化影响同一物种内和不同物种间竞争对手的局部聚集和扩散。这就是为什么个体栖息地选择行为会受到竞争对手的资源可用性和密度的影响,也是为什么个体行为和群体互动紧密耦合的原因。[①]

从这里开始,我要请你在现有的观念之外做一些新的探索。我的建议可能听起来有点奇怪,但是,在关于思考和探索创意写作的过程中,这的确值得期待。想象一下,科文和斯洛特的这篇文章的第一句话是这样开始的:"栖息地选择策略对个体作家的成功有

---

① KŘIVAN V, SIROT E. Habitat selection by two competing species in a two-habitat environment[J]. *The american naturalist*, 2002(02): 214-234.

很大的影响……"。我们可以继续想象他们的第二句话："此外,创意作家栖息地质量的变化对当地竞争者的聚散存在影响。"想象一下,他们的第三句话是这样说的:"个体创意作家的栖息地选择行为受创意作家的可用资源可用及其密度的影响,这也是为什么个体行为和群体互动紧密耦合。"

虽然这种语言在我们目前探索创意写作的方式中可能显得很奇怪,但从隐喻的角度来看,这种分析对我们研究创意写作栖息地具有指引作用。很自然,这取决于我们如何发展一种最适合创意写作和从事创意写作的人的讨论语言。其中较为关键的一点是,我们目前对创意写作栖息地是如何形成的、它们是如何演变的,以及它们对个体创意作家和作为职业和/或业余群体的创意作家的影响还知之甚少。

探索作为居住地的创意写作

早先有人说过,创意写作可以被认为是人类居住地的一种形式。这是一个过于大胆的声明,不能如此轻描淡写。居住地与栖息的行为有关。栖息就是在某个时间和地点上存在。创意写作之所以能被视为一种居住地形式,是因为创意写作自然地发生在一个地点和时间。这种活动留下了记录,但是这些都是在创作过程中发生的,或者是在创作完成后的记忆中发生的。

作为一种居住地形式,创意写作不仅仅是关于现在的。换句话说,有可能将创意写作视为一种现在和过去共同的居住地。然而,为了做到这一点,必须有一些关于那个居住地的记忆,可能还要有关于它的记录。这种记忆,与所有记忆一样,不仅仅是单独的

第三章 创意写作栖息地

观察集合,或者是由容易流通的记录所定义的观察,如完成的作品或保存的手稿。它还包括情感和行为记录、生理和心理反应、创意作家理解的意图和意义、影响创意作家作为创意写作的创造者、著作者和代理人的理由和感受。

因此,创意写作作为一种在一个时空里的栖息地形式,最好由创意作家来研究,因为他拥有最全面的线索,而且很可能是对其情境相关性最感兴趣的人。进一步理解这种栖居地是如何出现的,借助我们对过去问题的研究获得的知识,将之用于解决未来创意写作时可能遇到的问题,至少在理论上看起来是可行的。

这种分析的目的不是把简单的活动复杂化。或者说,这并不是刻意地把人类的创意写作活动复杂化,在类似"创意作家写作如果在写作的同时反思自己的写作,他们以后会学到一些有用的东西"这样的观点上故弄玄虚。这样的声明虽然真实,却把问题简单化了,没有充分考虑创意写作活动本身的复杂性。挖掘的越深越有成效的原因是,这样的陈述并没有充分有力地说明创意作家可以通过哪些方式整合他们的认知和情感资源来帮助他们(事实上,是为了帮助我们,因为我是作为一名创意作家在这里写作的)更好地理解在我们创造和再创造栖息地的过程中,以及最终在我们从事创意写作的过程中,可能会发生什么。

但是,目前这些研究还没有真正地展开,我们面前也没有明确答案。实际上,开始进行栖息地分析的原因之一是,我们尚不知道这样的研究是否会揭示出对我们有用的东西。对于这些研究,目前都还没有深入的探讨,即使这种探索非常有意义。我们需要做的是做出尝试,当我们尝试之后,发现它无法为我们带来新的启发,那时候再做其他决定也不迟。我的经验是,对于创意写作和创意作家来说,在探究中获得新知识的可能性要远大于无功而返。

创意写作栖息地与创意写作教学

最后,我们再回到大学、学院以及各类学校的创意写作教学这个关键话题。目前来说,谈到栖息地对我们创意写作的影响,很多人会觉得它是很难琢磨、难以把握的。但是,我们各种形式的创意写作课对此又或多或少都有涉及。现在的问题是,我们需要考虑关于栖息地的讨论是否应该更正式地成为创意写作教育的一部分。创意写作是一种兼收并蓄的活动,而不仅仅是关于词语的使用和写作技巧的练习。它也是大学科目中最具个性的一门课程,对情感和个性化的内容、作品都很重视。这是所有教育层次和形式中的人类活动的一种,虽然在这种活动中,类似"写作真的能教吗?"这样的问题仍在继续。

因此,当前创意写作中的一个关键问题可能是,创意写作的教学方式不能再沿用既有的方法。创意写作教师需要对创意写作领域内容有一个更全面的认识——包括它在栖息地形成和改造方面所涉及的内容。作为创意作家,我们可能已经意识到了这一点,但是现代教育体系阻碍了我们充分发展这种教学方式。或者更进一步说,很可能在对文本考证、作品产出和作品内部材料构成的关注的同时,使我们远离了创意写作,而不是更接近创意写作。因此,探讨创意写作的栖息地,以及作为创意写作的居住地形式,将使我们更接近我们自己的实践和创意写作本身的真实本质。

王岚　译

第四章　超越文学：为什么创意素养很重要

史蒂夫·希利

　　创意写作专业的学生掌握的技能可以用来创作文学作品，但这些技能——比如讲故事、塑造角色、双关语和联想思维——也越来越多地被应用于诗歌、小说与文学创作之外其他类型的工作和活动中。在创意经济、社交媒体和数字技术领域，创意素养已经受到了极大的重视。那些渴望进入后工业国家中上层阶层的人，被鼓励创作多种文化文本，获取更多的新文化资本，他们需要成为创意生产者而非仅仅是消费者。在学术领域，创意写作也开始有机会进一步明确它在获得创意素养中的重要作用，并以更具批判性的标准和社会意识塑造这一角色，帮助创意素养在整个高等教育中建立合法性。

　　创意写作作为一个学术领域，它与各种艺术活动有着密切关系，同时与外部世界排斥创意的力量也在努力保持一种对话。尽管人们普遍倾向于用带有批评色彩的话语来描述这一领域，但在21世纪，创意已经成为一种普遍的社会和经济价值，尤其是在后工业时代的英语国家，对待这种价值的态度有了大幅度转变，这促进了创意写作的发展。

2010年底,《纽约时报》杂志发布了"年度想法"的年度特刊,头条文章是"追求完美的头脑风暴",其内容聚焦在一个新兴的叫做"古怪军团"的小型公司和一个为个人提供"创意思维""创新艺术"销售咨询的大型公司。① 大企业已经变得如此着迷于为产品和服务提供新想法,为客户寻找创造性的问题解决方案。以至于公司愿意花巨资聘请许多外部"创意机构",帮助他们进行创造性地思考,或指导公司如何成为更好的创造性思考者。

例如,总部位于美国加州的 Jump Associates 与许多大型企业合作,包括糖果生产商玛氏,帮助他们"定义'放纵'的现代含义",并与塔吉特百货合作,帮助公司重新构想"返校"产品系列。在讨论这种创意之风激增的原因时,公司的负责人戴夫·帕特奈克谈到了过去几十年管理风格的转变——尽管在 20 世纪,理想的管理者善于理解数字和数据,但现在,他指出"这关乎领导力、创意和远见"。帕特奈克将这些现象与艺术以及现代技术如何帮助绘画从注重捕捉"现实"转变为注重主观印象的现象进行了类比。他说,如今的企业创意热是"管理的抽象表现主义时代"②。

如果你能想象,公司里到处都是杰克逊·波洛克这样的艺术家,且并不觉得这有什么问题,那么想象公司办公室里挤满了约翰·阿什伯里、玛格丽特·阿特伍德和其他文学巨星,或许也是很自然的。然而,在欢呼新思想的强大魅力同时,《纽约时报》杂志的特刊却又直截了当地提醒我们,传统出版和阅读的旧观念正在消

---

① SEGAL D. In pursuit of the perfect brainstorm[J]. The new york times magazine, 2010(10): 24 - 28.

② SEGAL D. In pursuit of the perfect brainstorm[J]. The new york times magazine, 2010(10): 24 - 28.

第四章　超越文学：为什么创意素养很重要

亡。一则描述近期文学小说新趋势的新闻给出了这样一个令人沮丧的观察结果："当前类似未来主义的文学浪潮来得正当其时，印刷书籍——以及传统阅读的行为似乎被数字技术包围了。"这篇文章还指出，这里值得注意的是，这些作者在多大程度上采纳了新的非文学形式的传播，从文本信息到 PowerPoint 演示文稿。①

如果我们熟悉的出版和阅读都在衰落，那么为什么创意写作反而会蓬勃发展呢？从表面上看，这一学术领域似乎完全植根于传统文学类型——总的来说，学生们选择诗歌、小说或创意非虚构类的课程和学位，在创意写作课程中——尤其是在艺术硕士课程中——仍然尊崇印刷出版，认为它是建立文学资历和声誉的主要方法。但如果这些传统文学类别的读者如此之少，为什么所有这些创意作家都在想着发表作品呢？更重要的是，考虑到任何一个创意写作专业的学生，有机会走上成功的出版事业的可能性都很小，对大多数人来说，任何想要真正拥有大批文学读者的梦想都是一种严重的错觉。

然而，创意写作专业的学生并不像一些文学研究专家们所说的那样容易上当受骗。在我的创意写作教学中，我遇到的每一个本科生，要么几乎没有任何具体的文学抱负，要么只有"有朝一日出版一本书"的模糊愿望。虽然从上到下，创意写作似乎为作家提供纯专业培训的诗歌、小说和创意非虚构教育，学生自己也经常进入创意写作领域，但他们很少思考这些文学体裁和文学出版方面的问题，对当代诗歌、故事或文学散文的情况几乎没有太多认识，

---

① SCHUESSER J. Literary near futurism[J]. *The new york times magazine*，2010 (34)：34.

在当代文学领域也只有很少的阅读经验。对于这个现象,我认为,学生们想从创意写作中获得的是一种文化资本,这种文化资本不是特定的"文学",而是没有固定形态的"创意"。像 Jump Associates 和其他创意的提供者一样,学生们明白,在我们当前所处的历史时刻,创意技能和经验具有巨大的价值。当然,创意写作的学生最终会按照要求,在课堂上写诗、写故事、写散文,但他们更看重的是我所说的"创意素养",而不是这些作品的文学性。

作为一个特定的领域,创意写作需要思考什么是创意素养,为什么创意素养现在变得如此重要,它已经产生了什么样的影响,以及在未来可能会产生什么样的影响。鉴于绝大多数的创意写作的学生不会走向专业的文学创作道路(主要是因为他们没有兴趣这样做,但在某些情况下,他们在读写方面十分渴望能得到成功却又无法实现),我们就需要考虑这些学生能从创意写作中得到什么,以及他们如何在现实生活中运用创意写作。

什么是创意素养?

创意素养是我总结和提倡的一个术语,它是对学生掌握的技巧和经验的综合概括,而非仅指学生在课堂上进行文学作品创作的能力。学生们可以通过参加创意写作课获得这些创意素养方面的技能和经验,他们可以在课堂之外的众多活动和工作中运用这些能力。创意素养训练可以进一步扩展出许多能力,包括使用语言(以及视觉图像和其他媒介)激发观众产生复杂情感体验的能力;以联想的、隐喻的、非线性的、非层级的方式思考和沟通的能力;有能力用丰富多彩的人物、角色和声音来创作动人的故事;有

第四章 超越文学：为什么创意素养很重要

能力掌控或重构既有的意义和创造出新的意义。

如今，创意写作已经成为获取创意素养的一个主要途径，因为它在大多数大学的文科院系中处于很灵活的位置。此外，作为回报，学生可以从这些课程中获得学位需要的学术学分。而且，由于创意写作似乎是一种有趣、好玩的事情，可以替代传统学术写作的不愉快工作（不管这些认知是否准确），许多学生发现它非常有吸引力。学生也可以在其他艺术领域学习这些技能，如摄影、电影和音乐。正如创意写作需要考虑转变"文学作者"这个范畴，在艺术方面，通常需要考虑的是"艺术家"这个称呼怎样被放大了，无论是好是坏，更加灵活或模棱两可。尤其是在新媒体崛起和数字技术快速发展的情况下，那些没有受过大量技术培训或资历的人，似乎更容易被定义为摄影师、电影制作人或音乐家。

或许更值得注意的是，如今传播创意产品或接触受众的手段不断增加，可谓令人眼花缭乱。几乎任何艺术家或有抱负的艺术家都可以创建一个网站，或使用现有的网站来展示作品，这些作品可以数字化复制。Etsy 和其他网络经纪商允许个人出售任何艺术品，无论它是手工制品还是某种数字化的形象。YouTube 的宣传口号是"传播你自己"，它为任何拥有简单视频技术的人提供了机会，让他们在几乎与行星一样大的虚拟剧场中放映自己的小电影（通常是自己主演的）。音乐家们利用 MySpace 来宣传和传播自己。当然，Facebook 也已经成为每个人的舞台，通过照片、视频剪辑、状态更新等形式来展示我们机智、怪异、精彩的角色。

很多这种新的创意活动都与写作相关，但是，它既不是严格意义上的实用性写作，也不是严格意义上的文学性写作，Facebook 是目前这类写作最明显的例子。当然，用户也可以借助这些做很多实用性的事情，也可以在Facebook上发布自己写的一首诗。但更有可能的是，他们的状态更新或评论，无论多么平淡无奇，都将成为一种不以文学术语标榜自己的创意写作。或者，我们也可以将Twitter作为另一种创造性书面表达的传递系统，鼓励诗性的淬炼而不是把它称为诗歌。整个博客世界也呈现出它作为一种私人的、类似于日志的创造性表达的特点，这种表达是开放的，但没有传统的文学野心。

无论你觉得这些新的创意活动是否具有艺术价值，我们都很难否认，如今在发达国家，许多人的生活中都弥漫着一种创意精神，不仅是在我们的休闲时间里，在我们的工作环境中也是如此。在21世纪的后工业经济时代，那些具有创意素养的人所掌握的技能变得非常有价值，尤其是像Jump Associates这样的公司。"跳出思维定式"已成为企业界最著名的产物。将无形价值转化为有形商品和服务，已成为美国和其他发达国家经济增长的主要动力。显然，消费者需要——或者他们被鼓励去要求——全新的、创新的、革命性的、不可预测的、古怪的、设计精美的等等。可以看到的是，近几十年来，经济生产已在很大程度上转向满足对创意的需求。

早在2011年国情咨文演讲中，当时的美国总统奥巴马对经济复苏的核心愿景是通过创新"赢得未来"。奥巴马宣称："我们所能做的——美国比任何人都做得更好的——就是激发我们人民的创造力和想象力。"[1]在美国，创新不仅仅改变了我们的生活，它本身

---

[1] *Transcript State of the Union*（2011）*Obama's Full Address*[EB/OL].[2011-02-28]. ABC News.

第四章 超越文学：为什么创意素养很重要

就是我们谋生的方式。奥巴马也应该注意到了这一点，那就是这种情况并非仅限于美国。近年来，在英国和澳大利亚，人们有了更多的意愿，尝试在艺术和经济之间建立更多的合作关系，你可以在完全致力于研究"创意产业"的期刊和机构中找到严肃的学术研究。那些写诗和故事的人可能会声称自己拥有一种更真实、更巧妙的创造力，而不是那种获取财富的创造力，他们可能会辩称，纯粹靠卖文学作品谋生几乎是不可能的，这就是这种差异的证明。但是，所有那些以前没有从事专业的文学事业，或者只在业余时间创作的创意写作学生，则很有可能在工作中用到他们的创意素养。

关于创意的经济力量，最有名的争论可能来自社会学家理查德·佛罗里达的《创意阶层的兴起》。佛罗里达坦率地说，我们的整个经济已经从根本上变成了一种"创意经济"——例如，20世纪下半叶企业在研究和开发方面的投资猛增，除去通货膨胀影响之后的增长率高达800%，这就是明证。[①] 佛罗里达说，这种新的经济环境催生了一个新的"创意阶层"，他们从事"科学与工程、建筑与设计、教育、艺术、音乐和娱乐方面的工作"，其经济功能是创造新思想、新技术和新创意内容。除了这一核心群体外，佛罗里达认为，它还包括"更广泛的商业、金融、法律、医疗和相关领域的专业创意人员"，他们"从事复杂问题的解决，这需要进行大量的独立判断，高水平的教育或人力资本"。[②]

很明显，佛罗里达对创意工作者的定义是很灵活的，它可以包

[①] FLORIDA R. *The rise of the creative class, and how it's transforming work, leisure, community, and everyday life*[M]. New York: Basic, 2002: 45.

[②] FLORIDA R. *The rise of the creative class, and how it's transforming work, leisure, community, and everyday life*[M]. New York: Basic, 2002: 8.

括任何不属于制造业或服务业的人。制造业或服务业的规模正在不断缩小，不过，服务业的规模仍明显大于创意产业。但佛罗里达表示，即使创意阶层并不代表大多数工人，但它仍是"最有影响力"的阶层——考虑到就在几十年前，我们还习惯于将创意与社会边缘联系在一起，这可以说是一个了不起的发展。创意为什么会变得如此重要，很大程度上是一个价值观重大转变的故事：20世纪中期的"组织时代"以"同质性、一致性"和"适应性"来定义自己，而我们的创意时代价值观则是"个性、自我表达，以及对差异的包容性"①。虽然我们的祖先倾向于把自己与家庭、当地社区或教会等机构联系得更紧密，但我们现在看到的是，我们变得更加独立，在我们的一生中形成了越来越多的较弱的联系，同时努力塑造我们自己的身份。佛罗里达说："很多时候，自我创造和再创造是我们创造力的体现，正是这些定义了我们（自身）诸多的社会和经济生活。"②

尽管佛罗里达担心创意经济的某些方面（的发展）——尤其是它如何与日益加大的贫富差距相关联——但他基本上是创意经济的支持者，鼓励个人、企业、机构和城市拥抱创意精神。佛罗里达当然不是第一个宣布这一信息的人，但他的名字已经成为这一信息的同义词。在过去十年里，包括托马斯·弗里德曼、丹尼尔·H.平克和赛斯·戈丁等越来越多的畅销商业作家都重申了这一信息。最近出版畅销书《关键》的戈丁说道："从食物到行李，从电话

---

① FLORIDA R. *The rise of the creative class，and how it's transforming work，leisure，community，and everyday life*[M]. New York：Basic，2002：9.

② FLORIDA R. *The rise of the creative class，and how it's transforming work，leisure，community，and everyday life*[M]. New York：Basic，2002：7.

第四章 超越文学：为什么创意素养很重要

到笔，再到保险表格，一切都因设计、艺术和洞察力而改变。如果艺术是关于人性的，而商业已经变成了关于交互的（而不是物质的），商业现在与艺术的关系更加密切。"①

我们可以试想创意写作课程对那些渴望加入创意阶层的本科生有多大的吸引力。当这些学生浏览大量的精品课程内容，他们看到的很像是一片传统知识组成的海洋，包括了特定领域的信息和理论研究，不难想象，创意写作就像是这座海洋上的一座灯塔。尽管创意写作可以而且应该为学生建立起批判性的理论框架，但它通常被认为是一种"在思维定式之外"获得传统学术领域学分的方式。一名学生可能没有什么创作文学作品的欲望，除了他可能上过的英国文学课程中提到的几个标题之外，对阅读当代文学作品也几乎没有什么经验。但他对目前概念定义仍旧显得模糊的"创意实践"的渴望却可能非常强烈。

从消费者到生产者

"素养"是一个灵活而又不易把握的术语。在最常见的层面，它指的是一种基本的读写能力。它通常也指某些人可以获得的特定知识；例如，一个足球迷可以说有足球素养，或者一个对葡萄酒有鉴别力的人可以声称拥有葡萄酒素养。这种作为一种特殊品位或权威的素养意识也适用于文学：文学素养可能不仅指基本的阅读和写作技能，还指作为诗歌、小说和戏剧读者的高级知识广度

---

① GODIN S. *Linchpin: are you indispensable?* [M]. New York：Portfolio/Penguin，2010：90.

（历史视角、批判能力等）。我们说一个人具有素养，可能意味着他有基本的阅读和写作技能，但通常更确切的所指是，拥有文学素养，具有很强的文学阅读能力，对文学领域有深刻的理解。

长期以来文学素养一直具有社会价值，至少从马修·阿诺德指出"最好的文学可以成为社会进步和推动文明的一种手段"以来一直是这样。贾尼斯·拉德威在《对书的感觉》一书中谈到"月度书籍俱乐部"之所以获得巨大成功，很大程度上是因为20世纪早期到中期的美国中产阶级希望"把自己塑造成受过教育、老练的、有审美能力的人"①。书籍俱乐部的成员希望通过市场得到一种非正式的文学素养训练，获得"一种为事业正在上升的部分专家、经理以及信息和文化工作者，还有渴望得到这些地位、工作和特权的阶层提供的社会教育。"②不过，拉德威在展示"月度书籍俱乐部"为一个寻求社会合法性的新阶层提供文化资本的同时，也展示了它是如何威胁侵蚀经典的"精英的"空间，让人们无法真正欣赏文学价值，从而引发了对"大众化"形式的捍卫者和批评者之间的一系列文化之争。如果文学能够像牙膏和汽车一样，如此容易地重新包装并卖给大众，那么文学和其他艺术的真正价值是什么呢？因此，尽管"月度书籍俱乐部"在20世纪中期的全盛时期标志着文学素养声望的一个高峰，但这其实也是其开始衰落的标志。

在《文化资本：文化经典形成的问题》一书中，约翰·杰洛瑞研究了过去的文化辩论，即80年代和90年代的文化辩论，这些辩论

---

① RADWAY J A. *A feeling for books: the book-of-the-month club, literary taste, and middle-class desire*[M]. Chapel Hill, NC: University of North Carolina Press, 1997: 5.

② RADWAY J A. *A feeling for books: the book-of-the-month club, literary taste, and middle-class desire*[M]. Chapel Hill, NC: University of North Carolina Press, 1997: 15.

第四章 超越文学：为什么创意素养很重要

中观念的冲突产生在传统西方经典的拥护者与多元文化的捍卫者之间。他认为这些争论实际上是一个关于文化价值的更大危机表现的症状，它表明了文化资本从文学性阅读普遍撤离的现象。正如杰洛瑞所说，"文学"这一范畴是对老式中产阶级文化资本的命名，这种资本形式在当前教育系统的社会功能方面所起的作用越来越小。① 这种关于传统文学价值下降的断言，似乎得到了被讨论得很多的国家艺术基金会（NEA）研究的支持。该研究表明，美国人的文学阅读率急剧下降。② 尽管一项后续研究显示成人文学读者的数量略有增加，从2002年的47%增加到2008年的50%，但这一比例仍然远远低于1982年NEA首次开展这项调查时57%的高水平。③

如果文学素养无法再为中产阶级提供那么多的社交货币，那么我认为，创意素养理应获得大部分失去的文化资本。文学素养源于对文学的阅读和研究、对经典的接受和消费，而创意素养则主要由生产，实践技能驱动，它不仅仅是为了产出文学文本，而是包括了更为广泛的文化文本。创意素养的侧重在于生产，它把读写视为一种生产的途径。我认为，这是21世纪初新兴文化资本的一个核心特征。虽然"老中产阶级"可以把文学消费作为自我构建、使闲暇时间更有意义、获得社会地位的主要工具，但新中产阶级通常可以通过积极创造新的文本，创造新的文化形式来满足这些需

---

① GUILLORY J. Cultural capital: the problem of literary canon formation [M]. Chicago: University of Chicago Press, 1993: x.

② US National Endowment for the Arts Reading at Risk: A survey of literary reading in america[Z].[EB/OL].[2011-05-22]. http://www.nea.gov/pub/ReadingAtRisk.pdf.

③ US National Endowment for the Arts Reading at Risk: A survey of literary reading in america[Z].[EB/OL].[2011-05-22]. http://www.nea.gov/pub/ReadingAtRisk.pdf.

求。新中产阶级主张,身份并不是通过更多的阅读和欣赏伟大作家来获得,而是通过成为一种这样的作者。

我们应该对作者身份的民主化持怀疑态度吗?作者的角色是否被简化了并被过度标榜?许多成功的创意写作学生和教师确实对此持怀疑态度,这个领域常常把自己定位为高雅格调的唯一保护者,尤其是考虑到理论化的文学系的部分人对文学的"好"或"坏"评价已经不感兴趣了。我们当然应该以批判的眼光来看待创意素养的兴起,虽然在某些方面它的民主主张并不正确。我们很容易忽视创意素养,但是,忽视它并不能否认它的存在和意义。

拉德威对待通俗的、大众的文化的特点之一,就是她对这种精心设计的文化的矛盾心态。她承认,"月度书籍俱乐部""不仅使用复杂的营销技巧来销售个别书籍,而且还销售品位本身的理念",但在一个特别的时刻,她说:

我发现自己很难直接评判这个机构,它把我在研究生院学到的东西商品化了,而这些东西本来就不应该被市场商品化,那就是文学、艺术和文化。相反,包括评判者、编辑、和订阅者以及俱乐部的创始人,都不乏试图重建这些的动机和意图。我面临的不仅仅是通过各种手段获得社会层面的提升的渴望,还有一种根深蒂固的自我表述的可能性和寻求教育、艺术超越性的承诺。①

事实证明,"月度书籍俱乐部"所呈现的焦虑和期望,与写作领域面临的情况惊人地相似。这两个机构都承诺扩大文学体验的方式,但都被指责将文学体验变成了纯粹的商品,剥夺了它的真实性

---

① RADWAY J A. *A feeling for books: the book-of-the-month club, literary taste, and middle-class desire*[M]. Chapel Hill, NC: University of North Carolina Press, 1997: 5.

第四章 超越文学：为什么创意素养很重要

和意义。

如果我们暂时停止抨击这些强大的机构的合理冲动，我们可以看到普通人利用这些工具来塑造他们生活中的某种自主性和意义。年轻人在他们的 Facebook 页面上对琐碎事务古怪描述的做法，也许不能与精英作家相比，也不能将其与年轻的女孩提交"差"的诗歌给创意写作工坊相比——尽管如此，这些中产阶级人士正在获得一种有实际效力的作者经验。尤其是在当前文本饱和——信息、知识、故事和图像在每个节点穿透我们的眼睛和大脑，即使是在给汽车加油的时候，也可以被屏幕上的充满感官刺激与廉价的快乐渗透——一种表明作者身份的姿态会让人感觉特别强大，无论创造的是何种文本，也无论它多么微不足道或老生常谈，这个姿态可以让我们体验自由时刻，以及对自己生活和身体的掌握和自主感。

我认为，这种中产阶级对创意深切而普遍的渴望，以及对某些创意素养的要求，突出了创意写作作为一种文化资本的重要性，这种渴望远远超过成为诗歌或小说作家的具体愿望。文学素养或许正在失去文化资本，但创意写作之所以快速发展，是因为它承诺（直接或间接地）满足普通人参与创意实践的普遍愿望。

作者身份的民主化

每个人都可以而且应该成为一名作者（或者表达自己），这种观念在 21 世纪并不鲜见。许多学者追溯了创意写作的发展历史，想弄清楚是什么力量塑造了今天的创意写作，这种力量使得创意作为一种普遍的民主理想的一部分而广为人知。保罗·道森在其引人注目的著作《创意写作与新人文学科》中,强调了这些演变中的几个关键时刻,指出"创意"这个词植根于浪漫主义。在18世纪之前,想象力通常被理解为一种"内在的精神能力"①,与记忆类似,它是一种可以模仿世界上已经存在的事物的能力。但随着浪漫主义的兴起,"创意"一词开始在更广泛的意义上被使用,其内涵包括原创性、创新性、充满了新奇和个性。这是一个民主化的转变,艺术和思想的源泉——灵感——从一个外在的、更高的权威(传统、上帝等等)转向了人类。然而,道森也指出,欧洲浪漫主义的创造力理论,所坚持的仍旧是一种精英的立场,即只有较少的人有机会获得以真正的方式进行创造的天赋。另一方面,美国人对浪漫主义的态度,在爱默生的散文中表现得最为明显,表现出了对共同创造力更为大方的态度。道森引用了《论美国学者》中的一句话,爱默生在书中主张,书籍的意义在于激励天赋,天赋"不是某种特定的特权,而是属于每个人的财富"②。

这种民主精神同样影响了两次世界大战之间在美国出现的进步教育运动,道森和包括迈尔斯在内的其他人,都探讨了这一运动对创意写作领域形成的重要意义。迈尔斯的著作《美国创意写作史》是该领域的第一部综合(研究)史。③ 虽然迈尔斯的著作主要着眼于创意写作在高等教育的发展,他的部分叙述却转向关注纽约的一所中学。在那里,在20世纪20年代初,休斯·默恩斯把标准

---

① DAWSON P. *Creative writing and the new humanities*[M]. New York: Routledge, 2005: 22.
② DAWSON P. *Creative writing and the new humanities*[M]. New York: Routledge, 2005: 22.
③ 该书目前已经由青年学者高尔雅翻译出版,此处为便于读者理解、对照,遵循高尔雅所译本的中文书名。

第四章 超越文学：为什么创意素养很重要

英语课程变成了一个以学生为中心的、旨在促进创意和自我表达的空间。① 默恩斯是进步教育运动的主要人物之一，深受约翰·杜威教育哲学的影响，在其广为传诵的《有创造力的年轻人》一书中，他第一次使用创意写作一词来指代一门课程。② 在接下来的几十年里，进步教育运动占据了主导地位，创意写作也在这段时期被全国各地的学校接受，成为"课程中最受欢迎的科目之一"③。默恩斯和其他进步主义教育人士相信，只要给予正确的指导和环境，每个人都可以在艺术方面获得发展，他们对让更广泛的学生获得创造经验的兴趣，远大于提倡某种审美标准。迈尔斯对此有明确的态度，他对这种"作者身份的民主化"表示怀疑，他提出了一个问题："对文化的评价为何不能根据它取得的创造性成就大小来进行？这是一种非民主化的区分。难道批评……直接的评价性批评——不是必要的吗？"④

对迈尔斯来说，创意写作历史的理想时代在后来的 20 世纪三四十年代方才到来，当时涉足这一领域最著名的高等教育机构是爱荷华大学，它以对标准和传统的尊重，调和了默恩斯所提倡的不受约束和不严谨的表达方式。按照迈尔斯的观点，不幸的是，这个创意写作的黄金时代很快被另一种回潮的、松散的、缺乏标准的冲动所吞噬。创意写作发展到 20 世纪末，变成了为有钱有势的作

---

① MYERS D G. *The elephants teach: creative writing since 1880* [M]. Englewood Cliffs, NJ: Prentice Hall. 1996: 101.
② MYERS D G. *The elephants teach: creative writing since 1880* [M]. Englewood Cliffs, NJ: Prentice Hall, 1996: 103.
③ MYERS D G. *The elephants teach: creative writing since 1880* [M]. Englewood Cliffs, NJ: Prentice Hall, 1996: 104.
④ MYERS D G. *The elephants teach: creative writing since 1880* [M]. Englewood Cliffs, NJ: Prentice Hall, 1996: 120.

家,以及助长文学上的平庸、误导人的官僚机构服务的资助系统。这种对创意写作放弃美学理想的焦虑,与针对"月度书籍俱乐部"的那种焦虑是类似的,近几十年来已被文学专家们多次重复。

马克·麦克格尔在他充满抱负的著作《创意写作的兴起:战后美国文学的"系统时代"》中进行了更多的讨论。麦克格尔对指责创意写作偏离早期的目标不感兴趣,但他同意迈尔斯的观点,认为创意写作继承了进步主义的价值观。麦克格尔强调,进步的教育家反抗的是传统教育中倾向于死记硬背,标准化和严苛的纪律。"学院按照自身的策略发展,导致了一种所谓'制度的'主体性,这个问题如今受到了越来越多的关注。作为对这个问题的回应,进步主义教育人员从事美国学校的改造工作,希望它成为系统性培养原创人才的地方。"[1]这种对均质化的抵制和对独特个体性的颂扬,在美国教育体系中变得越来越重要,推动了创意写作蓬勃发展。

虽然反制度化的冲动可能会导致进步主义的理念脱离日常生活的实践性,但麦克格尔指出,在培养环境中注重经验和创造性学习是一种更有效的方式。这种方式可以在更广泛的意义上帮助不同的学生实现社会参与,有助于他们为职场的实际需求做好准备,为他们提供各种有益的支持。正如提倡自我表达的进步主义教育理念在学生和课堂之外产生了影响,创意写作领域也在更广阔的创意和对自我的反思性关注的环境中蓬勃发展。因此,麦克格尔说,在战后时期文学实践参与其中:

---

[1] MCGURL M. *The program era: postwar fiction and the rise of creative writing* [M]. Cambridge, MA: Harvard University Press, 2011: 38.

第四章 超越文学:为什么创意素养很重要

从一个更大的、多重社会动态层面来说,文学实践参与了自我观察。它将整个社会在社会科学、媒体和艺术领域的自我观察,延伸到企业的"反思性积聚",这些企业越来越关注自己的管理实践和组织结构。同时,它还将自我观察延伸到个人的自我觉察,人们意识到自己就是生活在这个故事里的主角,而不仅仅是活着。①

麦克格尔所说的这些话的深刻含义是,我们称之为文学的传统范畴,在我们的社会和经济生活中扮演了更重要的角色,尽管今天人们普遍都在讨论文学阅读的衰落,人们普遍认为创意写作领域是或应该只是一个优秀作家的诗歌、小说等文学体裁的训练场。

换句话说,文学发生了变化,不管是好是坏,它变成一个更普遍的范畴,我称之为创意素养,这些变化正是创意写作快速发展的真正原因。学生不仅视自己为生活故事的主角,他们还看到这些故事发生在我们周围,那么多的后工业经济是由生活的故事所驱动,能够讲述自己的故事和帮助别人讲好他们的故事具有巨大的价值。但是,如果作者身份变得越来越民主化,并不仅仅意味着更多的人在写文学作品,那么这就引出了一个问题:创意写作的目的是什么?如果许多创意写作专业的学生并不是特别喜欢传统的文学体裁,而是想要获得更广泛的创意素养,那么这对于一个通常以严格的文学术语来审视自己的学术领域意味着什么呢?

目前,最具有实用色彩的解释是,创意写作可以让学生在知识

---

① MCGURL M. *The program era: postwar fiction and the rise of creative writing* [M]. Cambridge, MA: Harvard University Press, 2011: 38.

领域之外更大范围的职业生涯、专业发展方面立足。虽然在美国以外——英国和澳大利亚,人们更多地将创意写作与其他艺术与创意经济领域的新媒体、电视、广告等联系起来。不过,从狭隘的文学性到创意素养的转变,也暗示了一种审美的契机:创意的写作可以引导学生(或者学生是可以引导创意写作的人)超越什么是真正的文学和什么是真正的文学体裁的严格定义。在 21 世纪,许多激动人心、至关重要的小说和诗歌看起来或听起来都不太像小说和诗歌;相反,它认为自己与各种非文学文本(新闻报道、个人广告、文字游戏、食谱等)以及非文学技术(互联网、计算机软件、视频等)有关。随着文学边界的不断开放,创意写作将会对我们所谓的学术工作产生更深远的影响。

创意写作与高等教育的未来

创意素养的兴起不仅对我们称为创意写作的领域产生了显著的影响,而且对整个高等教育都产生了巨大的影响,这一点在创意写作对一年级写作课程的影响方面表现得尤为明显。我相信,传统的以主题为导向的说明性文章已经不像以前那么重要了。许多老师发现,教授创造性的读写技能作为批判性读写的补充是一种有效的方法,可以让学生更有参与感,让他们的学术写作更有活力。越来越多获得创意写作艺术硕士学位的人成为了写作老师,这些现实状况无疑推动了更具创造性的学术写作出现。但这种转变应该从更广泛的社会层面来看待,认识到它与创意素养带来的文化资本的增长有关。

在传统的英语写作课程中,学生应该学习哪些技能?答案不

第四章 超越文学：为什么创意素养很重要

是简单的基本读写能力——即使用正确的语法、标点符号等，而是通过写作进行交流的能力。至少从19世纪起，相当多的美国人通过小学和中学教育获得了这些基本读写能力，他们能够在工作场所使用这些知识，以及在他们的闲暇以"作者"身份写日记、信件，或其他非正式的文本。但是，大学写作课程应该在这个基础上，提供一种更高层次的批判性读写，这种观念至少在二战后的高等教育繁荣时期，就已经在美国社会中普遍存在了。传统的一年级写作课程通常鼓励学生通过多学科的视角，在开放的主题上展现作者的才智。学生们被训练使用分析性语言与批判性思维写学术论文，对论文的主题进行论述，用具体的证据来支持论文的论点，并注重培养一种逻辑的、层次分明的结构和转化意识。

英语写作课程领域从未如此沉寂或与其他领域隔绝，在最近几十年，由彼得·埃尔伯等人提倡的学术写作领域兴起的表现主义的方法让学生能够获得更多的个人化的、基于自我的叙述模式，远离枯燥无趣的模式。尽管如此，英语写作课程仍然主要教授学生以主题为导向的学术性文章，以及基本的表达策略和结构。这种高级的批判性能力，为大学毕业生提供了一种驾驭白领工作中繁琐的文书工作的能力。同时，它也为他们提供了一种独特的作者经验，一些特别的批判视角和借助开阔的市场理念与观点形成这种思考的能力，以及作为有素质的和社会流动身份参与民主生活的能力。

约翰·杰洛瑞认为，写作是20世纪晚期新兴中产阶级获得读写能力的教育凭借：

它是专业管理阶层、管理者和官僚们的演讲；它主要被用于这种地方——"办公室"。这种写作使用的不是日常用语。这篇演讲最大的历史意义在于,它的产生完全绕过了旧的文学教学大纲。学生们不再需要为了获得"文学"语言而沉浸在文学作品中。在承担起区分基本语言和更精英化的语言的社会功能的同时,写作也承担了社会方言的意识形态身份、显示了它对普遍性的自命不凡,以及它作为政治话语媒介的地位。①

因此,传统上的写作课程教给学生的是"在框架内思考"(或在办公室里思考),以适应20世纪高度合理化、纪律严明的白领们的工作环境。传统的批判性思维强调客观性,清晰的证据和说明,以及合理的解释和评价,合理的解决方案和结论。但是,在21世纪,我认为新的"精英语言"及其"普遍的资格"越来越多地是通过创意素养来获得的。那些在工作和休闲中都向往成为美国中上层阶级的人,越来越被鼓励跳出思维定式思考,不再把自己看作是机器的齿轮,而要把自己看作是为读者提供新思想和新内容的创意作者。这种创意素养赋予主观性和情感、讲故事和感知数据、模糊性和矛盾性、跳跃联想与对传统逻辑颠覆、怀疑和不确定性以新的价值;它把陌生的和未知的东西当作生产力,而不是试图去战胜它们。此外,这种创造性的读写更适合当代网络思维、对时间和空间的全球化管理、即时连接以及信息和表演的数字化生产。传统的学术论文不再反映语言和思想是如何组织和呈现给我们的深刻差异,而创意素养可以帮助传统写作课程将学术写作带入21世纪。

我想强调的是,我在这里并不是鼓吹创意写作取代大学里的写作课程。就目前而言,这两个领域已经在合作,应该继续更有意

---

① GUILLORY J. *Cultural capital: the problem of literary canon formation*[M]. Chicago: University of Chicago Press, 1993: 79-80.

第四章 超越文学：为什么创意素养很重要

地合作，在创造性的和批判性的读写之间建立更富有成效的关系。写作课程在传统上主要作用是为中学之后的学生提供课程服务，创意写作也应该开始考虑如何（已经开始）为学生提供同样的"服务"。在许多精英院校，学生们对创意写作的要求越来越高，而传统的一年级写作要求正逐渐被淘汰。尽管创意写作被框定为一门课外或选修课，但它正成为一门事实上的服务课程。如果学生需要批判性和创造性读写以便在21世纪更好地发展，如果学术写作需要拥抱创造性并与之保持相关，那么，创意写作不仅需要将自己视为文学作家的训练场，而且还要将其视为整个学术领域获得创意素养的重要途径。

在大多数学术领域，尤其是人文和社会科学领域，并不认为自己只是提供直接的、实用的专业训练，我认为创意写作同样应该被视为高等教育更大使命的一部分。大多数选修人类学课程的学生不会成为人类学家，大多数主修历史的学生不会成为历史学家，等等。可以明确的是，这些领域并不会因他们的学生没有在该领域沿着成功的职业道路前进而被视为失败。相反，学生可以获得对该领域的理论和方法的总体理解，这是在各种领域进行更广泛的教育的一部分。人文学科和社会科学领域的学生，通常并不一定会成为这个方面的专家，但可以获得经常被归入到"批判性思维"的通用技能——一种质疑假设的能力，一种能够看到给定知识问题的一系列选择和视角、形成可以有效解决复杂问题的符合逻辑的、高效的策略。大多数在创意写作领域学习课程甚至获得学位的学生，他们并没有成为专业的文学作家，但这并不意味着他们没有从教育经验中获得任何东西。他们所获得的是一种创意素养，一种创造性的读写能力，这种能力可以而且将会成为仍然占主导地位的批判模式的重要补充。

文学实践之外的创意生活

　　如果学生们不以诗歌或小说作家为职业，或者利用他们出版作品的身份成为一名创意写作教师，他们如何运用自己的创意素养呢？正如人类学或历史系的学生可以把这种教育作为训练的一部分，例如，成为社会工作者或律师，也有许多辅助的东西与创意写作领域相关的职业，包括新闻、出版、编辑、艺术管理等。但正如我所建议的，创意素养在新知识经济的各种职业中有着更广泛的应用。在市场营销和广告、产品开发和设计、社交媒体和互联网服务，以及许多由创意精神驱动的后工业领域，运用语言为观众创造精彩的故事、形象和影响力的能力越来越受到重视。

　　到目前为止，我在本科和研究生创意写作工坊遇到的大多数同学，他们都没有成为出版文学作品的作家和/或创意写作教师，但他们中的许多人可能会在工作、休闲和社交生活中使用到这些创意素养。我最近曾和两个朋友聊天——我们几乎在同一时间分别获得了马萨诸塞州立大学、阿姆赫斯特学院的诗歌写作硕士学位，虽然他们在研究生毕业后没有继续从事文学写作，但在其他领域都非常成功，他们都认为自己目前的工作和他们的创意写作教育之间有很重要的联系。

　　埃里克·福斯特在市场营销领域工作多年，最近加入了一家快速发展的初创公司，销售社交智能技术，它的主要客户是希望改善社交媒体使用的其他公司。埃里克说，在所有这些工作中，他都可以运用创意写作技巧帮助公司与客户进行有效的沟通，"快速理

第四章 超越文学：为什么创意素养很重要

解公司叙事"，然后帮助公司将故事传达给人们。利兹·布里修斯则把她的文学抱负放在了电视写作领域，她最近的一个项目是广受好评、获得艾美奖提名的 ShowTime 电视剧《护士杰姬》，她协助创作了这部电视剧，并继续担任执行制片人和编剧。在我们的谈话中，利兹毫不含糊地谈到了创意写作训练对她目前的工作产生的重要影响。她特别强调，在诗歌创作中关于"具体、准确和简洁的要求和训练"对她很有帮助。利兹说："'简练'在电视节目中至关重要。做到简练可以说是一门艺术。为电视撰稿需要做到简练，遵守这个约束性的法则。一个场景只能有这么长，一个角色只能有这么多对白……这跟诗歌写作中的押韵没什么区别。"

在我看来，埃里克和利兹都把文学技巧运用到了传统上被认为是与文学无关的工作场景中，这让我们可以看到后工业时代的创意工作场所发生的深刻变化。他们将文学的用途拓展到传统的文学之外，这些成果使得文化消费者选择将更多的时间用在上网和看电视方面，而不是用于阅读文学作品。当然，我不是在宣称文学的死亡，但创造与文学不同的流行形式，如互联网和电视内容，那真是太简单了，因为这些形式是多元而复杂的，足以包含各种刺激的和艺术的文学冲动。互联网可能为空洞、无知和无趣的闲聊提供了一个空间，但这并不妨碍它为用户提供有意义的艺术交流、鼓励政治对话和社会责任等。电视节目也提供了大量令人眼花缭乱的丰富的节目，然而，尤其是在最近几年，有大量引人注目的具有文学野心的节目。当然，像《六英尺下》《朽木》或《火线》这样的系列节目，在美学上也可以和一部"伟大的美国小说"一样精致。

因此，创意素养作为一种具有重要价值的扩散，这可能是一个重要的机会。但它也可以被看作是一个持续的灾难的组成部分，即马克思主义理论家居伊·德波所说的"景观"——语言自身的完全商品化，资本主义的幻相和图像系统遍布整个社会。在《景观社会》一书中，德波并非仅将景观简单地定义为一种遮蔽或隐藏"真实世界"的"装饰性的元素"；相反，景观在现实和虚假、自由与压迫之间制造了"异化权力的矛盾版本之间的虚假斗争"[1]。创意素养被证明是一种绝佳的工具，因为商品化的创意可以有效地将自己从资本主义的非人化影响中解放出来。许多著名的理论家已经接受了德波关于景观的概念，并阐述了重新恢复语言的策略，而不是假装占据景观之外的一些纯粹的、超然的空间。在《来临中的共同体》一书中，乔治·阿甘本提出了一种充满矛盾的可能性，即景观如此彻底地摧毁了共同之物，实际上却又"保留了某种可以用来反对它自身的积极可能性"。因为景观如此彻底地将人类与他们的语言疏离，异化本身成为一种共性，"人类第一次能够体验到自己的语言——不是这些或那些内容的语言，而是语言本身，不是这个或那个真命题，而是人所说的事实"[2]。

　　创意素养是一系列技能和意识的集合，但它并不是必然的纯粹或混合、游移的或压制性的。任何社会地位或工作都无法超越市场、商品化和景观的力量，当然，文学作家或创意写作教师也不例外。但是，每个职位和工作都有机会开始为了共同利益而重新使用语言，并以伦理、同情心、社会参与和美学上至关重要的方式来使用创意素养。我们需要认识到，创意写作作为一个领域，它

---

[1] DEBORD G. *The society of the spectacle* [M]. New York: Zone Books, (Original work published in 1967), 1994: 36.

[2] AGAMBEN G. *The coming community* [M]. Minneapolis: University of Minnesota Press, (Original work published in 1990), 1993: 82.

第四章 超越文学：为什么创意素养很重要

不仅仅是对诗歌、小说和其他文学类型作家的专业培训——它已经成为人们获取创意素养的主要机制化平台之一，在我们当前的历史时刻，这是一股极其强大的力量。无论是否愿意，创意写作都扮演着这样的角色，这个领域现在有机会培养更具批判性的创意素养意识，并对如何在学院和社会中广为传播承担更多的责任。

刘卫东　译

第五章　救猫咪,或体裁及其自身

凯瑟琳·哈克

本文探讨了体裁相关的问题,特别关注了其在创意写作课堂上的应用。通过对比玛丽·路易斯·普拉特的自我民族志与伊莱恩·肖瓦尔特有关性别的著作,以及他们关于接触地带与荒野地带的互补性观点,哈克对体裁如何构建有关写作本质的问题以及写作是如何以此方式在世界上传播等问题进行了探究,以帮助学生培养更有力的自我身份感。通常由描述方式解读的类型,也可基于生产性被理解为一种方法论(文章被书写的方法)、一种定位(书写文章的主体),或一种动机(即文章被书写的原因)。本文最后讨论了作为一种抵抗模式的间隙叙事。恰逢这种叙事模式为学生打开新的写作空间的正当时,它被认为可以进一步加深我们对体裁及其功能的理解。

要么是因相册太少,要么是因照片太多。她做不出决定,不知如何整理好它们。于是从一开始,她就放弃了这场与体裁的斗争。[1]

——杜布拉夫卡·乌格里西克

---

[1] UGRESIC D. *The museum of unconditional surrender* [M]. New York: New Directions, 2002.

第五章　救猫咪，或体裁及其自身

> 体裁不能被混合。我不会将不同的体裁混在一起。
>
> 我再重复一遍：体裁不能混合。我不会混合它们。①
>
> ——雅克·德里达(1988)

你还记得 A-1 牛排酱的广告吗？

你知道的，就是一个男人站在厨房里，举着一瓶牛排酱，好像真在跟你交谈般熟络地问你：我的朋友们，汉堡是什么——剁碎的火腿吗？

在我的童年时代，我一直没有真正搞懂这广告。我不喜欢 A-1 牌酱汁，甚至对牛排本身也称不上喜欢，虽然汉堡的确称得上是我的最爱，还有一个听上去也挺蠢的问题，仍一直困扰着我，倒是不因为它愚蠢空洞。我为它感到困扰是因为它的体裁——它是一个有关定义的问题。归根结底，汉堡曾是什么呢？

后来，我开始从事教学工作，像我们中的大多人那样，我用以前老师的教导方式给我的学生讲课。创作三个故事，我对学生们说。然后是一个又一个工坊，一个又一个截止日，一份份初稿与修订，这样持续了好几年，有时结果很好，有时只是不错，直到有一天我开始意识到一件事，那项作业——写一个故事——是似是而非的，因为我的学生们确实对故事这一事物本身所知甚少。这就是事情的开端，那之后，我开始先向着我的学生发问：故事是什么？每次问出这个问题，那个 A-1 牛排酱广告里的男声都会在我脑子里响起："我的朋友们，(故事)是什么？"

这古怪地让我感到自己和学生们更亲近了，就好像我们有了

---

① DERRIDA J R. The law of genre[J]. *Critical inquiry*, 1988: 55-58.

某种共同的目标,好像他们对分析与命名的抵触(这难道不是一种创意写作吗?)与我对这两者的坚持并不是我们摩擦的源头,好像那四个略带讽刺意味的字(我的朋友——就好像我们真的是朋友似的)真能够改变我们之间的力量平衡。

关于故事的那些问题——什么是故事,故事能干些什么,以及故事的流派——是至关重要的,但学生们并不总能认同这一观点。不过,他们的抵抗感与其说是出自什么可靠的原因,倒不如说是因为对那缺乏熟悉感。学生们来找我们时,总是做好了充分的准备去谈论一个故事讲了些什么,但一旦要描述一个故事要做些什么,他们就不那么自如了,或许,就像他们说的那样,这是因为他们以前从未被问到过这样的问题。当我第一次尝试着在脑中构建故事的概念时,我自己也因为完全相同的原因经历过一段艰难的时期——我从没构想过这样的东西。就此,那时还很年轻的我,像我们大多数人一样,开始写。嗯,写个故事,这看上去够常见了,而要是我自己走过的旅程中没经过那么多死胡同和歧途的话——早些年被花在了我的论文导师称为"青春期的詹姆斯式"句法拼凑而成的古怪混合物中,其中还包含了一些被扭曲了的美国哥特式美学和现代主义/西方/女权主义美学,五年时间又被花费在与极简主义的搏斗中——我本能更广泛的阅读,而对文学有更多的感觉。但学生们对故事的感知往往并不是来自文学作品,尽管他们所喜爱的东西能触发他们强烈的感受,但那其中的很大一部分都来自非本文的媒体——电影、电视,在当今,甚至还包括了电子游戏。

所以,这个问题又引发了其他更多的其他问题:写作是什么?语言是什么?体裁是什么?

如果我们要回答这些问题,去给写作、语言和体裁下定义,难

第五章 救猫咪，或体裁及其自身

道我们不会同样想要问一问定义本身到底是什么吗？那不过是一种走向秩序、走向命名、走向分类的冲动，而我们，正是依靠这种冲动来组织甚至认识事物。

在有关创意写作是否可以被教授无休止的辩论中，有一个部分在反复出现，即学生通过写作来学习写作。但是，任何创意写作教育也都需要有一部分超越这些写作活动而关注实践本身——不仅仅关注我们在创作些什么，也思考我们在创作它时都做了些什么，以及它如何走出、步入与经行这个世界。让我们从把语言视作叙述的批判性类比开始，这个我们已很熟悉的观点始自德里达，"从意义产生的那一刻起，这里便只有符号，别无其他。我们只是使用符号思考"[1]。如果符号可以仅仅依靠彼此间的联系产生意义，而不只是作为外部现实的明显表征，那么对故事来说事情也应是如此，至少是在部分时候，成功的创意写作教学要有赖于培养学生成为更广泛的文学话语领域中更活跃的主体。在那之前，他们的故事将一直不能与其他故事产生联系，只能讲着他们的克拉拉阿姨的酗酒问题和最新的惊悚大片的最新续集。按罗兰·巴特的说法，这样的故事不是真正"可读的"，但它们也不是真正的"可写的"。那既不从属于，也不试图解构任何可识别的体裁，就像是德里达所说的怪物。或者，就像我以前的一位学生最近所写的那样，"像受伤的小猫，让我想往它们肚子里灌点牛奶"。

当我重回到几年前产生的那第一问——什么是故事？——我

---

[1] COHEN S, SHIRES L. *Telling stories: a theoretical analysis of narrative fiction*[M]. New York: Routledge, 1988: 19.

并不能真切地理解我谈论的是体裁,尽管多年来,我一直在努力适应杰拉尔德·格拉夫的说法,即很大程度上"我们(写作)的能力比我们想象中更取决于我们良好地谈论我们(写作)的能力"[1]。当谈到体裁时,我发现自己曾经——且现在仍然时常——很难应对这个问题,且仍常常使用诸如故事这样令人沮丧的含混概念使学生感到困惑,尽管我意识到了故事相关的问题,甚至意识到了故事就是问题本身。事实证明,我并不是唯一这样想的人——体裁在与理论的不兼容方面恶名昭著,也正因为此,当代的体裁理论家更关注体裁能做些什么,而并不那么关注它们是什么,不那么关注它们的修辞效果、功能和循环模式。这对创意写作课堂来说也同样是个关键性问题。但德里达的"体裁法则"同样也让我们得知,体裁会通过寄居"在法则本身的核心,即某条有关不洁的法则或有关污染的原则"而使自己复杂化。因此,无论我们可以对此说些什么,它都会迅速开始要求我们唱反调,至少依照德里达的说法,尽管体裁似乎常被理解为条件、方例、禁令、限制和排除的组合,以及一种用以使常识和认知方式合法化并传播开来的实践活动,我们可以认为,至少它存在的部分原因在于它是可被逾越的。正如在任何"能指与所指间的关系并不稳定,因而符号有着扰乱或促进意义传达潜能"的话语中[2],体裁既具有足够的稳定性以保持其功能,也具有足够的流动性以允许其自身的转变,其并不以我们人类所渴望的有关那种类别的坚实稳定的观念存在。

---

[1] GRAFF G. Disliking books at an early age [M]//RICHTER D H. Falling into theory: conflicting views on reading and literature, Boston: Bedford/St. Martin's, 2000: 40.

[2] COHEN S, SHIRES L. Telling stories: a theoretical analysis of narrative fiction [M]. New York: Routledge, 1988: 19.

第五章 救猫咪，或体裁及其自身

然而，当我们跟学生说这些时，他们会说，"你的意思是，像科幻小说那种？"

有关体裁的观念仍然持续存在着，对我们的教学实践产生着至关重要的影响。我们知道它的存在——体裁，或者至少是有关它的想法——不是因为我们可以在这儿谈论它是什么甚至能做些什么，而是因为，就像其他所有难以琢磨的客体那样，我们发现自己试图给它下定义，我们被它所提供的关于秩序和传播意义的承诺所吸引，又为它具有的限制和规定的倾向感到担忧。由于最终结果的缺席，这一过程或许并不足以被称之为定义，而只构成了一种不及物的探究，而这本身就具有价值，特别是当我们让学生合作参与其中时。

我在研究生毕业后第一次使用"体裁"这个词，是在 1993 年 CCCC 的一次半日创意写作教学工坊中。那时，我已经全职从事教学近 7 年了，然而，当某张桌子旁的一位参加者开始吟诵"体裁渴望"时，我真的不理解他们在说些什么。不过，我也跟着他们吟诵了起来，因为我希望让自己显得酷点，整个房间里的人都在吟诵。但究竟什么是对体裁的渴望呢？

当然，我知道"体裁嫉妒"是什么：从第一次进入创意写作课堂起，我就不甚愉悦地嫉妒起了诗歌，我认为诗歌比我自己的体裁——故事——更容易教。当然，这种想法不成熟得不可思议——那是一个年轻教师绝望的自欺欺人，她急切地想要获得些确定感，因为她自己在做的事对任何人都不算简单。但是，诗歌作为一种自觉的人造物，短小精悍又很容易被识别，它有明确的形式和惯例——规则——格律韵脚和音阶、行数和断句。诗歌，学生们很容易就能看出诗歌是如何被创作出来的。而故事则不然，它没有那么短小精悍,好像也没什么是清晰的——它更像是某种大而无形的东西,在学生们看来,那其中似乎并没有什么有意图的意义,特别是那些关于真实的人的故事,学生们只是一不小心恰好与那些人们联系在一起。

或者,另一个极端——狂野的,通常是暴力的幻想故事,就像其中一个学生所说的那样,他们只是想"炸掉些东西"。

故事,正如诗歌与词语那样,意味着"符合某种成规,是某种常见系统的一部分"[1],但对学生来说,这一概念有时是难以把握的。对他们来说,故事似乎是完全天然的,就好像它们指向了一个语言之外的充满道德说教意味的世界,只关乎它们要表达的东西。但这难道不是我们每一个人的起点吗?我们第一次产生了写作的欲望,伴随着一点对上帝的赞美,我们发现自己开始萌发出一个念头,觉得我们有话要"说出来"。

自然的,这时我们还没学过诸如罗伯·格里耶的"真正的作家不在其表述的内容,而在其讲述的方式"或阿奇博尔德·麦卡勒斯在《诗艺》中所说的"诗不该意指什么,而是存在"之类的名人名言,也还没接触过理查德·雨果的有关作家的触发客体(其灵感的来源)和他或她自己的特异的语言感(其写作的来源)的概念[2],或郑明河对"关于自我的写作"与"写作自我"所做的批判性区分。[3] 我想说的是,我们花了很多年才接受这一点,才理解弗朗索瓦·卡莫

---

[1] COHEN S, SHIRES L. *Telling stories: a theoretical analysis of narrative fiction*[M]. New York: Routledge, 1988: 5.

[2] HUGO R. *The triggering town*[M]. New York: Norton, 1979.

[3] MINH-HA T. *Woman, native, other: writing, postcoloniality, and feminism*[M]. Bloomington: Indiana UP, 1989.

第五章 救猫咪,或体裁及其自身

安所做的那些"别去思考"①的劝告,才得以完全赞同他的看法:"如果学生知晓了他并没什么值得谈论的意图——当他坐下来(写作)时,他没有什么可说的,只有一些可做的事时,在这种情况下,他将会写出更好的故事。"②

不过,在我写这篇文章时,我又回想起了我创作第一个故事时的情境:我躺在一个圣克鲁斯的破旧棕色沙发上遣词造句,一句话接着一句话,要是它们听上去不错,我就接着写下去。我知道我所受的创意写作教育很快就会在我身上产生作用,所以我投入于对创作而非讲述相关问题以及与那相关的直接推论的强调——要创造些什么?——这对我来说一直是私人化的。我带着对句子充满灵敏的耳朵与多元观点、混合叙事无法言说的兴趣,进入了我的第一个创意写作项目,但却在两年后离开时成为了极简主义的固执学徒——这种与我对语言和故事的感知完全不相匹配的流派和审美——因为我不知道该怎么称呼它。我花费了好些年时间,才找回了能更好反映我对语言和形式的感知的讲述故事的策略与我适应的长内嵌句式。这种第一手经验不仅对我们的写作产生了影响,也对我们自身产生的影响,当我们感到必须以我们认为正确的方式写作,而不能使用任何其他方法时,我们就会确信如果帮助学生学习这种技巧,他们也能从中受益。

由此,我的起点并非是关于单个故事的看法,而是关于单个故

---

① CAMOIN F. *The workshop and its discontents* [M]//BISHOP W, OSTROM H. *Colors of a different horse: rethinking creative writing theory and pedagogy*. Urbana, IL: National Council of Teachers of English, 1994.

② CAMOIN F. *The workshop and its discontents* [M]//BISHOP W, OSTROM H. *Colors of a different horse: rethinking creative writing theory and pedagogy*. Urbana, IL: National Council of Teachers of English, 1994:3-7.

事与其他故事关联的看法,这是一个浩瀚的故事海洋,学生们旨在将自己的故事加入其中。我先向他们介绍了语言本身,然后讲了这种以任意性和惯例为本质的事物如何通过相似、相异与定位等关系构建意义。就此,我们不难看出故事是如何以相似的方式构建起意义的,它们的"可读性",是建立在他们与其他故事的相同与相异之处,以及他们在文学话语与传统中的定位之上的。当然,诗歌也是如此。

与此同时,或许会有人申辩说,这听上去就像某种理论,而这种理论对写作是无益的,因为它恰恰关涉到了某位焦虑的学生近来描述为自己的"写作魔咒"的东西——似乎一切事物都取决于理论在课堂上呈现的方式。

在温迪·毕晓普去世前不久,其开始以"系统性思维"替代"理论"一词,而这或许也足以解决理论的悖论。然而,即便是将其视作一种系统性思维,它仍可能使学生们感到困扰,如果他们并不能看到这种东西的价值——不能看到那一个"为什么"。当然,这个"为什么"是多维度的,其中最重要的维度就是学生本身。如今,距离我在犹他大学的那关于女权主义理论的毕业研讨会已过去了四分之一个世纪,就是在这里,凯伦·劳伦斯教授偶然观察到了一件事,"一个人绝不会简单地发表言论,除非这里存在某种语境,让他感到自己获得了发表言论的特权",而这正揭开了面纱——对我来说——它改变了世界。

这并不是说我们的任务就是改变世界,只是,我们何乐而不为呢?如果我们将自身的教学目标局限于"好的写作",那么一旦这种好的写作被定义为"达到可出版的文学质量的写作",我们就会错失一个重要的机遇,来探讨有关写作本身的更宏大的问题——

第五章 救猫咪，或体裁及其自身

写作是什么，它意味着什么，以及它是如何在世界中传播的。这些更宏大的问题是可以跨越学科和话语的，仅凭这些，它们就已足够重要。与此同时，它们也构建了一个背景，在此背景下，学生们可以被鼓励着不去模仿着我们提供的样式，而去尝试与这些问题以及他们自己所选择的其他文本，还有他们自身的自主意识进行更充分的对话，使他们更像自己。这种做法可以被视为下文中所提到的自传写作的文学类比，但在这里，它的目的是为了表明一件事，即训练学生系统性的思考自己在写作时到底是在做些什么，以及他们所做的每一个字句选择是多么的重要。那些他们未能意识到的选择实际才是他们的目标；揭开面纱以颠覆这种二元对立，这是"诗学"发展中的关键一步，就像瑞秋·布劳·杜普莱西所说的那样"给了我们继续前进的许可证"①。

我并不总是认同这一点，事实上，我完全不认同乔纳森·卡勒的主张，他认为"如果我们不想站在不朽的碑铭前瞠目结舌，那么陌生的、正式的、虚构的东西就必须被自然化，带进我们的知识领域"②。这是我与理论的第一次接触，和其他许多人一样，我发现它十分粗暴又令人厌烦。而且，我喜欢瞠目结舌，那时我想，瞠目结舌不正是奇观的一部分吗——这难道不是艺术吗？难道不正是这种奇观，让我们的自我迷失于这阅读的乐趣中吗？这难道不正是我们创作的目标吗？

---

① DUPLESSIS R B. *The pink guitar: writing as feminist practice* [M]. New York: Routledge, 1990.

② CULLER J. *Structuralist poetics: structuralism, linguistics, and the study of literature* [M]. Ithaca, NY: Cornell UP, 1975: 134.

因此，我坚定地站在苏珊·桑塔格反对阐释的立场上[1]，那时距离我学会区分阐释与叙述之前，还有那么一段时间。因为如果阐释将写作视为托多罗夫所说的两种阅读活动"投射"（旨在将文本带回"原初"——其背后的"理念"或"现实"）和"评论"（旨在阐明"文本的内在性"）的一种镜像[2]，描述镜像，正是他所说的"诗学"。诗学不呈现他处，也不为内在忧心忡忡，而恰在联系其文本文学本身，而其时间在很大程度上是描述性的，并着眼于平常——着眼于体裁。托多罗夫写道："像其他形式主义流派一样……诗学并不寻求为文本意义定名，而旨在描述其构成要素。"[3]

卡勒把这种关于体裁的想法放置于程式与归化的五部分类法中央，从"真实"开始，以"讽刺和戏仿"结束。卡勒将体裁描述为"语言的常规功能，一种与世界的特殊关系，作为规范或期望为读者与文本的接触提供指导"[4]，他认为这是归化的第一个层次，并取决于"具体的文学可理解性"[5]。

这种曾被我们视为新事物的"文学可理解性"，对学生来说几乎总是陌生的——且潜在地远离他们。但在我自己的生活中，学着把故事的形态与背景视作一种自然的行为而非一种我们在阅读实践所创造出的文学结构，这对我作家的身份的存在既困难又重要，因此我会尝试着让学生从开始就参与这样的学习。但是，再

---

[1] SONTAG S. *Against interpretation* [EB/OL]. http://www.colbacon.com/writing/sontagagainstinterpreation.html.

[2] TODOROV T. *The poetics of prose* [M]. Ithaca, NK: Cornell, Cornell UP, 1978.

[3] TODOROV T. *The poetics of prose* [M]. Ithaca, NK: Cornell, Cornell UP, 1978.

[4] CULLER J. *Structuralist poetics: structuralism, linguistics, and the study of literature* [M]. Ithaca, NY: Cornell UP, 1975: 134.

[5] CULLER J. *Structuralist poetics: structuralism, linguistics, and the study of literature* [M]. Ithaca, NY: Cornell UP, 1975: 134.

次，我用以描述"流派"的唯一词语即"体裁（故事）本身"，而对戏仿和讽刺，我只称他们为"意识到它是什么的事物"。如果我们需要通过分类来组织和理解世界，我们就需要用某种体裁来组织和理解文学。而就创意写作教学出发，我们可以假设，学生是为了前者来到了创意写作课堂，而我们的工作却至少在一部分是让他们理解后者的价值。我也并不总是这样认为，因为早期我在创意写作课堂中获得的经验让我认识到，能够吸引学生进行创作的原因是非常广泛的。

"学生，"我写道（虽然我不记得在哪里），"只是想写，我们应该让他们写"。随着时间的推移，我已经发展出了更多兼顾这些思考的实践方法，在此，写作被视为一种正向价值而受到鼓励，但同时我们也努力将其定位于更宏大的文学与历史轨迹中。我所教授的所有课程，无论年级和主题，都有着共同的目标。首先，我希望写作能成为学生生活中的一种批判性实践与基础体验（即巴特所说的"不及物行为"）。我想继续为这种做法的打下基础。我希望学生们能把写作视为一种发生于文本间的"对话"，在这场对话中，文本通过它们间相同与相异之处了解了它们自身，而由此，学生们就能够（或至少向这个目标靠近）书写文本并获得教授读者如何阅读它们的能力。我想让他们开始分析那些决定了写作的定义与用途，以及其在世间传播方式的文学机构是如何统治了这些议题。然后，我想让他们自己决定他们到底想要写什么样的作品，以及他们到底想要通过这些作品达成什么意图。我也希望这些决定背后是系统性的思考，具有切实的信息。

每一个诸如此类的目标都有赖于对体裁的理解。

诗人们已弄明白了这一点，即体裁的中心性。由于习惯于以形式思考,他们认为十四行诗就是十四行诗;田园诗就是田园诗;而差不多所有人都知道自由诗是什么。这些体裁至少在一定程度上是固定的,尽管肯它们无疑也可被逾越,但其功能却足够稳定,由此,人们描述它们的时候就能带有某种确定性。但是,小说,正如巴赫金所描述的那样,是"不断发展的",是不一致的,它所具有的唯一不变的特征就是它的可变性,一种变化的能力,更近一步说,它之所以具备这种能力,是因为它发生于"一个无限开放的与现在接触的地带"①。在我看来,这将小说——或者说虚构作品——与琳达·诺克林的观察紧密地联系在了一起,"没有什么是比自我和历史之间的交集更有趣、更深刻、更难以把握的"②。这个交叉点牵涉到另一个接触区,这对创意写作课堂有着重要的影响,因为它在帮助学生重新规划他们写作的视角,并尝试将写作申明为某种属于"自己的"东西的过程中发挥了作用。

在我早先的一篇文章——收录于《写作工作坊仍然有效吗?》中的《重新构想工作坊:混合课堂、混合文本》中③,我叙述了将混合叙事作为手段探索这一接触地带相关的各种尝试——文学,社会,文化和历史——以试图让文章的体裁变得更加清晰,并由此促进学生对它们的应用。尽管该文章所讲述的是一门具有特殊性的有关混合叙事的创意写作课程,但其中的流程是具备广泛的适用性的。在该文中,我们借鉴了英语研究领域中的多个分支——理

---

① BAKHTIN M M. *Epic and novel*[M]//HOFFMAN M J, MURPHY P. *Essentials of the theory of fiction*. Durham: Duke UP, 1988: 46.

② ROTH M. Of self and history: exchanges with Linda Nochlin[J]. *Art journal*, 2000(03): 18.

③ HAAKE K. *Re-envisioning the workshop: hybrid classrooms, hybrid texts*[M]// DONNELLY D. *Does the writing workshop still work?*, Bristol: Multilingual Matters. 2010: 182-193.

第五章　救猫咪，或体裁及其自身

论、文学、写作——来提出关于"体裁"——混合叙事的问题。在该文中，我们通过对应于研究领域中的多个分支的借鉴——如理论、文学和写作——以向"体裁"和混合叙事发问——后者抵制传统观念，且至少是在一定程度上，通过反对传统来定义自己。并不是只有混合体裁具备了这种潜能，所有通过对抗或抵制传统来进行自我定义的体例——无论我们把它们想象为"模糊的"、"多种话语的"、"融合的"还是"派别的"——它们都为创意写作课堂提供了让人兴奋的新机遇。

我所谈论的这门课程以及论文集中的有关章节在很大程度上立足于玛丽·路易斯·普拉特的文章《接触地带的艺术》，在该文中，普拉特探讨了一种观点，即把接触地带作为一种"社会空间"，以"如殖民主义、奴隶制以及其在当今世界的许多地方的余波等高度不对称的权力关系为背景"①，人们在这个空间中聚集到了一起。这种有关接触地带的观点之所以值得我们关注，不仅仅是因为它是对上文我们所提及的巴赫金与诺克林的呼应，还因为它反映了今天课程的本质，即多个接触地带的社会经验与或许形成于其中的文学体裁之间有着重要的相似之处。

普拉特投入时间研究了关曼·波马·德·阿亚拉写给西班牙国王的信，这封信写于印加帝国覆亡之后，在许多方面都很特殊，尤其是作者的身份。作者所处的文化群体并不具备文学的性质，他所使用的语言是盖丘亚语的混合体，这种语言在当时不被认为有书面形式，也不符合西班牙语的语法规则。这份名为《首部新编

---

① PRATT M L. *Arts of the contact zone*[M]//BARTHOLOMAE D, PETROSKY A. *Ways of reading*(5th edition), 1991.

年史与仁政》的文献长达 1 200 页,它已经丢失了 350 年,而后于 1908 年出现在丹麦皇家档案馆,但它很大程度上仍具备"不可读性",直到 20 世纪 70 年代,西方学者开始着手培养多角度、多话语的读写能力,才为阅读跨文化文本提供了必要的条件。

这就是普拉特所说的"自我民族志",即一种存在于边缘地带的体裁,在该体裁中,所谓的"他者"试图表现具有真实性、自主性、可传达性的自我体验。在修辞学范畴,这一体裁是一个复杂的挑战,正如关曼·波马的信依赖于一个适当的西班牙译本一样,该体裁同样依赖于"有选择地与都市或首府的习语合作,并加以利用"[①],从而融合、渗透,并且干预优势群体对"他者"这一概念的理解。同时,作为一种体裁和实践活动,自我民族志对我们的课堂有着重要的意义,在课堂上,"选择性合作"不仅可以用于调解学生所代表的社会群体之间的冲突,也可以调节由学生产出的、与体裁相关的异议和争论。

在阅读普拉特时,你一定会想到伊莱恩·肖瓦尔特在《荒野中的女权主义批评》中描述的另一个接触地带[②],它试图表现男女之间的权力关系,如图 1 所示。

然而,这一范例却不再像过去一样容易引起学生的共鸣,部分原因是我们所有人都认识了性别差异及其复杂性,并且,该范例也生动地论证了接触地带的概念。我们注意到,学生们很快就会指出统治群体和失语群体(在这个例子中表现为男性和女性)所共享

---

① PRATT M L. Arts of the contact zone[M]//BARTHOLOMAE D, PETROSKY A. *Ways of reading*(5th edition),1991:35.

② SHOWALTER E. Feminist criticism in the wilderness[J]. *Critical inquiry*,1981(8.2):179-205.

第五章 救猫咪，或体裁及其自身

的社会空间大于他们不共享的社会空间。在这一共享空间中，作为失语群体一方的女性，在与作为统治群体的男性的行为、意识形态、语言和话语实践进行协调和适应时，她们甚至难以了解或深刻认识到自我的经验。对女性来说，在接触区产生的自我叙述话语，即使不是迂回、矛盾、难以

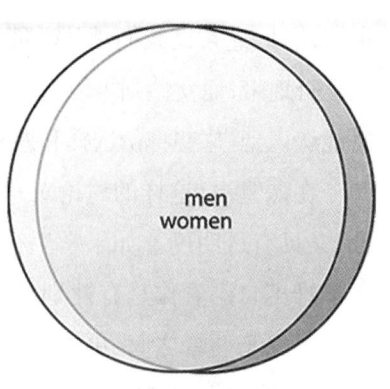

图1　男性女性

捉摸的，至少也是有两种声音的，即自我/他我，或既不/也不。但在接触地带的两侧，仍有两个离散的、新月状的区域，可以说它们代表了其他空间，这一空间既不共享，也不被其他空间的渗入所污染。

肖瓦尔特再次将这个空间定义为女性的"荒野地带"，一个用以自我探索和自主表达的无拘无束的场所，在法语中，这样的"荒野地带"被称为"享乐"和"极致的创造"，部分原因在于它完全脱离了男性所掌控的领域。虽然反过来也可以说，男性拥有一个独立于女性的空间，但肖瓦尔特认为这个空间是神话、意识形态和权力的起源，女性可能无法进入这些领域，尽管如此，她们对这些领域依然甚是了解。

抛开这个尚且存疑的前提不谈，单就作为一个隐喻来说，肖瓦尔特提供的范例也是有帮助的。通过这个隐喻，我们可以将"自我"和"群体"的经验加以建构，使其同时具有共享性和独立性。当学生们以这样的方式想象自己与他人的关系时，他们开始意识到，经验并非一成不变，而那恰恰是因为相对来说，性别的差异具有了

可协调性,它帮助我们承认功能选择——渴望"自由"的男性可以踏入荒野地带;而女性则可以选择离开。性别差异也使得我们相对容易地认识到,这些身份选择和差异问题如何运用于写作和体裁。

在课堂上,这样的讨论对写作特别有帮助,因为它既具有激励性,又具有透明度。如果学生很难把体裁看作一个大类,那么他们也不难把自己看作是有性别的——女性或男性,同性或变性,或者是一个介于两者之间、更加模棱两可的东西。无论他们如何判定自己是谁,他们都拥有作为说话主体的地位,这样的地位也清楚地标示着他们可以说些什么。因此,性别可以作为一个巧妙的比喻,来暗示体裁,而两者在起源上也有联系,并且在拉丁语中有相同的词根。

罗兰·巴特关于"可读性"与"可写性"文本的区分[①],则提供了另一个类似于教学和写作的实例,一种是我们可以读的,因为它已经写好了,另一种是我们渴望写出来的(但不可读),因为它还不存在。韦恩图清楚地表明,当话语主体完全固定在一个不与其他部分重叠的扇区内时,会发生什么。例如,如果从"荒野地带"开始写作是"可写的",那么也很容易将其看作是不可读的,这恰恰是因为它脱离了阅读本身与其他文本之间的关系。无论是否通过消解文本的可读性来符合人们熟悉的体裁惯例,它的传播方式都将受到限制。我并不是想暗示性别与体裁之间的关系是隐喻的,并且有时也是情景性的,但两者在课堂上都是有效的辅助工具。如果说体裁对学生来说是神秘的、无形的,那么对于性别的认知就是他们不能错过的东西。

---

① BARTHES R. *The death of the author*[M]//BARTHES R. *Image music text*. New York: Hill & Wang, 1977: 142-148.

当然,依据普拉特的说法,如今的课堂看起来更像这样,如图 2 所示。

普拉特与肖瓦尔特的分析既有相似之处,也有关键性的区别。上述的"失语群体"可以代表不同类型的"他者"——种族、阶级、或性取向,以至年龄、才能、宗教或民族归属,甚至在洛杉矶这样的地

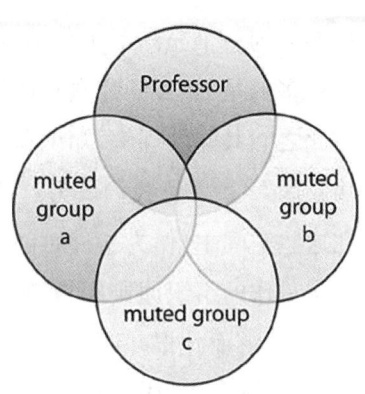

图 2　失语群体

方,"失语群体"可以代表地理位置或移民身份。与性别所造成的差异相比,其他方面的差异大多产生于更激烈的历史轨迹、以及更有争议的文化和个人经历中,但是最基本的二元对立——权力和权力缺失,依然存在。

学生们每天都要在复杂的课堂里进行交流,他们之间可能会存在潜在的冲突,至少在学术内部会有不同的声音。这些"接触区"具有多重性、疏离性和情感性,因此普拉特提倡使用她所称的"安全屋",这是一种在接触区之外的空间,在这里,具有相似背景的学生可以聚集在一起,而不必担心冲突或责难。与肖瓦尔特提出的"荒野地带"大致类似,这些安全屋是"社会群体和群智群力的空间",在那里,学生们可以将自己建构成同阶层、同类别、有主权的社会群体,彼此之间具有高度的信任感、互相理解,并保护自己暂时免受其他群体的压迫。① 然而,与荒野地带不同的是,这并不

---

① PRATT M L. *Arts of the contact zone*[M]//BARTHOLOMAE D, PETROSKY A. *Ways of reading*(5th edition),1991:40.

可能成为一个充满活力的表达空间(尽管在时间维度上可能是),但更多的是"相互的疗愈和认知……在这个空间中,他们可以构建彼此之间共同的理解、知识和对世界的主张,然后把这些想法带入接触区"①。无论我们认为这些主张是"荒野的"或"安全的",正是在这些空间中,作为一种对创意写作具有重要意义的体裁,自我民族志写作的组织原则得以确立,并且与其他变革性文体有着明确的渊源,继而扎根并蓬勃发展。

《新编年史》中所使用的修辞技巧具有复杂性和高度选择性,这两种属性是作者工具箱的两个重要组成部分,即必要性和创造性。值得特别注意的是,接触区之外的空间不仅是一个自主表达的空间,而且也是一个由学生主理的空间,在这个空间里,新手作家从一种与生俱来的文学实践出发,渴望通过写作来表达自我和特定的文化。无论这种作品在材料、形式或实践中是否表现出"自传式民族志"的特点,它与吉尔·德勒兹、菲利克斯·瓜塔里以及罗伯特·布林克利在《什么是小众文学?》一书中所描述的内容都有着渊源,小众文学不仅仅是使用小语种创作的文学作品,而且也是正在逐渐走向主流的少数文学。② 小众文学也是从接触区里成长起来的文学,除了它们的政治情感和集体主义性质外,它们还具有与主流文学相对应的非属地化语言,以及知道自己是"另一种语言中的陌生人"的共同特征。③

---

① PRATT M L. Arts of the contact zone[M]//BARTHOLOMAE D, PETROSKY A. *Ways of reading（5th edition）*, 1991: 40.
② DELEUZE G, GUATTARI F, BRINKLEY R. What is a minor literature?[J]. *Mississippi review*, 1983(03): 13-33.
③ DELEUZE G, GUATTARI F, BRINKLEY R. What is a minor literature?[J]. *Mississippi Review*, 1983(03): 26.

第五章 救猫咪，或体裁及其自身

德勒兹等人问到，现如今有多少人生活在一种不属于自己的语言里，对这些人来说，他们憎恨大师的文学，而小众作家的工作正是推进"大师话语"的发展，以达到任何文化或神话都无法补偿的、绝对的去领土化，即使这一过程是非常缓慢的。渐渐地，作家逐渐将话语引入荒原地带，使用句法和语法来呐喊和抗议，因为只有小众的才是伟大的和革命性的。① 值得一提的是，这样的小众文学只能发生于一个接触区，因此，它至少在素材和选题上，与自我民族志有相似之处，而自我民族志写作作为一种文体，可以被理解为作品内部、文字之间的杂糅和权衡。

在这里，韦恩图又一次要求学生把他们的写作经验想象成一种合作与反抗的策略，把自己想象成说话的主体，且具备在自己熟悉或不熟悉的空间里活动的能力，这一空间便是包括语言、认知方式、表达形式在内的体裁，通过这样的方式，学生就能得到激励，并进一步对复杂的修辞性和创造性策略进行发展。这是因为在紧要关头，他们所想的并不是应该着手去写的，而是他们真正想去做的。当学生们系统地讨论他们的矛盾（过程）时，他们就向着诗学的发展迈出了重要的第一步，这种诗学给予他们"许可"去"写他们所知道的东西"（事实证明这并不是个糟糕的建议）。通过进行这样的活动，我们便能向这种体裁发问，推而广之，我们可以向任何一个体裁发问：我们是否知道它是描述性体裁（它"看起来"像什么，它"做了什么"，它的基本要素）、方法论（"有选择的合作"）、一个地点（"它从何而来——失语群体、荒野地带或是安全屋"）、或者

---

① DELEUZE G, GUATTARI F, BRINKLEY R. What is a minor literature? [J]. *Mississippi review*, 1983(03): 26.

一种动机(书写自我,颠覆传统的认知和审美模式?)

在20世纪90年代末,我开始教授女性主义理论和文学创作相关课程,这些课程在各方面取得了极大的成功,使我进一步在研究生和本科阶段开始了其他主题课程的尝试,以作为我们课程体系的补充。到目前为止,我按照规划所教授的课程如下:① 处理真实与虚构之间冲突的写作体裁;② 新浪潮幻想主义;③ 当代国际文学;④ 混合叙事;⑤ 间隙小说。

显然,这些课程均可定义为杂糅课程,不仅因为它们汇集了多种论述实践和探究模式,而且还为我们的文学和创意写作课程提供学分,因此汇集了来自不同背景的学生。我选择了这些课程,或者说是它们选择了我,部分原因是我的兴趣所在。尽管我用我所教授的体裁进行写作,但我还没有对它们进行"系统的思考"(或是将它们理论化)。我缺乏完备的"知识体系",再加上我对课程强烈的个人情感的投入,以一种有趣的方式改变了课堂上的力量平衡,提供了一个真实的、有动机的探究模式。这产生了一个奇怪的结果:学生们更加投入,写得更好——甚至说得更好。我们在课程上使用的语言开始在其他写作专业的学生中流传。你可以听到他们在大厅里谈论"派系""多元话语"或者是"语言的杂糅性"的相关话题。

一位同学说,他在班上所做的工作具有极大的突破性,就像是"在悬崖边行走"。另一位同学透露说,学生们在课堂讨论中表现得过于兴奋,他们不得不用喝啤酒的方式刺激自己继续说下去。当然,没有人知道他们到底在说些什么,但他们始终在说,并且在尝试着去解决一些事情,就像他们在之前的女权主义课程中的做法一样,通过集体探讨的方式最终得出结论。不论他们试图去描述的是什么,他们所能做的最好的便是:牢记这一切都不是真的。对学生而言,这是一个强大的逻辑,因为,如果在每一门课程中,学生最迫切的需要是确定性,那么,若无法实现确定性,其他方面的影响也难以产生。学生想知道如何思考,这就意味着他们想让我们直接告诉他们。学生问,"杂糅""模糊"和"试验"体裁之间的区别是什么,并且抱怨为什么我不直接进行讲解。

"让我们直说吧!"我在一个期末时愤怒地说,"杂糅文本是一种将多种话语的写作结合在一起的文本,其目的是讲述一个在其他情况下无法维系的叙述",这样的解释在我听起来至少是站得住脚的。学生们将其记录下来,并让我再重复一次。一个学生悻悻地抱怨说,如果我从一开始就直接给出解释的话,事情会容易很多。

我想,我当时就这个话题说了很多,学生们只是无法理解它。

和体裁本身一样,我对"混合叙事"也没有一个明确的定义,这与后来我对"间隙叙事"的态度如出一辙,当然这些定义还并不足以让我感到崩溃。但这些既令人恼怒又具有争议的问题,却是最激动人心的。

我喜欢想象那些我们认为写作是"自然"的日子已经过去了,但在美国,创意写作继续拒绝理论研究、坚持把出版作为成功的最高衡量标准、坚信文学活动比其他形式的写作更有特权,诸如此类的态度依然存在。我个人在这一领域的工作中,试图推进一种既有/又有的逻辑,寻求发展和传授更大意义上的写作框架和元意识,以此来认识写作,不仅是作为写作本身,而且是作为其文化和特定历史时期的产物,从而了解到写作的民族性、写作的前身,以及写作的流派等相关概念。间隙艺术组织是一个多学科的项目,它促进各种媒体和形式的作品产生,抵制对作品进行简单归类,它的工作可以帮助进一步推动这种多元文化下的实践。

在我自己的生活中,这样的想法是从弗吉尼亚·伍尔芙的《一个属于自己的房间》和一个令人沉迷的"女性话语"预设开始的[①],或者说,在我还是研究生的时候就开始了。就像混合叙事或后来的间隙叙事一样,如果一个句子真的可以称为一种体裁的话,我会以一种几乎发自内心的认同来回应这样的想法。然而,尽管它在直觉层面看起来是正确的,但我发现自己很难描述它——"女性话语"。任何描述的尝试显然也适用于一些男性作家,更别提那些我觉得其作品中最有吸引力的女作家了——比如伍尔芙本人(长篇、可爱、抒情),还有简·鲍尔斯(精巧、双重、尖刻的讽刺)——他们的写作完全区别于对方。慢慢的,我开始将女性话语理解为一种立场,而不是一种形式或特征,正如皮埃尔·梅娜德一样,这种立场的区别在于作者的身份——她的写作动机、叙述方法和她所处的社会地位。无论一个男性作家如何彻底地打破惯例,他至少在某一点上是从中心地带出发的。相反,女性作家从边缘地带开始,以可能打破惯例的方式写作,不是因为她拒绝常规的写作模式,而是因为她并不拥有使用它的权利。

我当时似乎是这么想的。最初被女性主义理论吸引是因为它有助于我阐明对差异的理解,而我真正感兴趣的范例始终是权力。正如我在上面所说的那样,接触区的概念可以用来探索这一范式,以及一些棘手的问题,并且在教学上具有强大的影响力,不仅在于它能创造出所有学生都有发言权的课堂空间,而且还在于它能帮

---

① WOOLF V. A room of one's own[M]. New York: Mariner Books, 1989.

助我们认识和理解体裁,这两者不无关系。然而,即使我们将这种差异定义为多重和易变,我们仍然在使用二元对立假设。"两者/和"的提法依赖于原始的"要么/要么",但也可能是"既不/也不"。

  间隙艺术的概念同样强大,并不是因为它发生于或是建构了这样一个接触区,而是因为它超越了接触区,或者狡猾地移动到了另一边。间隙是介于两者之间的一个空间——不是共享空间而是无空间,一个不被周围的任何类别所定义的空间,但却被它们全部所知。从我们所知道的差异来看,我们可以把它想象成一个连续体,两种本质——男人/女人、教师/学生、文学小说/类型小说——之间的一条线,在这两个端点的中心是另一个点,即二元对立点,在那里,每一个类别都通过成为"不是"的另一面而成为它的本来面目。相反,把那个点想象成一个缺口、一个开口、一个空隙;想象一下空间,它不是作为一个连续体而是作为一个平面打开的,这有点像德里达的"中心"——那个既是自身又不是自身("中心不是中心")①的东西,因为它可以说是由结构组织而成的,同时莫名其妙地位于结构之外,并且因为它所缺少的东西而无限丰富。德里达总是提醒我们,这种矛盾中的连贯性表达了欲望的力量。间隙艺术以体裁为起源,表现出在独立场地中出现的同种欲望,通过对体裁的依赖和抵制,使其矛盾地连贯起来,并以这种方式与自我民族志的阐述密切关联。

  海因茨·芬克尔的《交互式小说导论》是一本间隙写作的文集,它对于间隙诗学的发展做出了突出贡献。就像接触区可以阐

---

 ① DERRIDA J. Structure. *sign and play in the discourse of the human sciences*[M]// LODGE D. *Modern criticism and theory: a reader*. New York: Longman, 1988: 109.

明学生在那里学习到的经验和创造的作品一样,芬克尔转向霍米·巴巴关于文化方面的工作,揭示接触区和间隙区之间的相似之处和重要区别。

芬克尔引用霍米·巴巴的话说:"正是在间隙中,不同领域的重叠和位移,国家、社区利益、或文化价值的主体之间,得以协商集体经验",并指出霍米·巴巴观察到的关于文化的许多东西"同样适用于文学世界"。巴巴建议说,如果我们用"体裁"替代"民族",用"文化价值"替代"社群利益",我们就可以更清楚地看到我们在小说和幻想等类别之间所做的评估。

但是,当巴巴将间隙建构为一种界限,或者说是一种门槛时,芬克尔认为,间隙艺术家反而声称间隙之间的空间是一个自身的生成空间,它"不是短暂的","不需要重新整合",而是"非范畴的"。我们进入间隙并不是为了到达别的地方,而是为了流连,虽然我们在那里保留着"(我们)越过或脱离界限的意识",但我们并不把它们看作界限,它也许是一个传送门。

赛萨拉·艾拉的《鬼魂的盛宴》一书,是一部令人难忘的小说,该小说讲述了一个智利家族住在布宜诺斯艾利斯一栋未完工的豪华高层公寓里所发生的故事。这栋没有外壁的大楼里还住着一群鬼魂,他们都是裸露着身子的男性,鬼魂的每个成员都是非凡的——出色地例证了间隙的力量。小说中的故事发生在新年前夕,智利家族住在未完工建筑里,并履行着看护职能,在这一天因举办庆祝活动而聚在一起。在其他人度过漫长的一天,享受精心准备的饭菜时,年轻的主角帕特莉悄然独处。她能看见鬼魂,并且多次与鬼魂相遇,鬼魂们跟着她,用他们轻快而热情洋溢的游戏逗乐她,最后他们还邀请她参加他们的新年庆祝活动。小说中的故

第五章 救猫咪,或体裁及其自身

事发生在多个间隙中:一个包含天地在内的垂直的世界,一个包含内部与外部、童年与成年、男性与女性、家庭与社会、智利与阿根廷文化、富有与贫穷、过去与未来、生与死的世界——并用文化人类学和建筑学理论的长篇研究,打破了文本原有的沉寂的中心,创造了另一种体裁的间隙空间。最后,帕特莉接受了鬼魂的邀请,在午夜钟声敲响之时跳下了楼顶(天地之间,生死之间),学生们便想把结局归结于帕特莉的死亡。[①]

但小说的结尾并不是在阈值的阈限空间内,而是在完全不同的间隙空间,比如:

"当她跌倒时,帕特莉厚厚的眼镜掉了下来,落在她身旁,一个不知从何处突然出现的鬼魂,在她倒地之前把她安全地抓住了,她好像被一个温柔的弹簧抬起,然后升到露台的边缘,一家人被这场悲剧惊得说不出话来。他把眼镜递给劳尔·维纳斯,劳尔伸出手接过来。人和鬼魂互相凝视着。"[②]

芬克尔指出了间隙的其他两个重要特征。

其一,他所说的"双位置",略带讽刺意味的是,间隙文本力求同时存在于一个既是无空间(既不是接触区也不是荒野区或安全屋),又是双重空间的对象中,以此才能讲述好一个故事。尽管它承认自己是一种人为的语言构造——或者我曾经相当不幸地试图将其描述为"意识到事物本身的文本,甚至就像它是事物本身一样",后来又被描述为"诱惑的文本"。这样的文本可以说是激进的,它们通过引诱读者进入故事而让他忘记故事的本质,改变读者

[①] AIRA C. *Ghost*[M]. New York:New Directions,2009.
[②] AIRA C. *Ghost*[M]. New York:New Directions,2009:138-139.

的阅读体验,从而使它的写作技巧显而易见,同时在另一个层面上保留了叙述错觉的所有乐趣。这就为间隙艺术引入了一个政治维度,它可以与假性的激进性质区分开,比如说"实验性"文本依赖于已经熟悉其意图和策略的读者。相反,由于它能够调和后现代反讽和朴素的老式叙述方式之间的矛盾,从这一层面上看,"间隙"并不是对抗性的,而是具有吸引力的,它向从新手到训练有素的最广泛的读者开放,甚至同时教它的读者如何进行阅读。这样一来,它对体裁的打破不仅可以改变读者的阅读体验,而且可以改变读者和他的阅读实践。

其二,间隙在本质上是自我否定的:一旦它变得可再生、可识别,它就不再是间隙了。

这些特点及其动机和方法引发了一系列重要的观察:

(1) 间隙至少可以部分地通过它对常规的抵制来理解,所以它有助于建构关于诗学的指导性问题。

在实践中,这意味着我要求期末"创造性/批判性(混合)读写能力/自我民族志/诗学/宣言",学生们必须从中明确地反思自己的写作——不仅是其形式惯例,还包括其动机、抱负和血统。这毫不奇怪,学生们经常发现这项作业具有挑战性,因为他们很难识别自己作品的类型,更不用说清楚地表达出他们的作品的一般意义。

因为他们的作品可能由其他要素构成,需要通过它与其他类似文本和一般写作的关系来识别。作品的形式也是具有挑战性的,因为学生必须自己去定义它,并从多个角度的立场来表达自己的想法。当然,学生们习惯于把阅读和写作看作是自然的和无形的,但在我们阅读的间隙作品中,他们的耳朵先捕捉的是他们没有听见的——什么是真正没有的,是他们一辈子沉浸其中却看不见

第五章 救猫咪,或体裁及其自身

的存在。它有能力将我们移入间隙,并稍稍离开另一个区域——我们的舒适区——间隙使得先前看不见的构成要素变得可见,并帮助我们给它们命名,从而开始构建诗学。重要的是,这也帮助我们构建新的命题,即体裁的作用,包括体裁来自哪里。因为写作是源自接触区还是安全屋、边缘、荒原、中心还是间隙,不仅决定了它的写作方法——模仿、竞争、协商、合作、反抗——而且还决定了它的媒介——主宰话语、解域话语、或其他句子顺序。这项工作是由谁做的,为什么这样做?当我们学会问"为什么"时,我们也学会问:为什么是这个?为什么是现在?为什么是我们?而这一切的一切,都是体裁传达出来的欲望。

(2)间隙至少可以部分地理解为位置(它来自哪里)和动机(它渴望做什么),所以它有助于建构关于学生主体身份的引导性问题。

我们再次回到接触区和间隙之间的异同这一问题上来,在此消彼长的光线之下,学生可能会开始看到自我、群体、世界和艺术之间是完全相互联系的。不论我们把由这种联系产生的写作称为"自我民族志""混合写作"或"间隙写作",给它命名都给了学生一种权利,让他们可以把自己的材料作为写作的主题和体裁。

但正如我在前面所讨论的,这项活动并不是没有争议的,学生们需要他们的安全屋,在条件允许的情况下,安全屋可以被改造成荒原地带。让我们把韦恩图重新想象成一个三维的图,它的边缘向后弯曲,代表差异的细长的半月状图形就像磁铁一样,彼此相向而行,从来不接触,却很接近,那么如何在它们之间划出一个间隙呢?

或者对于帕特莉来说,她从华丽的建筑物顶部,长时间的、悬

143

空的坠落下来……

从这样一个空间里生长出来的文字可能是什么样子的呢？

(3) 间隙可以提供这样的推测,所以它有助于指导关于写作本身的问题并给予框架。

研究写作与拉康的"缝合线"之间的关系超出了本文的范围,但确实值得注意的是,这种缝合线也是有间隙的,它标记了想象和象征之间的空间。就这一点而言,福柯的"细长间隙"的话语也是间隙的。因为我们不是都像他所写的那样,"宁愿被语言所包围,远远超出一切可能的开端……一个无名的声音,在(我们)前面久久停留,只为让(我们)把(自己)融入其中,在没有人注意的时候,用它的抑扬顿挫,把(我们自己)留在它的间隙里,好像它在悬念中停了会儿,向(我们)招手似的"①。

间隙的概念为既不是所指也不是能指的空间提供了一个具体的隐喻——既不是符号本身,也不是两者——而是符号之外的空间。我总是想起伊塔洛·卡尔维诺关于"组合游戏"的想法②,作者把文字放在一起,直到它们产生火花,把作者带到故事发生的地方。我确实认为这是在缝合线上发生的——不是存在或意义,而是两者之间的空间。但只有当我们置身其中时,我们才能知道,巴特把写作称为"不及物"是什么意思。

当然,写作的悖论在于,也只有在这里,写作才能作为一种基本的经验存在,而不是依赖于派生的结果,即使我们放弃了对意义的思考,意义也真实地存在着。

---

① FOUCAULT M. The discourse on language[M]//FOUCAULT M. The archaeology of knowledge and the discourse on language. New York: Pantheon Books, 1972: 215.

② CALVINO I. The uses of literature[M]. New York: Mariner Books, 1987.

第五章 救猫咪，或体裁及其自身

（4）再者，间隙是自我否定的，所以它有助于建构关于可持续写作练习的指导问题。

当写作是全新的，当它将自己作为一个游戏或一项发明时，它总是令人兴奋的，我们也乐于忍受它带来的所有困难和挫折，为的是解决纯粹问题而获得乐趣。但这当然不能持续，因为它是阈限或者说是一个门槛——当我们从发明过渡到惯例，两者就必须相互依存；而当我们知道自己在做什么的时候，写作就变成了一种重复，接着我们就会对此失去兴趣。

在很久以前，我还是个孩子的时候，人们似乎认为弄清事实真相很重要，虽然这在我家里对我来说是个挑战。他们过去常说：别盯着看，你的鼻子在变长。因此，我被这种早期建构的严格"真理"所鞭策，并深信它是一个非此即彼的命题。我花了多年时间，试图让自己了解自己"真实的"生活，与我那些明显是"编造"的小说区分开来。我怀疑这将证明写作的结尾对我来说并不会是在一个漫长的夜晚工作中的深夜突袭、迫在眉睫的中午截止日期或是狂热而神奇的思维，如果我不保持清醒（并写作）到黎明，真正糟糕的事情就会发生。

我在那个故事上困了好几个星期，对它太过了解——不仅包括故事将会如何发生，还有故事发生的经过。后来，我对自己已经知道该如何做的东西慢慢感到厌倦，却还不知道接下来该怎么做，所以，我发现自己正处于放弃和去厨师学校的边缘，事实上如果正如自己最迫切想要的那样，又喝了另一杯酒上床睡觉，这可能的确会发生。就在那个不速之客出现之前，我写下了这句话："他是谁不重要。他在这里，可能就会很危险。"尽管如此，接下来的六个小时仍然要花时间（总共连续18个小时的写作——你知道，当你连续写了足够长的时间,意志就会开始崩溃,真的,你会尝试几乎全部的事情),一包墨西哥香烟以及黎明的出现让我终于注意到办公桌角上一小部分的自传文字,它不是虚构作品(因为它真的发生过),只是我曾在反省的时候写下的东西,与我正在写的故事无关,除了写故事的人是"我",在纸片上纪念生活那一刻的也是"我"。这让我受到启发,立即解决了两个问题——完成故事(终于)和睡一会觉(终于),于是我把这段话塞进了文章里,上床睡觉了。

在那几年间,我找到了一种模式——并开始慢慢理解那些我在组合游戏中消磨的漫长的夜里,究竟有怎样的事在发生。

在那些夜晚,我逐渐步入到了某种"间隙"之中,在那里,我可以突破思维定式,就像帕克里所做的那样,摒弃我已经知晓或还未知晓的行事方法,以及我还没有做的事情。这个空间在某种程度上至少取决于传统与创意之间的错位,就像句子或谎言一样具有流动性与多种可能性,这是一件小事。但要知道没有它,写作就无法继续,这很重要。

如果一个成功的创意写作教学法至少应该有一个目标,那就是写作应该作为学生的终身实践而继续下去,我们需要首先构建结构,让学生自己去发现这是如何发生的。几年前,我随儿子所在的二年级班级同学一起去参观艺术家的工作室。在那里,艺术家观察到"当你在做你不知道如何做的事情时,你所犯的错误就产生了艺术"。当然,学生渴望确定性(和良好的成绩),所以他们会抵制这种最基本的写作原则。但是,当他们学会欣赏间隙艺术自我否定的一面时,他们会清楚地看到,一旦你来到这里,便是继续前进的时候了。

我想以一座桥的故事来结束这篇文章。

第五章　救猫咪，或体裁及其自身

最近声名鹊起的雷丁日冕桥就在我的家乡。它不仅仅是一座桥，也是一个不可思议的世界级建筑作品，横跨了宽广汹涌的萨卡拉曼多河，我成长于河上几英里处的沙斯塔大坝（我家乡因此第一次出名）之下，与此同时，这里也是我的插页式小说《那水，那石》的主题。在我成长的过程中，我从来没想到我的家乡可能会成为世界级建筑的所在地，因为即使我爱它的河，但这也没有比这条河更美的景色了。这些年来，那些曾经为低迷的旅游业服务的破旧汽车旅馆和剩下的一两家磨坊，将要被低级连锁汽车旅馆、同质化的大卖场与 25% 的贫困率所取代，我的儿子们会将它称为"空空如也的天堂"。

多年来，我家乡的人们一直在为这座桥争论不休。尽管我已离家多年，但我的父母仍居住在那片土地上。你们很难想象这么一件小事会在这里掀起轩然大波，而仅仅是我们一家人，都没能在这件事上达成共识。父亲过去常带我们去看正在修建的大坝，而现在，他也会在我们去参观的时候，带我们去看正在建造的大桥。我的妹妹是一个环保主义者，她与母亲站在同一边，认为建这座桥完全是浪费资源，一点都谈不上合适——就用最简单的混凝土不行吗？然而我和父亲却在这座奇艺的建筑成型时，站在纪念碑前目瞪口呆。我并不是因为自己对这座桥一见钟情（就像上个世纪，我还是个小女孩，带我去看大坝时那样）才想要讲述这座桥的故事，我之所以提起它，是因为我想要谈论在人们建造它的过程中，河流所发生的变化。

几年前，我真的还是那个上世纪的小女孩时，我家乡的人们要想去往那条我很喜欢的河流，只能取道城市公园。现在，雷丁日冕桥是这片开阔的步道系统上最突出的部分，它展现出一幅我小时候难以想象的风景，就像一幅间歇艺术作品，彻底改变了我们对它的感受。它把我们带到河边，让河流就在我们面前浮现。这里也从未出现任

147

何奇怪的人群，无论是当地人还是游客，都享受着社区的参与感，自然与艺术，这正是我想象中一个世界级建筑所应该做到的事。

我曾经听过 AWP 的一位诗人推广"隐性空间"的观念，在阅读过程中，学生们在展示作品时并不期待阅读过程中的评论或反馈——一种进入寂静的安全屋阅读。虽然我不记得这位诗人是谁，但在我自己的课堂上，这种阅读方法已被证明是极大的解放。

雷丁日冕桥之所以强大，是因为它创造了一种隐性的空间，在那里，我们终于可以看到河流，通过它，看到彼此，然后将他们融合在一起，从而成为一种艺术。又或许，它的强大之处就在于它将一些通常不会被发现的元素聚集在了一起——小镇上的大型艺术品、富裕的（甚至是外国的！）游客，当地光头党以及失业的伐木工。

无论哪种方式——或两者兼有——都是有间隙的。

另外，是这样的：就在前几天，我收到了学生马修·沃德克的这封电子邮件：

我喜欢进行未经授权的合作。通常情况下，我都是通过在工坊中收到的故事来完成的，就像这里的情况一样，但这并不是我唯一的方法。在工坊里，坏故事不会让我难过，好故事也不会使我难过，但平庸的故事却会使我难过。他们就像受伤的小猫，我想给它们灌些牛奶。这么说让我感到很内疚，但我相信我可以悄悄治愈它们……所以我自己修改了这些故事。也许这是不道德的；我对它的理解之于我已经足够。在我看来，我总是至少将故事的长度增加一倍，这样当我的名字出现在故事上时，就并不是一个彻头彻尾的谎言……

他在下面附上了一个故事，这个故事充满戏剧性和创造力，它的诞生来自作者对于故事源头的喜爱，在我看来，这也是插页式的。

我以前从未有过这样的想法——把组织的间隙当做平庸的解

药,当做受伤小猫的救星。

　　杜布拉夫卡·乌格里西克的《无条件投降博物馆》中叙述者的母亲(参见本章开头的题词)因为无法整理家庭照片,放弃了与体裁的斗争;而叙述者,也就是她的女儿在编织。在它自身的混合中,流派被标记为"内部"和"外部"之间的二元对立。但其他的活动——投降、抵抗、模糊、编织或仅仅是喝牛奶——都是从中间阶段开始的,我们永远不可能真正知道接下来会发生什么,但我们可以肯定的是,它会一直持续下去。

范天玉　雷勇　李枭银　译

第六章　创意写作研究

格雷姆·哈珀

现在,作为研究的创意写作和创意写作研究比以往任何时候都常见,这些活动和研究大多数都在大学和学院中进行。创意写作吸取了许多领域的知识和观点,但它的独特之处不仅在于它如何利用这些领域,将它们与创意作家的行动结合,并融入因这些行动而出现的各类作品中。更重要的还在于,创意写作促进了我们人类个人的内在世界与外在的公共世界的对话与沟通。我们虽然已经讨论过一些关于创意写作的知识,但是对创意写作行为和创意写作理解的关注还需要加强。目前,在全球范围内不断增长的创意写作研究者群体正在不断加强联系,并在对过去问题的研究和未来走势判断方面有了新的进展。然而,创意作家如何着手开始自己的研究尚未得到更多的广泛的探索,我们需要立即着手这项工作。

关于"研究"的质询与定义

询问、调查、仔细研究或检查,这些都可以视为一种质询。从定义上来说,研究始于我们的质询,并通过假设质疑不断展开。这个过程其实是在潜在地挑战我们已有的知识结构,或要求我们不断地去创造新的知识。当然,这两种模式之间是有密切联系的,许多算得上

第六章 创意写作研究

有创新的研究都是以挑战未知事物为开端的,而这些未知的事物可能,或确实可以带给人们更多思考。

我们的研究通过询问、调查、深入研究等方式不断地展开,如果它思考、证实或挑战已知事物,注意到它们的局限性,抑或创造性地发现前所未有的知识,那么这些研究就应该被看作是成功的。那么,从这个角度来说,创意写作为什么不能被视为一种研究形式呢? 毕竟,创意写作的过程难道不是也包含了询问、某种形式的调查、检视等活动吗?

从上面的论述来看,情况的确如此。但是,如果它只是简单地重复或回忆已被人类所知晓的知识,并且没有对其效用进行审视,或者如果它不能产生出任何新的知识,那么就很难说是一种研究形式。创意写作必须做到上述两点中的一点才能被认为是一种研究。从公众的角度来看,创意写作有时哪一点都做不到。

相对这种情况,我们可以先看看英国最近许多高等教育机构对研究和学术进行的区分。事实上,研究的定义和这里谈到的定义差别不大。但是,学术经常被定义为知识的维护,而不是知识的挑战、延伸或进一步发展。例如,苏格兰斯特拉斯克莱德大学对学术给出的定义:

学术是更新或保持个人知识的活动,抑或增长他们的技能和经验。知识库已经存在于其他地方。因此,学术不同于研究。[1] 这种对英国教职员工的指导出现在一本由联合成本计算和定价指导小组(JCPSG)发布的名为"成本计算教学的透明方法"的手册或者叫做

---

[1] University of Strathclyde (n.d.). [EB/OL]. [2012-05-18]. http://www.strath.ac.uk/media/ps/finance/fec/media_78706_en.doc.

TRAC 手册。JCPSG 是一个代表团,汇集了来自大学和学院、英国高等教育资助机构和英国大学、苏格兰大学和威尔士高等教育校长常务会议的成员,并发起了一个"为高等教育机构制定有效的成本计算和定价方法,并鼓励它们在高等教育部门实施和使用"的项目①。JCPSG 项目于 2005 年终止。但是,这个项目所做的事情对我们仍有很多启发。英国高等教育中曾出现的这种与成本相关的分析对人们理解什么是研究、什么不是研究、到底有多大影响,这些都有待讨论,这些讨论都超出了本章的范围。目前,世界各地都在以不同的方式使用"研究"和"学术"这两个词,英国 TRAC 手册中所提出的对二者的区分显然并没有对其他地方产生太多影响。然而,由 TRAC 建议并以成本和定价研究的名义实施的定义的重要性在于,它为我们思考什么是"研究"提供了一个起点,给了我们新的启发。特别是,它对我们思考创意写作和创意写作相关活动的意义,探究它们何以可以被定义为"研究"提供了一种方式。

作为研究的创意写作

创意写作结合了创造性实践和批判性理解。我在这里使用的术语"创意写作"是指构成创意写作的行为,而不是指从人类创意写作活动中产生的物质形态的作品。这些作品有多种形式,包括最终作品、草稿、辅助或补充作品、笔记条目、日记、涂鸦等等,还有很多其他形式。它们都是创意写作的重要组成部分,但是创意写作首先是人

---

① JCPSG. Joint costing and pricing steering group (n. d.). [EB/OL]. [2012 - 05 - 18]. http://www.jcpsg.ac.uk/index.htm.

类的一种活动，一种行为。

如果参照之前所论述的研究和学术之间的区别，研究是对已有知识或发展新知识的调查和/或挑战，学术是对已知知识的维护，很难想象任何创意写作可以被定义为学术。即使一篇创意写作作品的结构或形式使得它在某种程度上和学术相关，它的主要内容、主题、话题也包含不少新的成就。创意作家会获取新的知识，即使读者或受众无法从创意写作中获得这些知识。创意作家总是会寻求新的表达模式，新的话题、主题，创作新的作品，而这些显然都与上面所提到的"学术是对已知知识的维护"相悖，难以被直接定义为"学术"。

更复杂、更重要的问题在于，这项研究应该如何在人类现有的研究中定位。换句话说，一个创意作家在话题或主题、情境、描述、故事、观点上如果没有什么新东西可以提供给观众，并且以一种类似的常见的形式呈现这种"老旧"的材料，或者如果创意作家自己探寻他们未知的东西，质疑他们已知的东西，又或者创作对他们来说完全新颖的知识，这可以被视为是一种研究吗？

在回答这个问题时，我们面临着公共知识和私人知识之间的差异，以及受欢迎的人类创意写作实践的个性化程度问题。我们可以回到斯特拉斯克莱德大学的 TRAC 文献中的有趣表述，其中学术被认为不同于研究。因为学术被视为是保持和更新个人知识的活动，那就意味着"知识库已经存在于其他地方"。鉴于其通常高度个性化的本质，以及当前关于创意写作的研究相对较少，有多少知识不是存在于其他地方？也就是说，这个知识库的大部分在不同程度上，以各式各样的形式，通过不同的方式存在于每个创意作家身上。因此，对我们每个人来说，知识库的很大一部分总是"存在于别处"，它不是现有的，也不是可以直接取用的。

例如，有时在一位创意作家教授或学习创意写作课的情况下，这种个性化的知识是需要与他人分享的。然而，正如我们在其他创意艺术的授课和学习中可以看到的那样，这些人类行为是高度个性化、情境化的，要想传授这些内容，就不可避免地要将它们进行简化。例如，在学习和交流中它们经常被简化为艺术形式、功能、外观、传播/交流策略、文本、文化、经济或社会背景等方面。正是在这个层面上，我们可以说，在更大的范围内，一个作家的个人化的知识是永远难以被交换的。

这是因为，即使当我们对情感、感觉、意图、行为、原因、生理和心理反应等事物进行评论时，这种评论、交流也不是以分析的方式进行的，而更接近一种个人化的、难以被复制的形式进行。我们不能回避这样一个事实，即这些知识中的大部分可能不容易通过我们目前轻松获得的分析技术、分析类型和分析学科来获得。如果没有我们迄今为止开发并使用的各种工具或思考模式，这可能是无法实现的，之前不可能，现在也不可能。很有可能，创意写作，作为一种综合的人类活动，它是人类的创造性实践和人类批判性理解的多维度的集合，涉及非常广泛的知识类型、形式和活动。以至于，如果我们说任何一个创意作家，或任何一群创意作家能够对此进行分析，那很可能是事先低估了创意写作的复杂性。迄今为止，我们对构成这一复杂人类活动的许多贡献和内容的关注还不够，这意味着我们还不够了解研究的对象，还不太清楚如何进一步去探索。

然而，这样的陈述又恰恰表明，有一些东西（事实上，许多东西）需要我们去发现；这样的陈述表明，因为无论我们在世界的任何地方，人类都在交流，人类都有许多共同的生活特征，我们承认创意写作所包含的知识的个性化本质，但这并不妨碍我们进行创意写作研究，也不妨碍我们支持有益于我们每个人的知识交流。

一开始，我们要弄清楚什么是关于创意写作的公共知识，什么是关于创意写作的私人知识。一方面，我们需要去了解，在创意作家之间，创意作家与世界之间，不同历史时期或不同地方的创意作家之间有什么共同之处？这其中有哪些因素要进一步探索，有哪些关于这些事情的知识可以进一步深入和交流？另一方面，创意写作综合了许多人类的思考、感觉和行动，这些还未被完全阐明，未被充分地加以研究。

当然，这并不是说我们个人无法合理地获得属于我们的个性化知识。显而易见，这是每位创意作家发展自己关于创意写作观念的主要切入点。也不是说个人化的知识不能用于人与人之间交流，不能置于分析的角度考量（如果它可以被分析，并且分析工具存在的话）。

问题的关键在于，我们需要意识到，创意写作是高度情境化的，它所包含、探索、运用和创造的知识也是高度情境化的，是基于创意作家个体在进行创意写作时的需求、欲望、情感和理由展开的。

所谓情境知识，相对而言，我们都清楚它的特点，它并非是只适用于某个实例或一个人、某种环境的知识，它是在具体的情境或环境中产生并直接在这个领域中得到应用的知识。情境知识的产生，可能是由作家个体的记忆以及感官刺激直接决定的，但它的主要方面则与正在发生的事情本身更为密切。如果一位创意作家正在进行一项任务，那么他们探索、运用或产生的任何知识都将由完成的目标来定义，无论这个目标是已经明确的还是可能被放弃。

如创意作家们所希望的，作为研究的创意写作正在不同的时间以不同的方式回应这些问题。虽然目前这些探索还没有得到普遍认同,但它当然可以被纳入大学和学院中创意作家们的研究团体的探索。这个与众不同的写作研究社区已经得到了全球的认可,尤其是在过去的 20 年里,创意写作方面研究生的学习(尤其是博士学习)有了长足的发展。创意写作中已知和未知的协作意识已经在会议、期刊和关于创意写作的新书中被分享——这种交流与发生在许多创建历史悠久的大学研究团体和研究生研究团体的交流一样。可以理解的是,不同的国家有着不同的高等教育历史。对于这种研究的方向,他们可能也有一些不同的观点。

总体上,也许不是所有的创意写作都是真正的研究,但是我们也可以反驳这种说法,虽说创意写作可能不总是在探索当前的公共知识或不产生新的公共知识,但它总是产生某种形式的个人的和情境化的人类知识,而这类知识是创意作家拥有并渴望拥有的,有时候人们会挑战它的合理性,有时又哀叹它的缺失,有时甚至又很庆幸这些知识的存在。

研究创意写作

与作为研究的创意写作不断增长的趋势相应,创意写作的研究也在不断受到重视。这类研究的增长受到了全球创意写作研究生项目数量增长的刺激,其中许多项目是在 20 世纪后期启动的,这也反映了创意工作利用 20 世纪后期 21 世纪初出现的在线和移动技术,以直接面对面的方式得到了更广泛的传播。这种形式的交流意味着,现在比以往任何时候都有更多的机会来把创意写作作为一种实践来讨论,不管这些个人最终是否通过主流出版或表演渠道发布他们的创意作品,讨论群体的多样性以及其分布之广泛,令人难以置信。

　　研究创意写作意味着探索创意写作的行为、相关作品和背景，不一定仅仅是进行创意写作。即使研究者没有利用创意写作的活动来进行这种研究，这种研究也是从创意写作的角度出发的。这使得研究创意写作不同于研究文学艺术品或文学文化的各个方面，不同于研究成名的创意作家（即文学和/或文化偶像的传记研究），也不同于研究出版或表演历史或背景。研究创意写作的目的可能与研究者自己的创意写作有关，也可能无关。

　　例如，一位从事创意写作的研究者，可能会试图比较一些当代诗人的写作策略；另一位研究者则可能会集中探究阅读对某个特定创意作家的影响。创意写作的研究者可以从文学术语中那些被认为是短暂的东西（例如作家笔记、日记条目、个人物品）开始，探索这些东西作为写作实践的证据代表了什么，以及它们如何影响这种创作实践。另一种可能则是，跨越文化或语言界限、性别差异、种族或性取向，深入探索创意写作中使用的话题、主题、形式或结构。创意写作的研究者可能会调查不同的工具对创意作家的影响，或不同学科的知识应用，如历史、人类学、生物学、社会学，或与其他艺术相关的学科。因为创意写作从创意作家所涉及的多种人类知识领域中汲取知识，往往是为了完成一个创意写作项目，而且因为创意写作结合了当代的行动和记忆，结合了进行创意写作的事件和创作过程中创造的证据或作品，所以创意写作的研究拥有相当丰富的研究空间。

实践导向研究中的术语和语境

　　在过去的十几年里，"实践导向的研究"这个词，常被用于包括创意写作在内的艺术实践研究,已经获得了相当多的学术认可,尤其是在英国、澳大利亚和新西兰。当然,包括亚洲和欧洲在内的其他国家和学术界也使用这个词。总体上看,目前这个词在北美国家的使用还不是太普遍,但是这个表述在全球各类学术文集、会议上变得越来越常见。

关于实践导向的研究已经发生了很多争论,目前也出现了一些研究成果。例如,包括巴雷特和博尔特的《实践即研究:创意艺术探究的方法》[1],迪安和史密斯的《实践主导的研究、创意艺术中的研究主导的实践》[2]或约翰·弗里曼所作的更系统的研究《热血、汗水和理论:通过实践进行研究》[3]。此外还有2008年出版的有关实践导向研究的《视觉艺术实践》杂志特刊上的文章[4],或者2011年出版的《创意产业》杂志特刊上的文章和采访[5]。

此外,还发生了许多有记录或无记录的实践、政策和探索性事件,进一步增加了可供我们考查例子的数量。例如,在英国,从2005年到2008年,一个由政府的国家艺术和人文研究资助者、艺术和人文研究委员会,以及艺术和设计高等教育委员会的代表组成的委员会,讨论了许多艺术实践学科的实践导向研究。委员会代表获得资助,与他们的成员一起探索他们在实践导向研究中的特定学科的想

---

[1] BARRET E, BOLT B. Practice as research: approaches to creative arts inquiry [M]. London: Tauris, 2007.

[2] DEAN R, SMITH H. Practice-led research, research-led practice in the creative arts [M]. Edinburgh: Edinburgh University Press, 2009.

[3] FREEMAN J. Blood, sweat and theory: research through practice in performance [M]. Faringdon: Libri Publishing, 2010.

[4] SMITH C. [J]. Journal of visual arts practice, Bristol: Intellect, 2008(02): 103-189.

[5] HARPER G. Special issue on practice-led research [J]. The creative industries journal, Bristol: Intellect, 2011(01).

法和兴趣。这个想法主要是为了探究学术界不同的创意实践是如何产生交叉的,以及进一步了解艺术实践研究。①

在深入考虑这一点之前,必须承认,尽管"实践导向的研究"是一个更流行的表达方式,但它并不是没有遭到反对,诸如"基于实践的研究""研究导向的实践""通过实践进行研究""实践即研究"等表达方式都是一些变体,它们都有自己的支持者,实际上这些支持也很强大——每一个都旨在更好地描述艺术实践是如何包含、探索和生产知识的。

读到这里,读者会认识到关于实践导向研究的普遍探讨(选择这个表达并不是暗示其他表达方式的不相关)与创意写作研究和作为研究的创意写作有着直接的联系。作为研究的创意写作和研究创意写作都将实践导向研究作为一种探究模式,或者一系列的探究模式。但是,可以预期的是,只有前者会被广泛地当作实践导向的研究,因为它主要位于写作实践中。然而,这可能会是一个不合理的设想。

实践导向研究的评论者经常提到"反思"或"反身性"的模式,这些模式结合了某种形式的批判性参与,或从根本上受其驱动。创意实践很少被认为是实践导向研究的终结。例如,澳大利亚莫纳什大学提供的关于哲学博士(创意写作)的大纲的声明是这样的:

申请人需要提交一篇他们自己的创意写作和一篇批评性的评

---

① 我之前是英国全国作家教育协会的成员,代表创意写作学科。虽然该委员会并不包含所有艺术实践学科的代表,但有趣的是,它将几个学科,音乐、美术、舞蹈、戏剧、建筑、设计和创意写作,汇聚了一起。虽然一些关于艺术实践研究的观点是相似的,但其他的确是从与其他学科不同的特定学科角度得出的。创意写作是否与其他学科或某些学科,以实践导向的研究者进行调查的方式和方法相近,这个问题仍然是有待进一步研究的领域。

论,这两篇文章都必须是在候选期间及监督下完成的。就本课程而言,"创意写作作品"将被理解为一部小说、一组短篇故事、一部戏剧或一组戏剧、一系列诗歌或各种体裁的作品集。批判性评论将是一篇聚焦学生创意写作作品的批判性文章,其写作本身将被视为对文学创意本质的研究。批判性评论将涉及对创意写作项目的各个方面的深入研究:体裁的特征,语境的影响和艺术作品中的塑造因素。①

莫纳什大学的这份声明是英国和澳大利亚等国家使用的典型的创意写作博士学位声明。诸如"评论""反思""反身""回应""关键成分"等术语在这些学位的关键方面已经变得很常见,而"注释"一词在澳大利亚学术界与该关键要素相关联已经变得非常出名。

每一个术语都有字面意义和内在意义,实践导向研究的倡导者很可能会继续探索这些术语,探讨它们表明什么或试图表明什么,以及它们中哪些最适用于创意写作,以期可以找到创意写作实践与创意写作实践过程中的批判性理解之间最深入的关系。

与此同时,一些教授创意写作的人表达了"实践导向型""基于实践型""通过实践研究型"研究人员是否有必要(或者是否应该)在他们的任何工作中公然加入一个显然关键的元素的关注。他们的论点是,创意作品为自己发声,它们本身就应该是足以证明(或不证明)授予学位和/或认可作为研究的作品。其他关于实践导向研究的评论者谈到实践导向的研究人员将自己"认定"为创意实践者和研究者,如西瑞斯·鲁斯特在这里概述的那样,他经常在设计

---

① Monash University (n.d.). [EB/OL]. [2012-05-21]. http://www.monash.edu.au/pubs/handbooks/courses/3940.html.

方面发表论点:

　　那些希望被视为研究者——以及艺术家、摄影师或设计师——的人必须以几种重要的方式"拥有"他们的研究。他们必须声明调查的主题和调查的动机。他们必须证明他们对工作的背景和之前发生的事情有很好的理解。他们必须既有方法又有方法论,而且他们必须以我们其他人能够认识和理解的方式来阐述所有这些事情,尽管我们不需要对其具体方式进行规定。①

　　很明显,在这一切当中都有个人偏好和个人身份方面存在的因素。我们可以选择如何称呼自己,我们每个人都希望可以以自己所喜欢的方式被识别,以及我们的身份与职业类别有什么联系。同样,许多创意作家可能会选择不"以我们其他人能够认识和理解的方式来安排所有的事情",因为他们的研究具有个性化、情境化特点,这在他们看来才是更重要的。问题在于,这样的选择是否有效地将这些创意作家从当代大学或学院中排除出去,是否应该这样,或者是否选择不"宣布"和"概述"他们的研究原本是他们实践本质的一部分。把创意写作中的实践导向研究的关键要素当作一种回应,虽然没有提供解决这个问题的方法,但与它相关,将大大有助于讨论。这样的定义提供了机会,让我们更接近作为职业或业余群体的创意作家往往最熟悉的各种写作认知、反应和主张。

　　虽然"反思"和"反身性"会限制批判性探索的潜在方向,回应却不会。也就是说,反思本质上一定是静态的,暗示作者停顿的一个或多个时刻。这不是创意作家将创意和批判思想或行动结合起

---

① RUST C. Unstated contributions: how artistic inquiry can inform interdisciplinary research[J]. *International journal of design*, 2007(03): 69-76.

来的准确描述。类似地，反身性暗示是对所从事工作的一种回溯，虽然创意作家确实可以返回，或者返回到以前的工作，但作为创意作家继续的重要方面为了向前，为了继续做出回应。例如"训诂"或"评注"的概念、术语和定义，也是不恰当的，因为它们表明创意作家对已完成的作品的解释。按解释的最狭义的定义来说，虽然这可能不是一个简单的努力，但它仍然是解释的一种形式，是基于已经发生的事情，相关作品所代表的已经发生的事情现在呈现在创意作家的面前，至于毕业作品，也经常被摆在导师面前，并最终摆在考官面前。但是，无论是训诂还是评论，都无法通过最近的一个创意写作项目，充分地阐述创意作家现在所拥有的新的批判性知识，因为它们都依赖于具象性的反思或自反性。两者都不能完整地表达既定知识和新的知识，因为这些知识中有一些是建立在感情、情绪、记忆、作者的性格、生理活动和心理活动基础上的。

最好的情况是，注释或评论可以提供一些关于创意写作事件的事后说明，就是对一系列由创意写作产生的最常交换的作品来表示（但不是封装）的人类行为的事后观察。最坏的情况是，这两者都有可能造成学术信誉的污点，同时篡改了创意写作知识的本质，这种制度化的作品的光芒压倒了创意作家所从事的不那么闪亮但肯定更真实的实践，通过这些实践，创意写作出现并继续出现。

最重要的是，对于所有创意作家来说，诸如"评论""反思""反身""批判性成分""注释"和"批判性评论"这样的术语表明，那些可能会选择被"视为研究者"的人，正如西瑞斯·鲁斯特所说的那样，正在选择成为不被视为研究者的创意作家的另一种东西，一种替代物。这在我们的写作群体中造成了一种既无成效又不准确的区隔;相反,所有创意作家,在所有的环境中,都以某种方式对他们周围的世界做出回应,对他们以前的努力做出回应,对他们的读者或观众做出回应,即使写作只是为了他们自己,对感官知觉和记忆的刺激做出回应,还对作为创意作家和从事创意写作的事实做出回应。正是由于这些原因,经常与实践本身相结合,并在讨论创意写作实践导向研究时经常被提及的创意写作的关键方面,应该被视为一种回应。在一般研究中,以及在创意写作的研究生学位的建设和考试中,情况应该如此。

其他研究中包含的创意写作

需要简要提及的是其中包含了创意写作的研究,但不是作为研究、创意写作研究的创意写作。换句话说,就是被最准确地视为位于其他领域、科目或学科,但其中包含创意写作的研究。也许其中最有趣的是文学或文学文化研究,其成果主要与创意作家的最终成果、出版或表演的作品,或影响这些作品的文化条件有关,但也涉及创意写作实践,甚至对其进行了仔细研究,并且发现了一些与创意写作和创意作家相关的东西。

虽然在过去的一个世纪里,这一特定领域的争议很多,但撇开学术领域的争议不谈,对于这种努力能够促进和发展的合作研究的潜力,没有什么合理的理由可以反驳,这些研究可以带来一些新的知识,这没有什么不对。目前的问题可能主要在于,我们该如何理解这些问题涉及的学科领域归属问题,它主要关系到谁可能会推动这项研究,或者谁可能拥有这项研究。简单地说,这不是创意写作研究,创意写作研究的问题我已经在本章的其他地方讨论过了。或者,这是一种文学研究,创意写作和创意作家可以有效地参与其中,承认这一点,可能会很好地解决所有权或研究领域的交叉、归属方面的问题。

在许多其他研究领域和学科中都可以看到创意写作的影响,从教育到计算机科学,从社会学到地理学,从人类学到医学人文科学,除此以外还有很多。这些学科在大学或学院名称中常被提及,但只是为了给这种兴趣提供一些形式。它们很容易被描述为包括学习和教学、技术、社会形式、结构和实践等等的人类知识的手段。这些学科和其他学科已经将创意写作融入他们的研究方法中,并与他们的目标和目的相联系。大多数情况下,他们这样做是因为该领域的研究人员已经认识到创意写作对个体的意义,它使个人可以将他们的创造性和批判性的理解结合起来。尤其是,创意写作产生的作品可以看作是这些人所从事工作成果的一部分,可以给他们的研究带来一些重要的东西。

结论

在这篇文章的开头,我提出了一个关于理解创意写作研究和创意写作作为研究的问题,在这文章结束的时候,我希望再提出一个类似的问题。

我们需要进一步思考这些问题对我们来说意味着什么。如果我们从怀疑论的观点出发,认为创意写作知识是高度个性化的、情境化的,我们所拥有的各种工具难以估算、触及其真实本质,甚至说不清楚什么是创意写作,创意写作的目的是什么,对我们的世界有什么价值,那么创意写作研究的团体似乎就是更遥远的事了。

第六章 创意写作研究

　　当然,这种研究团体很难出现,因为这种研究的基础并非某种可以量化的对象。对于每个创意作家来说,他们大多所具有的各种综合性的知识很难被其他人复制,甚至无法充分地向其他人解释。由于这些原因,创意写作知识无法以任何确定的形式进行传授,其他人也难以直接吸收这些知识。因此,创建一个研究人员群体几乎是不可能的,因为每个人和每种情况在当时和个人记忆中都是不同的,只有身处其中的创意作家才能真正接近它。

　　在我看来,这样的批评虽然让人感到诧异,但是它的质疑看起来又那么合理。然而,我们在这里需要注意的是,事实上,人类之间每时每刻都在交流个人知识,否则我们就不可能在任何社会或公共意义上存在,也不可能进化出界定社会、群体、组织或国家的共享知识类型。情境化的知识也普遍地被运用于交流、共享,否则我们不可能进入一个拥挤的空间而不撞上对方,与别人在同一条道路上驾驶,或者期望从教室、网络或其他地方接触到的其他观点中学到任何东西。我们不必质疑创意写作作为研究,以及创意写作研究是否可能,它们所涉及的高度个人化的、情境化的知识并不罕见,我们的文化和生活中处处都存在这样的知识。更为重要的是,如果我们想要推进创意写作作为一种研究,或者研究创意写作,最应该做的就是立足于这些研究模式、方向,不断地去探讨它,不断地去发展它。目前,我们在这方面还有一段路要走,希望我们继续向前。

王岚　译

第七章 创意写作的知识

黛安娜·唐纳利

为了进一步探究作为一个知识探索领域,以及一个实践主导型学术学科的创意写作,为领域知识的推进与扩展做出贡献,本次讨论试图寻找以下问题的答案:① 创意写作以何种方式与知识理论联系在一起? ② 创意写作项目的学术知识构成要素是怎样的? ③ 在认识论方面,创意写作从其他学科领域的理论和实践中借鉴了哪些方法? 创意写作在认识论上又有哪些不同之处? 此外,我们对创意写作知识领域的范围和知识探索存在的证据体系了解多少呢? ④ 如何才能让创意写作中的知识发现得到进一步的发展?

"文学作品'是一种要求严苛的工序所创造出的产品''它涉及了智力、研究、观察、记录、以及与知识相关的技能,它的严谨程度不亚于那些传统研究实践'。"①

——奈杰尔·克劳特,
莒丝·布雷迪

---

① DAWSON P. *Creative writing in Australia: the development of a discipline*[EB/OL] (1998-06-24) [2011-01-19]. http://www.textjournal.com.au/april01/dawson.htm.

第七章 创意写作的知识

本章探讨了创意写作知识领域的范畴,思考了创意写作知识的深度和广度,同时讨论了我们是否可以开始有效地探索在这个领域内已有的发现,以及这些发现还有哪些可以进一步被发展的地方。除了创意作家、学院内的写作教师以及其他教授写作的学者们,或许我们还可以将作为知识性学科的创意写作的发展方式分享给其他一些个人或群体,例如在其他研究领域的同僚、高校或学院的管理者以及其他管理机构的行政人员。

各个高校或学院在研究要求方面确实存在许多差异,而这些差异会对知识以及知识探究观念产生多大的影响,与地方、国家乃至全球范围内的各种相关举措密切相关。举例来说,在英国与澳大利亚,与创意写作项目有关的研究方法是批判性诠释,这种研究方法将创意工作纳入了学术知识体系之中,并通过其理论、实践以及学科中的新知识为体系做出贡献。这些项目由大学和资助计划管理,旨在通过学术研究等实践活动,将新的知识推进到创意写作领域。而在美国的创意写作硕士、博士项目中,与之对等的学术产出是创意学位论文。与英国、澳大利亚两国相同,资助机构或认证机构同样将创意产出视为具有合法性的推动知识进步的研究。尽管资助计划与高校并未强制美国学科将实践导向型研究纳入他们的项目中,但仍有一些学者作出了合理且有力的主张,认为这种实践型的研究将为作家及学科带来新的知识范式,而在这一背景下,建立创意写作的研究学科并明确其学科身份也成为一项重要而富有活力的学术运动。

为了进一步探究作为一个知识探索领域以及一个实践主导型学术学科的创意写作,为领域知识的推进与扩展做出贡献,本次讨论试图寻找以下问题的答案:

(1)创造力在哪些方面与知识理论相关?

(2) 创意写作课程的学术知识是什么？

(3) 创意写作在认识论方面从其他学科领域的理论和实践中借鉴了哪些方面？创意写作在认识论上有哪些不同？

(4) 考虑到我们所知道的创意写作知识领域的范围和知识探索存在的各种情况，创意写作中的知识发现将如何进一步发展？

带着拓宽我们知识面并提升全球对创意写作知识发展的兴趣，格雷姆·哈珀提醒道，"我们还有更重要的工作要做，还有更多问题需要寻找答案"。这就是我们开始的原因。

创意写作以何种方式与知识理论联系在一起？

早在创意作家进入高校之前，知识与研究是否能够激发创造力便一直是一个颇具争议的议题。不过，创造力同样有自己的历史，有着自己"独立于机构化与概念化研究两个世纪之久的知识路径"。值得注意的是，说创意写作独立于学术研究，是因为创意写作发展历程中的绝大部分时间，都不被人认为与上述两类概念处于同一系统内，有人甚至认为创意写作与机构化或概念化研究毫无关联。罗伯特·艾伯特和马克·伦科对创造力研究史的考察告诉我们，"在研究活动被视作一种机构任务且受到广泛鼓励的150年之后，创造力这一概念才终于经历了重重争辩，自想象力、原创性、天才、天赋、自由和个性"等竞争对手中脱颖而出。①

自柏拉图与亚里士多德开始的古代哲学家们将艺术视作对自

---

① ALBERT R, RUNCO M. *The concepts of creativity and research* [M]// STERNBERG R. *Handbook of creativity*. Cambridge: Cambridge University Press, 1999: 16-34.

然的模仿——创造力的目标,在其最理想的状态下,是对真实的复制。事实上,柏拉图将诗学视为彻彻底底的虚假知识,并在总体上将创造力视作知识的对立面。他将创造力视为某种"在描绘我们心智功能的线条的另一端"的事物,认为其"不断损伤着智育,且最终将对整个社会造成危害"。柏拉图式的观点有意地回避了一个事实,那就是发现新知识的权利曾经牢牢地掌握在科学家和哲学家的手中,而他们也被视作"人类与他们所研究的客体之间联系"方面的权威。那时的人们相信,只有科学家才能使用"话语获取有关真实存在的视野"[①]。毫无疑问,这种理论与当今学者针对创作过程所作的研究传达给我们的知识,以及这种批判性研究所引导的生产或习得原创知识的方法截然相反。亚里士多德在分类修辞方面延续了柏拉图的观点,他按照他所看到的规则,将在实践过程中需要借助创造力的生产活动、技能或手艺单独划分为一类。[②]

文艺复兴时期以来,创造力和知识理论之间的有趣联系,对相关年代的社会历史观念产生了重要影响。尽管此类联系表明了作为创造新事物的主要推动力的创造力在很长一段时间内都处于理性的从属地位,但在一定程度上,这也标示了创造力与知识理论观念的发展被联系在了一起。文艺复兴期间,文化与艺术运动(想象莎士比亚、本·琼森以及克里斯托弗·马洛)与对知识的关注(以个体智慧、科学方法及仔细的观察为例)并行不悖。而在启蒙运动期间,想象力与理性被联系在了一起,部分情况下,想象力还被认

---

① RORTY R. Achieving our country [M]. Cambridge, MA: Harvard University Press, 1997.

② DYE J W. The poetization of science [M]//AMSLER M. The languages of creativity: models, problem-solving, discourse. Newark: University of Delaware Press, 1986: 92–108.

为是理性的得力助手，与之一起推动观念进步。换而言之，单纯就"发现"这一点谈，创造力或许对新观念的产生有所帮助，但就逻辑正当性来说，任何假说都要通过观察和实验来论证。其后，笛卡尔的怀疑论，他认为不确定性把创造力和理性堆叠在了一起，而这是一种无法被科学研究解析的直觉过程。再一段时间后，在决定论的思潮之中，尼采推理出任何东西都不应该限制天赋的创造力，因为"创造力作为权力意志的有目的表达，（被认为）具有最高价值"。紧随其后的是浪漫主义对理性至上的反抗，以及其对另一种概念的拔高——创造力被视作了所有艺术创作的主要推动力。和那些把诗歌当做了对自然的理性模仿的前人不同，华兹华斯将诗歌视为"强烈感情的自然流露"。雪莱称诗人为"未经公认的立法者"。布莱克肯定想象力的创造性自由以及创作的二重性为通向和解的必要张力。而柯勒律治则用"智性直觉"这一个似乎自相矛盾的短语让理性与感性达成了统一。①

直至19世纪，部分由于达尔文的进化论将创造力视为自然发展过程的一部分，针对创造力的认识论形态才终于成型。创造力，作为一个基于知识的概念，已经超越了不断发展的技术领域。现代观点将创造力和知识理论以一种更积极的方式联系在了一起。任何创造性洞见的"突然性"，都是建立在长时间的认知过程之上的。这是一个转变，从产品转向过程——转向形式主义和技巧，转向特征、能力与属性。罗伯特·保罗·维纳记叙到，"艺术家们十分注重技术，而技术人员们也十分关注美学，此外，他们都很关注新事物。"至20世纪早期，社会科学加入了这场会话，学者吉尔福

---

① WEINER R. *Creativity and beyond*[M]. Albany：Suny Press, 2000：84.

特将创造力掷入了心理学的领域,而林恩·威特甚至评论说"对于创造力的分析已成为我们这个时代最主要的知识贡献"①②。此后,根据对创造力与知识理论的关系的不同理解,各个不同领域都对此做了相关研究,这些领域包括:历史③④、精神分析⑤⑥⑦、自然科学⑧⑨、社会经济⑩⑪⑫⑬⑭⑮⑯,以及政治⑰(1)。

21 世纪的文化关怀塑造了高校对于创意实践相关研究的关

---

① WEINER R. *Creativity and beyond*[M]. Albany: SUNY Press, 2000: 86.
② WHITE L. *The act of invention* [M]//STOVER C. *The technological order: proceedings of the encyclopedia britannica conference*. Detroit: Wayne State University Press, 1963: 273.
③ ALBERT R, RUNCO M. The concepts of creativity and research[M]//STERNBERG R. *Handbook of creativity*. Cambridge: Cambridge University Press, 1999: 16-34.
④ DYE J W. The poetization of science[M]//AMSLER M. T*he languages of creativity: Models, problem-solving, discourse*. Newark: University of Delaware Press, 1986: 92-108.
⑤ BROPHY K. *Creativity: psychoanalysis, surrealism and creative writing* [M]. Melbourne: Melbourne University Press, 1998.
⑥ CSIKSZENTMIHALYI M. *Creativity: flow and the psychology of discovery and invention*[M]. New York: Harper Perennial, 1997.
⑦ KAUFMAN S B, KAUFMAN J C. *The psychology of creative writing* [M]. Cambridge: Cambridge University Press, 2009.
⑧ BODEN M. Creativity in a nutshell[M]//BODEN M. *The creative mind: Myths and mechanisms*. London: Routledge, 2004: 1-10.
⑨ BOHM D, PEAT D F. *Science, order and creativity*[M]. 2nd edition. London: Routledge, 2000.
⑩ BEREITER C. *Education and mind in the knowledge age* [M]. Hillsdale, NJ: Erlbaum, 2002.
⑪ FLORIDA R. *The rise of the creative class*[M]. New York: Basic Books, 2002.
⑫ FRIEDMAN T. *The world is flat*[M]. New York: Farrar, Straus and Giroux, 2005.
⑬ GODIN S. *Linchpin: are you indispensable?*[M]. New York: Portfolio/Penguin, 2010.
⑭ LANDRY C. *The creative city*[M]. London: Earthscan, 2000.
⑮ NONAKA I, TAKEUCHI H. *The knowledge-creating company* [M]. Oxford: Oxford University Press, 1995.
⑯ PINK D. *A whole new mind*[M]. New York: Riverhead Books, 2005.
⑰ NAGEL S. *Creativity: being usefully innovative in solving diverse problems* [M]. Hauppauge: Nova Science Publishers, 2000.

注。创造力曾被视为,且如今依然被视为人类的根本性实践以及经济发展的必要推动力,由此,作为知识创造中心地的高校,成为了当今世界依托于知识的社会经济的支柱。如今,创造力已被认为是促成新的知识发现的不可或缺的要素。它与知识理论的联系,在创意写作学科的更广泛的实践中,得到了更好的理解。艾伯特和伦科提醒我们:"如果创造力有着足够的研究价值,那么我们也同样应当关注原创性"。创意作家对他们的创作过程的反思以及为研究他们自身的实践活动付出的努力,将引导作家们获得对创意写作领域极富价值的论著抑或新的洞见。①

创意写作项目的学术知识构成要素是怎样的?

首先,为了能更好的讨论这个问题,我们应当采用一种合理的方法,先从具有广泛代表性的"知识"的定义开始,再将我们在本文中对"知识"一词的理解限制下列范围:① 创意作家视域中的新事物——以及他们获得或生产这些新知识的方式;② 创意写作领域以及人类知识实体范畴内的新事物——以及,这些知识被传播与证明的方式。

根据《韦氏词典》,"知识"的部分定义如下:①"凭经验熟悉地了解某事物的事实或条件";②"对某项科学、某种艺术或技术的熟悉或理解";③"一个人的信息或理解的界限";④"人类获得的真理、信息和原则的实体"。《牛津英语词典》补充道,"知识"包括"获

---

① ALBERT R, RUNCO M. The concepts of creativity and research [M]// STERNBERG R. *Handbook of creativity*. Cambridge: Cambridge University Press, 1999: 16-34.

取知识以得出新结论与发现新事物或整理旧事物的方式",以及"新颖性,对世界和人类知识体系来说都是新的"。①②

这些词汇和短语展示了知识与作为学习者的创意作家以及作为学术科目的创意写作之间的广泛关联。对创意写作领域的知识下定义的挑战性部分来源于学术界许多相关知识模型与创意写作实践过程中发生的情况的不适配。围绕认识论的哲学辩论通常涉及下列主要论点:① 怀疑论者认为我们根本不可能知道任何事情——他们认为没有什么是充分证实的,真实信仰;② 经验主义者和理性主义者则在反复思考知识的习得是通过感觉还是通过批判思维和演绎推理。每一种立场都可以被调整——这里充满了有灰色地带和多元性。这样,如果我们要建立和借鉴我们自己的实体的理解体系,如果我们要为他人提供我们生成意义的方法论,如果我们要为与其他学科就知识生产展开更广泛的对话并做出贡献的话,努力定义和阐明知识的基础(知识的获得、生产、交流和论证)对于我们的学科来说就是至关重要的。

这对用命题知识描述创意写作这件事提出了质疑,因为命题知识的体系中,知识是真实、明确而可被证实的。创意写作不能用这种绝对的方式来定义。然而,我们仍认为创意写作中存在命题性语言,因为创意作家需要具备词汇的句法意识以及如何使用这些词汇的预感,对于体裁差异的图式意识以及多样化的可选写作策略。创意写作提供了一套这个领域特有的技能集合。作家的起

---

① Merriam-Webster Online Dictionary. *Knowledge* [EB/OL]. [2010 - 12 - 10]. http://www.merriam-webster.com/dictionary/knowledge.

② Oxford English Dictionary Online. *Discover the story of English* [EB/OL]. [2011 - 04 - 08]. http://www.oed.com.

点是知识,知识根植于个人经验中;更具体地说,这是某种内在化的隐性知识,通过沉浸在创意写作的行为和行动中获得践行。因此,所有这些累积的因素让作家对创意写作"知其然也知其所以然"。一开始是作为手艺技能和写作惯例的实践,与创意写作的行为和行动相结合,这些组成部分建立在对写作构成要素的理解之上,比如作家做出的选择和这些选择的结果,以及作家将这些新知识合成并重新运用到他们自己的写作实践中的方式。[2] 这种活动就是创意写作的方法论(通过写作来学习写作)——是一种可以导向新结论的获取知识的方式。作家对创意写作历史(如体裁、学科与文化)或托马斯·斯特尔那斯·艾略特所说的"作家所吸收的过往认知"的浸没也支持着这种实践[1]。

"知道如何做"对创意写作来说并不那么清晰,因为创意作家很少能获取到关于实践或者工作流程方面的可用知识。当今美国存在的大多数"如何做"文本或许会为作家们提供一些实践方面的指导,但实际上创作并不存在固定的公式。每一个零部件,在经过了技巧与发现的进程后,都会产生不同的开端,创造不同的方法,并走向不同的方向。爱丽丝·门罗坚信,"这里不存在什么结构蓝图。这不是一个'我要盖一栋这种房子,因为假设我没有犯错,最终我就会得到什么样的效果'的问题。"[2]

然而,毫无疑问,作为敏锐的世界观察者,作为不仅知道人类的状况,而且还"为关于人类、人类社会和我们居住的世界的知识

---

① ELIOT T S. *Tradition and the individual talent*[M]//HAYWARD J. *Selected Prose*. Middlesex: Penguin Books, 1965: 24.

② MUNRO A. *How I write short stories*[M]//GIOIA D, GWYNN R S. *The art of the short story*. New York: Pearson, 1982: 661-662.

的生产、建设和发展做出巨大贡献"的人类,创意作家获取知识的一大方法是实证研究。① 契诃夫告诉创意作家,"只有当你不畏惧与人类活动相似的事物时,你才能把生命带入大自然。"② 福克纳谈到了"必要的真实和内心的真理"③。托尔斯泰把艺术描述为"一种人体器官",它把"人的合理知觉转化为感觉"。④ 对华莱士·史蒂文斯来说,观察的准确性等同于思维的准确性。约瑟夫·康拉德则指出,作家就像哲学家或科学家一样,"寻求真理并发出呼吁"。更具体地说,写作("艺术")对康拉德来说是一种:

通过揭示隐藏在它的每一个方面之下的多样与统一的真理,给予可见的宇宙最高的、正义的、且专心致志的尝试。这一种尝试,在物质的形式、颜色、光影以及其他各个方面和生命的各个因素中,寻找每一种基础的、持久的和本质的——那种它们唯一具有启发性和令人信服的性质——它们存在的根本真理。⑤

事实上,正如哈珀提醒我们的那样,"正是由于人类的行为,创意写作才得以存在,但是……也正是因为人类的理解,创意写作才得以进化,并继续作为一种艺术和交流的方式而发展"⑥。布莱恩·卡斯特罗坚持"通过观察和对话式的实践进行研究",并宣称

---

① WEBB J, BRIEN D L. Strategic directions for research in writing: a wish list [EB/OL]. (2006-04-01)[2011-01-02]. http://www.textjournal.com.au/april06/webbbrien.htm.
② CHEKHOV A. Natural description and 'The Center of Gravity' [M]//GIOIA D, GWYNN R S. The Art of the Short Story. New York: Pearson, 1886: 151.
③ FAULKNER W. Banquet speech [EB/OL]. (2012-09-05)[2012-09-08]. http://www.nobelprize.org/nobel_prize/literature/laureates/1949/faulkner-speech.html.
④ TOLSTOY L. The moral responsibilities of art (Trans. A. Maude)[M]//GIOIAD, GWYNN R S. The art of the short story. New York: Pearson, 1897: 797-798.
⑤ CONRAD J. The condition of art [M]//GIOIA D, GWYNN R S. The art of the short story. New York: Pearson, 1897: 193-194.
⑥ HARPER G. On creative writing [M]. Bristol: Multilingual Matters, 2010.

"如果有人想在经验主义的启发下提出问题的话,这完全是科学和道德的"。为了更清晰地阐明作家从这种实证研究中获得了什么,卡斯特罗选取了弗吉尼亚·伍尔芙作为例子。她表示伍尔芙理解"关系的语言,家庭的语言,社会阶级的语言,男人和女人的语言",同时,她也理解"她语言中的张力"。卡斯特罗解释说,伍尔芙将这种张力"外化"了,"当反思时,人们就能更好的在它们尴尬的空间和弹性的时间框架中瞥见它们"。卡斯特罗承认"这听起来是一种直觉化的观点",但她断言,"尽管如此,这仍是一种研究"。想一想这些,纳博科夫乘坐校车以学习十几岁女孩的语言,雷蒙德·卡弗观察着普通人的动态,詹姆斯·鲍德温理解了种族主义与性取向之间的界限。卓拉·尼尔·赫斯顿说着"你必须去到一个地方,才能了解那里",记录下了奴隶叙事。华莱士·史蒂文斯将诗歌视为创造性想象和客观现实的综合体。①

区别于那些将知识和"确定性"(如通过是否具有可重复性来验证)联系起来的传统模式,创意写作的知识蕴含在那些仍让作者超越写作常规的发现中,蕴含于那些写作过程中产生的问题与答案之中。吉尔·德勒兹将绘画中的此类转折点称为"孕育了节奏的混乱或灾难"②,而这种转换在写作中其实很容易实现。芭芭拉·博尔特解释说,"新事物"通过某种流程,作为某种观念的震颤出现,然后通过语言实现。③ 对于托妮·莫里森来说,则是"如

---

① CASTRO B. *Teaching creative writing in Asia: four points and five provocations*[EB/OL]. [2011 - 02 - 11]. http://www.textjournal.com.au/speciss/issue10/Castro.pdf.

② DELEUZE G. *Francis bacon and the logic of sensation*[M]. London: Continuum, 2003.

③ BOLT B. *The exegesis and the shock of the new*[EB/OL]. [2011 - 04 - 28]. http://www.textjournal.com.au/speciss/issue3/bolt.htm.

果……会怎么样"这样的问题"推搡着"这幅图景向前行进。寻求知识的写作不仅表现在创意作品中,也包含在创意写作的反思中。举例来说,这种过程让莫里森明白,她"不能只是达到一个小的平台,然后说'就这样了,这就是她要到达的地方了'。她需要一直不断地探寻"。①

除了阅读,以及那些支持我们创作过程的理论们的影响,支持创意工作的知识场也包括了研究活动,而这"不仅是收集信息,更是聚集神韵;也就是说,在把这些信息放在一起时,作者需要在外围的、陌生的、过去或未来环境中创造出一种'内部感'。这种研究活动为创意作品提供了可信度……并且有意地"掩饰了"其自身留下的蛛丝马迹。② 乔恩·库克澄清说"写作通常不被视为一种研究方法,而是被视为展示研究结果的一种手段"。无论是作为作家还是读者,我们都很看重意见经过充分研究的创意作品的深度和逼真性。③

知识,作为一个动态过程,不仅涉及复杂的认知过程,还涉及了有生产力的和可转移的技能,这些技能影响着创意作家的写作和阅读方式、教师设计和教授课程的方式,以及创意写作学者研究和发现新意义的方法。因此,在创意写作中,知识可以是隐性的、新发的、经验主义的、体验性的、审美的和感官的——当然,这个列表并未囊括所有的知识——但是对于创意写作领域和人类知识体系来说,这些新的知识也同样可以被清晰地表达出来。

---

① HOUSTON P. *A conversation with toni morrison* [EB/OL]. [2011 – 03 – 11] http://www.oprah.com/omagazine/Toni-Morrison-on-Writing/3.
② MEEHAN M. *Researcher of the month* (*April*) [EB/OL]. [2010 – 11 – 11]. http://www.deakin.edu.au/arts-ed/research/profile/mmeehan.php.
③ COOK J. *Creative writing as a research method* [M]//GRIFFIN G. *Research methods for english studies*. Edinburgh: Edinburgh University Press, 2005: 195 – 211.

通过产生原创的创意作品,作家获得了新的理解和洞见。然而,在通常与传统学术研究相关的定量科学分析方法及可测量结果的基本理想中,创意作家通过写作实践所获得的知识往往是难以交流的。或许,作家可以在学术界、会议、自我报告、学术活动和全球交流中与其他作家分享他们的知识。而这种做法能促进知识发展吗?答案是肯定的。在很大程度上,这些新的理解都能转化为新的写作思维方式和写作教学方式。从教育学的角度来看,知识无疑已被创造出来了。不过,尽管澳大利亚的卓越研究计划自发地宣称创意作品通过一种"新颖而富有创造力的方式"应用着现有的知识,这样的作品,根据 ERA 和其他管理机构的定义,仍不能孤立地表现"新概念、新方法和新理解"以达到研究目的。[1] 更具体地说,如果创意生产的目标是产生"为艺术而艺术"的作品,或者其目的是"学术和创造力的发展,而非新的知识和理解产生",那么创意写作中包含的,对创意作家来说是新的知识和对该领域来说是新的知识是不同的。[2]

在英国和澳大利亚的高等院校中,作为研究产出的创意作品,以创意作品与注释之间的关系为基础,被认为是"作品产生的潜在知识,或对知识的干涉"[3]。因此,作为补充的批判性研究将作品放置于更广阔的实践与理论领域内,从其方法与问题的角度为创意作品构建框架,提供了与创意作品有关的反思职能,并形成了批判性研究接受同行评议的基础。尽管创意作品和批判性研究

---

[1] Australian Research Council. *Excellence in research for*[EB/OL].[2012 - 09 - 08]. http://www.arc.gov.au/era/faq.htm.
[2] SCRIVENER S A. *The roles of art and design process and object in research*[M]// NIMKULRAT N, O'RILEY T. *Reflections and connections: on the relationship between production and academic research*. University of Art and Design Helsinki, Finland, 2009: 69 - 80.
[3] NELSON C. Research through practice: a reply to Paul Dawson[EB/OL]. [2010 - 11 - 14]. http://www.textjournal.com.au/oct08/nelson.htm.

之间的关系在过去一直会在某种程度挑起争论——因为该学科以实践为主导的活动与更为传统的高校研究实践一直并存——但多年来学者们已经取得了实质性的进展。例如,哈珀的研究表明,英国的创意写作可能"与知识、知识调查和知识习得有关的基本概念"并生,但创意写作研究如今"通过对实证和理论研究所取得的证据的认可而向前发展"①。此外,在研究《文本》杂志(由澳大利亚的写作项目联盟出版的在线期刊,其特色是关于创造力和写作的辩论)的第一个十年中,韦伯和布莱恩得出了这样的结论:

在这一时期,我们有可能追踪到一种由创意写作教学问题到探索创意写作在学术和世界中的作用的研究导向型问题的转向,并证明作为一门学科的写作,能够将传统学术的严谨性与创意思维结合起来。②

一些澳大利亚的高等教育机构(HEIs)的研究指导方针甚至倡导向更有力的创意部件与批评部件的共生体转向,这些机构声称"这两个部件的关系对于整体的原创性与创造力都作出了贡献,因此,当成果是创意产品时,原创知识可以得到明确肯定"。③④

通过观察,知识从个体作者到更大的创意写作领域的流动,我们可以从更宏观的角度来观照隐性知识在创意写作中的显性化。

---

① HARPER G. Creative writing: words as practice-led research[J]. *Journal of visual arts practice*, 2008(2): 31-52.
② WEBB J, BRIEN D L. *Strategic directions for research in writing: a wish list*[EB/OL]. [2011-01-02]. http://www.textjournal.com.au/april06/webbbrien.htm.
③ KROLL J. *The exegesis and the gentle reader/writer*[EB/OL]. [2011-03-07]. http://www.textjournal.com.au/speciss/issue3/kroll.htm.
④ SCRIVENER S A. *The roles of art and design process and object in research*[M]// NIMKULRAT N, O'RILEY T. *Reflections and connections: on the relationship between production and academic research*. Finland: University of Art and Design Helsinki, 2009: 69-80.

例如,我们可以将野中郁次郎和竹内广隆在他们的著作《知识创意型公司》中提及的"知识螺旋"概念,应用于创意作家习得知识的方式,并将这种知识置于创意写作学术社区中。① 乍看之下,组织知识是由个体创造的,其螺旋上升,成为了组织知识。在野中郁次郎和竹内广隆有关组织知识创造的理论与组织的机制创造相关涉的同时,他们有关创新过程模型也有着认识论与本体论方面的应用,因为(对创意写作来说),知识创造也开始于个体的创意作家,螺旋上升,最终成为创意写作领域的知识。创意作家们始于隐性知识,但当他们将其创意作品作为研究产出进行反思、交流和证明时,隐性知识便得到了显性化。在美国,这个过程通常是由作家、作家教师、作家学者和跨学科社群所发起的有关教育学和项目发展的会议论坛推进,并经由众多对写作实践活动进行了调查与访问等研究活动的批评家的学术写作锻造。更为隐匿但也至关重要的是今天创意写作课堂上所产生的收获:① 讨论扩大了传统创意写作工坊的边界,对揭示领域内新理论与运转重要性的智性分析表示了欢迎;② 让人们得以从不同的角度看待历史的变化的可变视角;③ 研究体裁,协商写作空间,混生型方法并整合理论的实践,以及基于新的认识论的研究与实践[3]。

如果我们再次回归到野中郁次郎和竹内广隆的螺旋知识理论,我们就可以看到创意写作中的知识创造流的相似性。知识始于个人、他或她的创意实践;而这对创意写作学术来说是一个新的知识。当个人实践引导研究见解产生时,新的理解通过研究路径得到交流

---

① NONAKA I, TAKEUCHI H. *The knowledge-creating company* [M]. Oxford: Oxford University Press, 1995.

并被证实时,知识创造就会螺旋上升到创意写作领域。然而,至关重要的是这些螺旋式知识的循环路径与流动路径。在知识创造从个人螺旋上升到更大的写作群体的同时,这些新知识同样也会回流到创意作家那里,知识创造也有教学法方面的转变。当新的见解启发了创意写作学科,新的理论也将被开发出来,新的技能也将被教授给学院中的创意写作作者。此外,这种知识创造也将激发新的研究积极性。

创意写作从其他学科学到了哪些方法?它的认识论有什么特别之外?

由于每个领域都有属于自己的专业知识与研究方法,关于认识论上的相似性和差异性问题的答案,应该以知识在特定领域的表现及被理解的方式为框架。虽然一个概莫能外的观点远比我们在此呈现的更加异质和复杂,但结论已经表明,每个学科领域都将特定的能指置于其意义形成的中心。

创意作家在创作作品(如诗歌、小说、戏剧)时,要经历一系列的创作过程。他们收集轶事、谈话、观察、田野笔记、反思以及研究。他们核查材料,充实细节,建立联系,得出结论,修正或重塑图像和文本。这些创作过程带来了洞见——那些在处理问题以及活跃的写作实践过程中产生的新发现。科学家们要经历类似的创造过程:准备、孵化、启发。事实上,加尔斯·布莫就曾声称"人类是天生的科学家"[1]。乔·莫斯利更具体地补充说,"科学家、艺术家

---

[1] BOOMER G. Addressing the problem of elsewhereness[M]//GOSWAMI D, STILLMAN P. Reclaiming the classroom: teacher research as an agency for change. Upper Montclair, NJ: Boynton/Cook, 1987: 4-13.

和作家不会坐在咖啡馆里祈祷灵感降临,(因为)高效的问题解决者会一直致力于理解他们认为不完整的格式塔。"①

对调查与探究的系统性研究催生了科学家寻求新意义的方法论。查尔斯·巴泽曼表示,"作为一种更依赖数学(一种被认为是比自然语言更纯粹的符号系统)的特殊编码,科学写作经常被认为有别于其他类型的写作。"②创意作家和科学家的意义创造的不同之处在于,创意写作的过程与确定性、准确性,以及科学领域中的系统质疑和复制的公式化方法论是有差别的。创意作品的产生可能从调查询问开始,但问题的方向和顺序以及其所提出的问题的种类可能在整个过程中不断发生变化。因此,对创意写作来说,使隐性知识的显性化的方法是特异的而有针对性的,它与作者从事意义创造活动的方式不尽相同。

创意写作和作文学在认识论方面有着相似之处。这两个学科都很重视写作过程,重视对应用语言的参与、范式和创新,也都强调对广泛的教学方法的应用。写作过程在本质上是复数的、流动的和递归的,其也关注有目的、有互动的学习环境。因此,创意写作借鉴了作文研究的认识论,特别是关于过程理论的这一部分。从事作文研究的作家们在一定程度上是通过将修辞学置于意义创造的中心来寻求真理的。创意作家和修辞学家的主要区别在于他们对写作的筹划以及他们写作的目的。尽管一首诗或一个故事在其表达方面或许具有某种内在的修辞特性,创意作品的主要目的

---

① MOXLEY J. *Tearing down the walls: engaging the imagination*[M]//MOXLEY J. *Creative writing in America*. Urbana: NCTE, 1989: 25-45.

② BAZERMAN C. *The problem of writing knowledge*[M]//MILLER S. *The norton book of composition studies*. New York: W. W. Norton, 2009: 502-514.

很少是为了说服读者采取行动。这不是说创意作品不能启发社群、提出观点或进行述因。事实上,帕特里克·比扎罗坚称,"在公民的舞台上,我们有必要利用写作来理解我们的生活方式,并在生活方式必须改变之时表达我们的观点。"[1]然而,创意写作通常并不提供论题来驱动创意作品;不整合证据来驱动作者的主张;也不必然呼吁其目标受众采取行动。作文家所提出的那种论题导向型的文章比创意作品要更加清晰易懂。

创意写作与其他以实践为基础的学科有许多相似之处,它在自己的理论和实践中结合了对世界和人类状况的解释。就像创意作家那样,音乐家、画家、雕塑家、舞蹈家、平面设计师和其他以表演为基础的艺术家都强调与艺术创作相关的实践活动。写作和表演之间存在着一种共生关系,以实践为基础的和导向的学科已学会了重视在文本性与其他动势相交汇时出现的元素、技术以及可能性间的并置,干预与调和。

在文学研究领域,文学阅读历来被当作一种层级功能。就此来说,知识是通过对文学的阐释而得以被表现和理解的。文学研究与创作的根本区别在于阅读文学的方式。文学研究的核心是对文本继续意识形态方面或历史方面的分析,而创意写作则以更具体的读者式的方法对文本进行审读。创意作家从内部考量文本,在"如果……会怎样"的问题驱动下构建理论。罗纳德·沃林·卡西尔澄清了我们的读者式的特质与文学研究的决定论的区别,他声称,"最重要的是,创意作家感兴趣是文本是如何创作的,部分如

---

[1] BIZZARO P, MCCLANAHAN M. Putting wings on the invisible: voice, authorship and the authentic self[M]//RITTER K, VANDERLICE S. *Can it really be taught?*. Portsmouth: Boynton/Cook, 2007: 77-90.

何恰当的组合成一个整体——这意味着他们致力于审视文本为什么不是其他模样"①。这一学科的写作实践在认识论上不同于文学研究中的写作,因为创意写作关注的是写作过程,而不是与特定文学流派的目标或方法相关的讨论。这些区别让哈珀得出了这样的结论:"针对、利用或附属于创意写作实践的研究,与文学(英国文学、美国文学或其他文学)批评研究是不相同的。"②苏·罗伊提出,我们如流体一般抵制这种塑性,是因为我们把写作当作一种艺术表现。苏·罗伊表示,"我们知道,一个富有想象力的作品可以像从深邃的文学知识哪里获得信息一样,从绘画、音乐、舞蹈或戏剧之中获得丰富的信息,因此我们一直不愿让创意写作研究以一种僵化的方式与英语文学研究挂钩。"③

尽管创意写作的"专业区分标记"[4]将其研究定义为一个拥有独立认识论的学科,但这里仍存在形形色色的活动,让创意写作实践与其他学术领域交织融汇在一起。

如何才能让创意写作中的知识发现得到进一步的发展?

在过去,对一个"成功"的创意写作项目的评估很大程度上取决于创作过程结束后的产品,而非与创意作家的行动和行为相关的发现。尽管创意作家的产品(突出研究事件本身的优点)可能会被读者评判,或被通过各种文学阵营阐释或解构,创意作家创作的

---

① CASSILL R V. *Writing fiction*[M]. New York: Pocket Books, 1962.
② HARPER G. Creative writing? [J]. *New writing*, 2009, 40(02): 93-96.
③ ROE S. Introducing masterclasses [M]//DONNELLY D. *Does the writing workshop still work?*. Bristol: Multilingual Matters, 2010: 194-205.

过程和实践直到最近才开始被当做创意写作的"作品"以及其所创造的知识贡献的关键证据。随后,英国艺术和人文研究委员会(与澳大利亚的管理新方案相类似)对此做出了官方的回应,对创意写作学科作了如下定义,"其主要从研究过程而非其产出的角度进行研究"①。

那么,作为一门以实践为主导的学科,有什么证据反映了创意写作的研究过程?通常而言,除了写作的艺术表现,以及与解决问题相关的认知能力和其他各种各样的关键因素,新的见解可以引导我们深入发掘"预文本"和"后文本",而这类文本对于已完成的文本(即作品)来说或许是"外围的"和"补充的"。哈珀将证据扩展到"作家或作家们"的工作;"个人、文化、社会政治和经济关系""工艺手段和目标""中心结果和附加结果",以及所有其他诸如此类的"与创意写作相交流的文件"。②

那么,下一步,我们要如何在我们的创意写作已有的发现之上构建自己呢?我们的学科在其研究实践中还可以发掘哪些其他证据?如果知识发现要得到进一步发展,那么来自美国、英国和澳大利亚学科网络的创意作家们又会如何为这一对话做出贡献呢?我们可以通过构想更具体的问题来探究诸如此类的询问:① 与激发我们的研究积极性相关的问题;② 与引导新的见解相关的问题;③ 与建立以知识为基础的创意写作学科相关的问题。

---

① CANDY L. *Practice-based research: a guide*,creativity and cognition studios[EB/OL]. [2011-01-13]. http://www.creativityandcognition.com.
② HARPER G. Creative writing? [J]. *New writing*,2009,4(02):93-96.

激发研究积极性相关问题

（1）我们知道，创意写作的行为和行动与高校中其他项目的活动互相影响。如何将创意写作的知识与其他学科联系起来？混合学习如何利用不同话语的优势？学生们在其他课程中发展的思维模式如何指导他们创作自己的诗歌、小说、创意非虚构作品、戏剧剧本，以及电影电视剧本？[5]

（2）和公共领域之间的联系是创意写作学科所独有的。哪些措施正在被使用，以将新的见解从学院扩展到社区边界和外部推广项目？我们能从这些努力中学到哪些新的东西？

（3）长期以来高等教育机构一直作为多种不同类型知识编纂者的特权部门存在。除了高校以外，还有哪些知识来源对创意写作的知识习得与生产具有重要意义？

（4）我们该如何扩展我们的认识，以更好的理解有关创造力和知识理论、促动创造力和新思想的条件，以及创造力和新思想发展之间的关系？

（5）高校中以及更广泛的外部的数字文化如何影响创意作家的阅读和写作方式？当作家们商定这些新的写作空间并与多模态文本互动时，我们能获得哪些新的见解？知识学习是如何复杂化的，和/或知识学习如何随着这种思维的出现而提高的？在数字环境中，我们能发现什么混合体裁？在这种网络模式下，我们该如何理解读者和作者的概念？创意作家的博客与知识的进步有什么关联？

（6）越来越多的作家开始从事技艺批评，并对文学的本质做出评论，从他们的元认知中，我们可以推导出怎样的认识论？

（7）海外修习与国际交流项目可能产生的知识习得与知识分享的关系是什么？

（8）如何分辨本科课程和研究生课程以及不同高校和不同学位课程之间的知识习得和生产的区别？

（9）韦伯和布莱恩认为，"任何对我们内部框架的参考、兴趣和讨论的扩展都只会让整个写作领域的学术、专业和创意合作机会增加，并使我们的研究工作更具可行性，同时推进和扩展我们的知识领域"。什么样的数据收集在描绘全球知识建构的努力方面可能被证明是有效的？我们将会用这些数据做什么？

引导新见解的问题

以研究为主导的实践如何补充以实践为主导的研究，并为写作过程提供新的方法？

（10）有哪些合作分享知识的机会，以及如何合作——作家、社会学家、哲学家、技术修理工、心理学家、历史学家、科学家、医生或艺术家（先列出清单）——能让我们对写作过程有更多的了解，并指引我们开发新的写作方法？其他学科该怎样向创意写作学习？

（11）动觉智能、动觉写作和解决问题之间的关系是怎样的？

（12）定性、定量和概念研究在哪些方面可以为创意写作带来新的理解？

与建立以知识为基础的创意写作学科相关的问题

（13）当创意作家开始探索他们的写作实践和流程如何产出新

的见解,且越来越多的证据表明人们对该领域的理解越来越深入,我们如何才能将创意写作当作一种知识与我们在其他研究领域的同事们、与高校管理人员、行政人员以及国际组织交流?

(14)此外,尽管国际会议通过期刊、学术和论坛提供了一些新的广泛接触机会,除此之外,新的全球及国际门户如何促进我们更好地理解创意写作的特殊研究模式?

(15)卡尔·贝瑞特认为"知识社会的出现催生了一种新观点,即知识是一种可以系统地生产并在社区成员之间共享的东西"。如果这个假设是正确的,而创意写作学科也包括在内,那么,创意知识与文化的关系是什么,我们又如何才能创造和发展一个以知识为基础的创意写作社区?

结论

尼克·伯克为"拒绝承认作为一个学科的创意写作可知的、完整的,且有边界"感到警醒。这是一个悖论定理式的回应吗?换句话说,创意写作是否真的是不可知的,但同时它还拥有一个存储着支撑作为知识的创意写作研究的数据库?当我们完成学科的认识论建构之后,这门学科的抵制运动是否仍然会被完成而划定界限呢?①

是的,是的。

作为一个学术研究领域,创意写作始终处于运动状态。这是一个"流动的、创造性的研究领域",但它也是一个"通过加强全球兴趣

---

① BOURKE N. *Passionate diversity: review of creative writing: theory beyond practice* [EB/OL]. [2011-02-12]. http://www.textjournal.com.au/oct07/bourke_rev.htm.

和对进一步知识发展的承诺不断被启发和阐明的学科"。创意写作是建立在创意写作主体的知识发现的基础上的,因为它已步入了新的空间,在教育学上螺旋地进行知识创造;然而,在这不受束缚的空间里,确实有更重要的工作等待我们完成,也确实有更需要被解决的问题等待我们找到答案。于是我们开始了——一次又一次。

注释:

(1) 本列表修改自杰里·克罗尔对创造力研究的原始综述。(见"作为研究的创意写作与认证的困境")。可以在下述网址找到本文:http://www.griffith.edu.au/school/art/text/april02/kroll.htm.

(2) 奈杰尔·麦克劳格林在他2008年的文章《构建创意写作教学的综合模式——一种方法》中提到了类似的东西,如创制、进程和实践。该文发布于哈珀与克罗尔主编的《创意写作研究:实践、研究、教育学》一书中。

(3) 见 http://www.arc.gov.au.

(4) "专业区分标记"一词由凯利·里特提出,见《职业作家/写作专业人士:改进创意写作博士项目的教师培训》。帕特里克·比扎罗的《研究与反思:创意写作的特殊案例》,黛安娜·唐纳利的《写作工坊仍然有效吗?》以及《作为学术科目的创意写作研究》,对与创意写作的专业差异标记相关的对话进行了延伸。

(5) 这是查德·戴维森和格雷格·弗雷泽在《当代大学课程中创意写作的扩展作用》一书中提出的观点。

范天玉 译

第八章　面向未来的创意写作教学

斯蒂芬妮·范德斯利

在当今这个相互协作的数字世界中,所谓的"被动用户"是不存在的。用户可以成为,实际上也被期望成为博客、维基百科、视频、游戏、网络应用、互动文本以及电子书的创作者。无限的可能性让曾经的界限不复存在。不过,如果我们无法预测技术演进的方向,我们又该怎样才能带着某种对未来的预期,来教导我们的学生呢?我该教授我的学生什么技巧,来鼓励他们迎接21世纪艺术创作的新挑战? 本章探讨了数字化能力,行业意识和主动性以及心理弹性等要素,如何在不可避免的变化中引导学生规划自己的职业道路。

我们生活的这个时代,人类表达正在经历有史以来最重大的变革。

——理查德·米勒[1]

上个世纪90年代初,当我还是一名创意写作专业的研究生

---

[1] MILLER R. *The future is now: presentation to the rutgers board of governors*(video)[EB/OL]. [2012-08-31]. http://www.youtube.com/watch? v=z65V2yKOXxM.

时,有一件事让我颇感沮丧——我毕业后所面临的环境与我的老师们毕业时的环境已不尽相同,但他们似乎并未跟上这种变化。当然,就写作这门技艺本身来说,他们都是优秀的教师——尽管他们的教学目标有些模糊不清,那时还是前评估、前教学法的时代,同时他们也都是有造诣的作家,有着识别优秀创意作品的能力,也姑且知道如何引导他们的学生朝着这个方向前进。不过,当他们步入创意写作这个领域时,那时还是一个前数字化时代,写作项目还未泛滥到埋没作家的时代,这与我毕业时所面对的状况大不相同。故此,在如何出版作品、如何获得教师席位,乃至于如何在毕业之后继续以艺术家的身份活动方面,我几乎没有从他们那里获得过任何有用的建议。

我的一位教授用打字机打出了她给我的推荐信,那打字机上的色带一定是历史上最古老的色带之一,信上的墨水也已然褪色。四年之后,我自己也成为了一名大学教师。我发誓,我会努力让我教授的创意写作学生为他们将要步入的那个世界做好准备,而非只是套用我十年前的经验。我努力为我的课程设立清晰的教学目标,选定一系列我认为我的学生需要掌握的创意写作核心概念,并根据我所教授的课程和流派对这张概念表进行微调,我相信这些概念将很好的为我的学生服务,让他们在课堂以外也能成为一名富有创造力的艺术家。(后文中我将更详细地谈这一点)。

在最初的几年中,我的计划与努力收效良好。然而,似乎只在瞬间,创意写作领域又一次发生了变化。随着新世纪的到来,Web 2.0 应运而生。我还记得当我第一次听到这个词时的困惑:Web 2.0?什么是 Web 2.0?

它改变了游戏规则。

突然之间,技术教学的主题不再是内容分发,而是变成了"作为探索者和创造者的学生作家能否以联合制作人的身份创作并驾驭新媒体"。突然之间,曾经所谓的"被动用户"在这个协作的数字世界中消失了。用户可以成为,实际上也被期望成为博客、维基百科、视频、游戏、网络应用、互动文本以及电子书的创作者。无限的可能性让曾经的界限不复存在。读者与创作者之间的界限消失了,出版业在新的常态下挣扎着前进,而我则挣扎着想要帮助我们学生们在这个(崭新的)数字世界找到自己的容身之处,即便我几乎已找不到自己的容身之处。面对新技术,逃避是一种极富诱惑力的选择。

我所感受到的困惑是如此的深,以至于我几乎想要放弃跟上出版和新媒体的变化潮流,而像我曾经的教授们一样,被我所厌恶的那种强烈诱惑捕获。

我要怎样才能跟上潮流,去熟悉那些可供我的学生使用的互联网应用程序(包括 Prezi、YouTube、Gimp、Glogster、Wix、Nixty 等等,这个列表还在更新中——到这本书出版的时候它可能已经过时了),以教给他们如何利用这些资源呢?在此期间,网络应用仍在以同样的速度更新迭代,从前流行的东西很快便因为"新玩意"的出现而过时。别说是作为教师了,作为作家,我也已经受够了行业巨变带给我的影响。

首先出现在我面前的消除我的困惑的是一本名为《教授新写作:21世纪的技术、变革与评估》的著作,由安妮·赫林顿、凯文·霍奇森及查尔斯·莫兰编辑。赫林顿等人指出,有关"灾难性变化"的词汇可以轻而易举地淹没一个人并对其产生消极影响,如维克多·雨果的《巴黎圣母院》中,副主教对新技术的力量那恰如其分的评价:"ceci tuera cela"——这个将消灭那个——这本书要消灭那座建筑,计算机将会消灭书籍,电视节目将消灭电影,等等。①

然而,在现实生活中,这一切并未真正发生。现实中,电子书和纸质精装本同时并存。赫林顿等人提醒我们,"那座建筑(指巴黎圣母院)、书籍,以及电影都还健在。技术并不会取代其他技术,而是会以某种未来学家无法预测的方式共存、结合和重叠。"②不过,即便事实真的如他们所说,如果我们无法预测技术演进的方向,我们又该怎样才能带着某种对未来的预期去教导我们的学生呢?

最简练的回答是:我们做不到。这即是阿莱娜·福斯特,朱莉·迈特与史蒂芬·史密斯在《高校写作课程中的多种生产方式》中所说的,我们不能期望"在布置与上述神秘工具有关的作业之前,先学会如何使用所有软件和应用程序"。学生通常比我们更了解此类技术,更重要的是,他们学习其中的大多数技术都比我们要得心应手。这一部分是因为学生们能够轻易通过 Instructables, YouTube 或该应用的官方网站获取大量的有关该应用的教程。另一部分则是因为他们是所谓的"数字原生代",这一术语由马克·普伦斯基推广开来,用以描述现今的学生——这些在数字化工具及电子玩具的包围下长大的第一代人。与之相对,我们这些教师则被称为"数字移民",我们在成年时期才学习了数字技术,故而"仍保留

---

① HERRINGTON A, HODGSON K, MORAN C. Teaching the new writing: technology, change and assessment in the 21st century writing classroom [M]. New York: Teacher's College Press, 2009: 200.

② HERRINGTON A, HODGSON K, MORAN C. Teaching the new writing: technology, change and assessment in the 21st century writing classroom [M]. New York: Teacher's College Press, 2009: 183.

了一些'旧世界'的方法,看待他们如今的现实并与之互动"①。

更冗长的回答是:我们不应当这样做。我们不是在教授数字技术,而是在教授创意写作与作文。我们必须把重点放在创作技艺方面——无论传递它们的手段如何变化,这一点都需要保持显著稳定。然而,作为数字时代的作家,我们的学生也必须体察到新媒体变化的方式,根据他们的需要学习这些知识,并以任何一种对他们工作有利的方式适应这些变化。

我们必须帮助他们培养这种意识,一种源于他们生长过程中所处的,以及他们为了成为作家必须要持续不断适应的数字环境的意识。作为艺术家,他们需要做到的不仅仅是熟练的操作智能手机,他们肩负着去理解这个数字世纪的责任,肩负着理解这个时代对他们(及他们的读者)所造成的影响的责任。②

我们也必须让学生对他们将要步入的行业有更深刻的认识。如今的学生如果像我当年一样,在学生时代仅凭极其有限的出版经验,他们是很难立足的。参考尼克·马马塔斯所作的《AWP作家编年史》,即使是到了2008年,"一个攻读MFA学位的学生在经过两年的高强度学习之后甚至不知道如何编排手稿,更不知道在哪里投稿发表,这也并不是罕见的情况。"③

考虑到出版业的剧变,特别是融媒体、电子书与按需出版的兴

---

① DEVOSS D N, EIDMAN-AADAHL E, HICKS T. *Because digital writing matters: improving student writing in online and multimedia environments*[M]. San Francisco: Jossey-Bass, 2010: 26.

② MAMATAS N. Pulp faction: teaching 'genre fiction' in the academy[J]. *The writer's chronicle*, October/November, 2008.

③ MAMATAS N. Pulp faction: teaching 'genre fiction' in the academy[J]. *The writer's chronicle*, October/November, 2008.

第八章 面向未来的创意写作教学

起,鼓励学生回避出版业的现实状况,是一种全然不负责的行为。那么,我们应该教导学生成为市场的奴隶吗?绝非如此。我所教授的所有课程的基本原则,就是写作行为和写作相关的商务行为必须完全分开。实际上,每当我提出一个与行业相关的问题时,学生们已惯于听到我这样提问:"再说一遍,这是我们在创作时要考虑的问题吗?"——而我的提问也总会得到一句热情的"不!"。不过,我们也必须让学生知道,作为艺术家,他们有责任对这些行业状况有一定的认识。幸运的是,网络使获取信息变得更加便利,寻求这种意识从未像今天这样简单。不过,学生们必须有着寻求这种意识的主动性。

这些新的知识要如何在我的课堂上得到体现?我该教授我的学生什么技巧,来鼓励他们迎接21世纪艺术创作的新挑战?像大多数教授一样,我教授各种各样的课程,如创意写作导论、儿童文学创作理论、儿童文学创作工坊、创意写作教学、创意生活以及"走进印刷"等。[1]其中,创意写作导论是一门依托于概念的多体裁课程,其主要的目标,是教授在任何成功作品中都十分常见的一系列核心概念,无论该作品分属于哪个问题。在早期,我使用的是我自己设计的概念列表,然而,在我看到希瑟·塞勒斯所编写的基于概念的多体裁文本《创意写作实践》后,我认为她的列表较我的更优(她把它们称为"策略")。这些策略包括焦点、能量、图像、张力、范式、洞察力和结构,其中结构又可分为"要素"与"形式"。塞勒斯对这些概念进行了深入的探索,使得任何习得了这些概念的学生都能同时掌握基础的创作技巧,无论这些技巧分属于哪一个流派。

创意写作导论是本专业所有方向的基础必修课程,而其他一些非本专业的学生,也常会选修这一门课。然而,我所教授的除此之外的其他课程,要求我教授各种各样的技巧要素。举例来说,在儿童文学创作理论课程中,我需要向学生介绍该文类的多种不同(且相对严格)的形式理论,而在儿童文学创作工坊课程上,我们则需要通过导论与理论课程中讲授的知识(这两者都是工坊的先导课程),仔细地审查学生们所创作的儿童文学作品。而在创意写作教学、创意生活与走进印刷这几门课程中,我所教授的概念则不可避免地更加不同。尽管如此,我目前所教授的所有课程,以及我未来计划开设的课程,都有着数个共同的教学目标。我在每个教学大纲、课程计划中都明确的提及了这些目标,这样,学生就会确切的了解到哪些技能是我意图教授并期待他们学习的。这些技能包括了数字化能力、对行业的认识与主动性,以及良好的心理弹性。我认为,它们不仅仅是技能,同时也可被当做是一种思维习惯。

数字化能力

　　如何在不把创意写作课程变成科学技术课程的情况下教授数字化技术?简而言之,不要改变授课内容,即与课程所涉及的体裁相关的创意写作技巧。不过,我会要求学生通过数字媒体提交至少一份课程作业,详细的要求如下文所示,该部分摘录来自我的教学大纲/课程计划,我所有的教纲中都包括了这一相同组成部分。在过去,我会给学生指定我希望他们使用的媒体。例如,让一个班的学生写博客,而让另一个班的学生以自己写的文本为基础创作数字故事。然而,后来我允许学生自由选择他们认为最适合自己项目的数字形式。

教学大纲:数字化能力

　　由于数字素养是跨学科的,我所教授的每一门课程要求的数字技能都相同。

要求参考《高等教育界》(www.insidehighered.com)的一篇关于大学生必备技能的文章,它们的目标是帮助同学们适应21世纪的工作与生活环境。尽管每次课堂作业的具体内容仍会围绕着该堂课的具体教学目标布置,其中一次课堂作业需要基于你认为与其内容最相匹配的数字技能。

参考约书亚·金的《毕业生必备的10种数字技能》,每个毕业生都应该能够:

(1) 开设一个博客。

(2) 购买一台录音设备并学会如何使用。

(3) 开始编辑音频。

(4) 在自己的博客上发布一篇采访稿(或播客)。

(5) 学习如何拍摄、裁剪、调整与美化照片(并将它们上传到博客中)。

(6) 学习使用快速创作软件(Rapid Authoring Software)创作有效的画外音演讲。

(7) 用图像和声音讲一个好故事。

(8) 学习拍摄视频。

(9) 使用 iMovie,Windows Movie Maker 或 Windows Storyteller 等软件剪辑视频。

(10) 在你的博客上发布你的视频[①]。

一开始,由于学生们或许不得不为此学习一项新的技术,他们

---

① KIM J. *10 digital competencies for every graduate*, Inside Higher Ed[EB/OL] (2012 - 03 - 16) [2012 - 08 - 31]. http://www.insidehighered.com/blogs/technology_and_learning/10_competencies_for_every_graduate.

中的一些人有点回避这个作业。[2]而我会这样对他们解释：依照现今科技发展的速率,在 21 世纪,最可能成功的,是那些能够辨识出对他们作品有利的(无论是创作、发表,还是推销方面)新技术并充满主动性(这个关键词很快会再次出现)地学习它们的人。尽管他们在学校求学的时光是有限的,但在他们将终生生活和工作的数字环境中,这种自我教育既是必要且无限的。

行业意识与主动性

在此,我必须承认,我所教授的适龄本科生远比成熟的研究生要多。我的经验告诉我,一定程度的主动性以及行业意识都是我必须交给学生的东西。我所说的内容或许有些泛化了,但许多千禧世代的成员确实都有着所谓的"直升机父母",这些父母总是先一步为他们的孩子安排好生活中的方方面面。因此,一定程度上,诸如主动性、为自己的未来负责之类的概念,有时甚至会让学生觉得有点陌生。举例来说,有很长一段时间,那些想要读写作专业研究生的学生只会在大四的最后一个学期出现在我的办公室里,期待我能准确地告诉他们之后都应该做些什么。事实上,甚至有学生希望我为她查找项目,再告诉她如何申请。

尽管后者可能是一个有些极端的例子,而告诉这些学生自然选择会照顾他们也不失为一种选择,然而,考虑到父母对他们的生活所施加的影响(事实上,就我个人经验,他们中的很多人是家族中的第一个大学生),我逐渐意识到,比起让他们自生自灭,我至少应该向他们解释,追求任何一种艺术都需要独立性与主动性,特别是在了解认识行业方面,此外,我也可以在课堂上向他们展示一些

第八章 面向未来的创意写作教学

相关的证据。在那之后，最积极的人会尽最大的努力继续使用他们学到的东西，而最不积极的人则会掉队，这就是典型的自然选择过程。但我仍觉得这还不够，我想，我至少有责任为我的学生们再提供一些具体的工具，让他们对包围着他们的出版行业有一些基本的了解。

我的创意写作导论课程或许是最不强调行业知识的一门课。我自然希望这些初出茅庐的作者们把全部的精力集中在快速发展他们的写作技巧上。不过，在课程接近尾声的时候，我可能会讨论如何提升对当今时代的创作活动及发表活动的敏感度，解释投稿并得到发表的基础，介绍有重要意义的业内刊物，如主流报刊的书评栏目（《纽约时报》和《卫报》一直是我的最爱）、《诗人与作家》以及《AWP作家编年史》（由于我们的学院注册了AWP组织的机构会员，并且已从该组织处获得了共75期已出版的《编年史》，因此，我们的学生在这方面有着丰富的资源）。此外，我还会建议他们订购一些纸质的文学杂志且同时进行一些线上阅读，如果他们认真地计划着成为一名作家的话。不过，到目前为止，我所做的都是只对出版行业进行一般的介绍。

而在进阶课程中，情况则完全不同。我告诉我的学生们，考虑到现在网络上有如此多的资源可以帮助他们了解出版行业，把无知作为借口不仅行不通——且对任何作家都毫无益处。这些课程的学生被要求阅读作家、编辑、文学经纪人以及其他业内人士的推特与博客，每半个月概括一次他们都学到了什么，并将这些总结发在我们这门课的"博客圈"中，有时是以博客的形式，有时则以简单的回复形式。对于那些关于特定文体的课程，比如儿童文学写作理论，我可能会安排学生关注一些有名的相关博客，比如"匿名编辑""蓝玫瑰女孩"以及"融合 76 制作",以保证我们能在开始讨论时保持一致,不过,我也鼓励学生们去找几个他们个人特别感兴趣的博客关注。在创意写作教学课程中,学生或许会关注诸如"Cathy Day's The Big Thing"和"Tom Kealey's MFA"之类的博客,而在"走进印刷"等课程中,他们则可能关注"the Best Damn Creative Writing Blog""Nathan Bransford"或"The Guide to Literary Agents"。上述关注列表并不是固定不变的;我的学生们都知道,没什么比向我推荐一个他们认为"必须关注"的推特、博客或网站更让我高兴的了。

心理弹性

写作是一场消耗战。

不要耗尽。

弗雷德·勒布朗[①]

心理学领域或教育学领域通常会用"心理弹性"一词描述那些能够面对重大逆境的人。我很难想象,这世上还有什么职业比从事艺术工作更艰难困苦。不过,我相信,那些已经培养起了我所提及的如数字技能、行业意识与主动性以及心理弹性的学生,从事这项工作显然具有更大的优势。

教育心理学家罗伯特·皮安塔和丹尼尔·沃尔什提醒我们,教授所谓的"心理弹性"并不是指教给学生一整套特定的技能来应

---

① LEBRON F. *MFA programs panel* [C]. Denver: Association of Writers and Writing Programs Annual Conference, 2010.

对每一个挑战,而是帮助他们把"心理弹性"当作自身思维的一部分。① 这种思维习惯对我所教授的学生来说尤为重要,他所教授的首届大学生毕业后就业前景不佳,很容易被沦为社会上收入最低的群体。我想,所有在读这篇论文的人都知道,当家人和朋友询问你什么时候能找到一份"真正的工作"时,选择坚持自我是怎样的感受。

对我的学生来说,这种压力则可能更大。那些劳心劳力的让孩子成为了家族第一代大学生的家长并不认为从事艺术工作是可行的,因此,他们往往鼓励孩子选择更实用的专业,如商业或法律。举例来说,我的一名学生,我们姑且称她为"安妮",极度渴望修读写作专业,然而他的父母却表示,除非她同意修读一个两年制的护理专业学位,不然他们将不会为她支付写作项目的学费。而即便是有些父母看到了让孩子追求自己热爱的东西的好处,他们也可能没有意识到,要在这个领域获得成功,孩子需要走过怎样一段充满起伏的漫长路程。

事实上,大多数学生并不了解写作行业到底多富有挑战性,特别是在自我价值感这一方面。据我多年以来的观察,在面对这些挑战时,那些对此最缺乏了解的人最有可能迅速放弃。因此,我意识到我必须帮助学生培养起一定程度的心理弹性,并教会他们如何调和理想与现实。

参考《创造有价值的人生:面向艺术家、创新者和其他有志于创意生活群体的职业设计实践课程》一书的作者卡罗尔·劳埃德

---

① PIANTA R C, WALSH D F. Applying the construct of resilience in schools: cautions from a developmental systems perspective[J]. *School psychology review*,1998,27(3):416.

的观点,美国人尤其倾向于用一种非此即彼的观点看待艺术行业,具体来讲,他们认为你要么会像朱迪·皮考特或者斯蒂芬·金那样名利双收,要么就得沦落到烙汉堡肉饼——除非你愿意听从你父亲的建议,去读法学院。① 在我看来,我的工作就是教育我的学生,让他们明白,事实上,在艺术领域中有很多机会可供他们维持生计。无论是否能否达成"出版合同",他们都可以过着富有创造力的生活。实际上,在我教授的很多阶段课程中,我常会邀请一些已经步入创意道路并朝着成功进发的往届学生来分享经验,让上课的学生们了解这样的成功是什么模样:为了能在地方出版社找到一份工作,他们申请带薪或不带薪的实习甚至兼职做服务员,而最终他们得以参加圣丹斯国际电影节,或创办一个新的文学杂志。我还带领学生规划自己的道路,让他们描述自己在未来5年、10年或15年内对艺术的追求,以及他们打算如何实现这一目标,尤其是在他们面临不可避免的挑战时。

最后,从弗雷德·勒布朗以及我的朋友、同事、导师以及我自己的写作生涯中汲取经验,我不断地告诉他们,不要放弃。曾经有一段时间,我把"永不放弃"和我的电子邮件地址打印在纸上,在学期末分发给学生。后来,我在网络上发现了一个可以制作廉价名片的站点(www.vistaprint.com,如果有人还缺少这方面的信息的话),我就印了1000张名片,上面写着"永不放弃"以及我的邮箱地址,角落处还印着亚伯拉罕·林肯的肖像——那个众所周知,在赢得总统选举前不断失败的伟人。大多数钱包都能装得下这张名片。

---

① LLOYD C. *Creating a life worth living* [M]. New York: Harper Perrenial, 1997.

谁知道干这种事有什么用处呢？不过，这却也是我那"为我的学生提供应对当今以及未来世界的最好工具"这一愿望的一部分。而我还在学习。毕竟，我还有大约 900 张名片和超过 20 年的教学经验。

注释：

（1）黛安娜·唐纳利告诉我，在南佛罗里达大学，学生通过改变文本的表达媒介（如多媒体、图形艺术、歌曲或表演）来矫正文本，以了解这种变更可能让语境/语言/图像产生何种意想不到的变化，以及文本在新的表达媒介中呈现如何进行必要的调整。

（2）我欠巴斯斯帕大学的米米·特博与史蒂夫·梅最后这两门课程的介绍。

范天玉　译

第九章 创意写作教育的艺术:
"坚持"与"放手"

英迪格·佩里

目前,我们教授创意写作的方式以及大学为创意写作教学提供的环境已经足够成熟,可以尝试进行新的变革了。在大学创意写作课程中,我们一直在教授平衡"坚持"与"放手"这门艺术。这是一种可以凭直觉微妙地感知且相互交织的过程,是理论与实践的融合。未来创意写作教育与学习将更加关注创意和实践的动力空间和广度。本章结合澳大利亚创意写作的历史,对上述问题进行了探讨,并尝试对该学科未来的可能性和机遇进行确认。

一、"坚持"与"放手"

在大学创意写作课程中,我们一直在教授如何平衡"坚持"与"放手"这门艺术。我们可以凭直觉感知到它们之间的微妙关系,它们彼此之间是相互交织的。

简单地说,"坚持"是关于创意写作实践的理论,主要包括技巧、风格、体裁、形式、对已发表的文学文本的一些分析、研究创作实践本身的理论,以及对文学和文化层面学术理论的延伸。在相似的层面上,"放手"则是指创意写作实践,它主要是指创作活动本

第九章 创意写作教育的艺术:"坚持"与"放手"

身。从本质上来说,这两者可谓相互缠绕,从大学创意写作教学的历史上来看,没有太大的改变,在未来也不太可能有太大的改变。毕竟,无论是在大学环境中还是在大学环境之外,创意写作的过程都是理论与实践、基本原则和实际操作过程的相互交织,不同之处就在于这个过程是如何安排、如何变化、如何增减的。这不仅取决于艺术家、机构或地点,还取决于过程中的某一个具体时刻;正在进行中的个人作品。澳大利亚小说家彼得·凯里曾评论说,每当他开始写一部新小说时,他都必须重新学习写作。这毕竟是我们作为作家都要做的,一边创造一边学习。1998 年有一部根据世界著名大提琴家杰奎琳·杜·普雷的生活改编的电影《希拉里和杰基》。其中有一个场景:童年时期的杰基,沮丧而笨拙地努力学习乐器音符的指法,最终,她领悟并掌握了其中的技巧,随后便开始快乐而尽情地演奏。从一开始,她固执、痛苦地"坚持"为打好技巧基础而学习,到后来,她"放下"技巧,开始尝试创作音乐,就好像她一直都知道这种技术,或者像创作音乐一样创造这种技巧。我认为这是一个恰当而美好的例子,正好可以用来说明在进行创意写作,或者说是任何创造性艺术的学科,甚至是生活中任何技能的实践过程中,"坚持"与"放手"这两个方面都是缠绕在一起的,即:我们需要知道如何去做,用特定的技能、特定的基础知识来武装自己,然而,只有等到我们忘记如何去做而仅仅是去做,才能做得更好。

我们教授创意写作的方式以及大学里为创意写作教学提供的环境和空间可能已经成熟,可以进行新的变革尝试了。我认为,未来创意写作教与学的方式是关乎空间和广度的,即:围绕学术学科的各个方面;创造性艺术学科与实践;以及围绕体裁和形式(特指创意写作课程设计、教学和评估中)。这关系到对我们已知东西的认识,即:大多数界限都是虚幻的,我们最好考虑给予教师/学生、专业人士/业余人士和生产者/消费者等类似身份的人更多发挥空间。这反过来又引导我们的思考和设想,也许是梦想,关于在大学里教授和学习创意写作的空间、环境和栖息地的可能性。现在这些是什么样子? 它们将来可能会是什么样子? 除此之外,创意写作的研究实践还有什么未来的可能性,并且我们该如何在大学设计创意写作的课程和环境时发掘这些可能性?

  首先,我将概述澳大利亚创意写作大学课程的简要历史情况。在澳大利亚,伴随着20世纪80年代大学与被称为高等教育学院的前技术机构的合并①,大学里的创意写作课程在20世纪90年代得到迅速发展;这是道金斯改革的一部分。在高等教育发展之前,创意写作主要以两种并不总是相互排斥的方式教授。第一种,大学通常将创意写作课程纳入通才英语学分和/或专业。在合并之前,这些大学很少将创意写作作为一门独立的专业课。当时,英语学科中创意写作实践的研究与文学文本的研究和分析混杂在一起,作为职业或专业的写作很少有人关注,与行业的联系或接触也很有限,如学院外的专业作家行业、如作家团体或作家中心的出版商或专业组织。第二种创意写作教学方式中,高等教育学院通常会非常注重创意写作的技术方面以及编辑和出版的相关领域,提供的课程很少关注文学文本的批判性分析,而是集中在写作实践方面。这些课程通常与行业保持密切联系,并具有明显的职业或专业倾向。在合并之前,在不同类型的机构中提供的这两种不同类

---

  ① 译者注:后文中简称为"合并"(amalgamation)。

第九章 创意写作教育的艺术:"坚持"与"放手"

型的创意写作课程彼此之间几乎没有联系或互动,至少是没有正式的联系和互动。

合并给一些高等教育机构的创意写作带来了巨大的变化。起初,特别是在 20 世纪 90 年代,这些变化对有限的几所大学来说是存在的,也是有意义的,稍后我将进一步讨论。但是随着对创意写作课程的需求稳步增长,这些变化开始在国内大多数大学都产生影响,并为今天的大学创意写作课程以及其现在和未来的发展提供了多重基础。

当高教机构并入大学时,只有少数大学提供专门的创意写作专业的创意写作课程,这些课程与在英语等更宽泛的专业中提供的创意写作学分或科目,或创意写作研究模块或组成部分的课程不同。在与已开设创意写作课程的高等教育学院合并后,为数不多的几所开始提供专业创意写作学习的大学,它们可能会成为未来能够开创局面、提出挑战、应对难题、迎接机遇的一批学校。

在那些机构中,似乎保持着对实践以及与职业,或专业联系的高度重视。与此同时,英语和文学研究等补充科目的存在为学习创意写作课程的学生提供了机会,把更多的文学作品批判性分析研究融入学位教育中。对于写作课程和他们的学生来说,无论过去还是现在,这似乎都是一个健康的局面:大学创意写作课程的前一种情况非常强调对文学文本的研究,而较少强调写作实践和行业参与,而 CAE 课程则相反,似乎会变得更加平衡。在某些情况下,这可能是完美的,但在另一些情况下,它们在理念层面发生了很大的分歧,在第一个十年,创意写作、英语或文学研究的课程和教学经常相互冲突。当然,对于大学学科来说,尤其是那些涉及创作艺术作品的学科,类似的波动也可能是一件好事。

我就是这样一门课程的学生。1991年我在澳大利亚墨尔本的迪肯大学获得了文学学士学位，主修的是专业写作和文学。在接下来的八年里，我继续自己的研究，最终于2001年在同一所大学获得了博士学位，并被学校聘为高级讲师，讲授的内容与我1991年学习的课程相同。如果我把20岁出头时学过的那门课程想象成一片海洋，那么它们是同一片海洋，尽管海水、水流、海平面、温度、边界、颜色和纹理都在不断变化。而对于我，一位40岁出头的教师来说，这是一片完全不同的海洋。为了做好准备，弄清未来我们可能在研究院有什么作为，这里有必要简要地回顾一下过去，以及我们是如何走到今天这一步的。

显然，在大学或其他地方，教授创意写作的方式总是多种多样的，而且往往像那些教授以及研究这门学科的人一样古怪、不拘一格。但也有一些别的趋势，20世纪90年代初，在澳大利亚为数不多的专门开设创意写作专业的大学课程中，工坊非常流行。虽然工坊的结构和设计存在相当大的差异，但大多数基本都包括向全班同学和助教复印并分发学生创意写作的初稿，所有参会者在工坊活动开始之前或在工坊专门的阅读时间来阅读这些稿件，并在工坊上讨论、评论稿件，以帮助作者提高文章作为创意写作的价值（虽然随后在专业的地方，比如文学期刊上，出版或发表稿件并不是课程作业的必要结果，但通常隐含的意图是使作品达到专业出版的标准，这被用作工坊讨论及后期作品评估阶段的工作标准）。工坊结束之后，稿件作者将带走书稿并进行修订，这大概需要几周时间，期间他们可能会采纳工坊上提出的某些建议，尽管这从来都不是强制的。前面所描述的工坊形成了当时创意写作课程内容的支柱。工坊由数量有限的主要与特定创意写作体裁的技巧相关的

第九章 创意写作教育的艺术:"坚持"与"放手"

理论和教学作为补充,但不能说它仅限于技巧。事实上,关于创意写作技巧的讨论如果不扩展到内容、想法、想象力上,这一点是很难想象的,就好比如果没有音乐声及注入研究的音乐的意义、目的和潜质,就不能教授乐符与和弦的学习。我们被要求阅读,或观看经典的创意写作的例子,我们经常一起阅读和观察它们,并从技术、思想、效果和影响、意义、想象力、可能性等多方面进行讨论。有时,尤其是在一门课程的前几周,理论教学会以讲座或由老师指导的辅导课程的形式出现。但创意写作理论教学,也就是实践理论教学,在整个课程中基本上多是以不太正式的方式进行的,但这些方式往往显得更有生机。举例来说,当我们互相修改稿件时,我们会通过一种耳濡目染的方式,在粗糙、原始的写作草稿中找到新的感觉,自己感知并实验一篇作品的成败之处,从而了解很多关于技巧运用的知识,比如观点、声音、角色、对话、结构等。老师也运用生动的方法在工作坊上教授理论,用学生的习作来解释说明语言功用的各个方面,即:创意写作的语言。有一种观点说教师也在学习和探索中,也许这在讲座或半正式的、教师指导的辅导课程中并不那么普遍;从某种意义上说,我们当时都在发明和想象创意技巧的"规则"——或者可能我们发现没有规则,只有可能性和机会。

当时的班级规模比 20 多年后的现在要小得多。并且,教师们都是全职的,他们通常教授所有注册的学生,所有科目都是由每位教师负责协调,而如今大多数全职大学讲师都配备了支持其工作的助理员工。课时也很充裕,例如,对于三年级的每一门科目,每周都有三小时的辅导课程。这意味着,我们有足够的时间参与密集式的工坊。在三个小时的课程中,少数学生即使提交两份草稿也都可以被讨论,甚至还有时间在课堂上阅读这些稿件。

这些课程非常强调体裁和形式。各种科目被清晰地分割开来，小说、非虚构、编剧、诗歌、编辑等。即使在其他当时没有为这些体裁/形式提供单独的科目或学分的课程中，它们之间还是有明确的界限，我们很少鼓励或认可跨越这些界限的行为。同样，在作词、漫画、涂鸦、绘画文本、即兴口语、公共艺术写作等课程中也很少看到对其他体裁或形式的探索。这些都没有在课堂上被提及，如果有学生想创造这些形式，那也不符合作业要求。

作为一名作家，我从这门课程中学到了什么呢？很难将课程本身的学习与我自己持续的写作实践以及课程之外的其他生活经历区分开来。但我相信我从发生在教师（也是练习写作的人）、课堂和我之间的学习中受益最大，也就是说，在前面描述的空间和过程中，通过在工坊处理原始稿件，可以使其得到增强、或得到改进、滋养，通过对优秀的经典文学作品和当代文学作品的关注，以及在课程的不同阶段传授的实践理论的学习，我们发现并创造了写作的可能性。此外，我沉浸在写作的世界里，与专业作家、有经验的作家、新作家或刚刚崭露头角的作家会面、交谈。我了解了写作行业、出版行业，写作的方式也通过获取奖励和奖学金而得到衡量、尊重和认可。我也开始看到，成为作家社群一员，即使只是短暂的一段时间，也有它潜在的价值。是的，在我的学习中，我学到了很多关于写作实践理论的更正式的方面。但这对我来说都没有最直接的意义或用途。学习以及继续通过广泛阅读（看、听等）来学习，甚至通过自己的写作实践也是如此。作为一位作家，对我来说最大的价值是学习和体验探索和发现实践创意写作实践的空间，并有机会参与创意写作的社群，无论是在个人层面上与其他作家会面和合作，还是在专业层面上理解写作与出版和更广泛的社群以及世界是如何相互联系的。

而现在,作为一名写作教师,之前的研究给我带来了非常相似的东西。探索性和体验性空间对创意写作实践的价值,以及作为一名作家创造和/或参与社群的机会,往往可以最有效且有益地推动我的创意写作教学,正是这些启发了我的思考,以及我对我们现在可能教授的创意写作,及这种教学的未来的设想。除了这些方面,我还建议逐步超越过去的学习方式,这涉及创意写作的体裁和形式,以及这些如何经常指导澳大利亚大学创意写作课程的结构和教学。

二、空间与空间感

澳大利亚作家兼创意写作学者杰里·克罗尔写了一篇关于跨体裁和形式的探索和想象的精彩文章,她在文章中写道:

当然,创意写作和专业写作是相互渗透的。以一个叫做创意非虚构或简单地说非虚构的话题为例,这非常容易作为上述学科中任意一门的一部分来教授。参与其中的老师和学生有多重身份,可能会在某些点融合;他们可能是本科生、研究生、记者、散文家、传记作家、小说家、诗人,以及最近出现的博客写手,这些人是有抱负的作家中成长最快的群体……①

在这里,克罗尔所指出的是,学科界限很大程度上是人为的。然而,奇怪的是,在大多数澳大利亚大学的创意写作课程中,我们

---

① KROLL J. Living on the edge: creative writers in higher education[J]. TEXT, 2010, 14(1).

在课程设计、教学和评估中一直坚持这些界限。此外,在提到博客作者时,克罗尔引入了——或者承认它可能已经很好地、真正地让自己进入了(学院)——这样一个超越大学课程结构的概念,作家已经在创造和再创造关于体裁和形式的理解,尽管课程似乎很难适应这些发展。在文学研究等主要的理论课程中,可能会提到新兴体裁、次体裁、形式、子形式,但它们很少在创意写作教学中被完整地接受——然而,它们很可能出现在完成博士项目的高级学者的作品中。

事实上,马库斯·韦斯特伯里在一篇关于澳大利亚艺术基金的文章中探讨了创意实践者在传统流派和形式界限之外工作,以及机构发展不够快,无法有效涵盖这些作品而产生的问题。韦斯特伯里写道:

澳大利亚有幸拥有大量才华横溢、热情洋溢的年轻作家、视频艺术家、表演者、媒体制作人、音乐家、设计师、出版商、画家、雕塑家、诗人、漫画家、动画师、舞蹈家、摄影师、插画家、创意者、策展人和孵化条件。他们中的一小部分人在我们资金雄厚的艺术院校工作。大多数人没有。大多数的运作和创作的方式与规模都与我们的艺术机构的设计大相径庭。[①]

并且:

澳大利亚的基金机构在古老的艺术形式定义之间或内部组织运作。真正的创新通常发生在这些类别之外或之间,发生得很快,

---

① WESTBURY M. Evolution and creation: Australia's funding bodies[J]. *Meanjin*, 2009,68(2): 36.

第九章 创意写作教育的艺术:"坚持"与"放手"

而基金机构反应却很慢。①

对于包括创意写作在内的大学创造性艺术课程的组织和实践,可以得出非常相似的观测结论。除了小说、创意非虚构、编剧和诗歌之外,还有更多的体裁和子体裁。出版或以其他方式展示创意写作作品的地方数不胜数,范围远远超出期刊、书籍、剧本、网站。我们可以初步搭建创意写作课程的结构并进行评估,为学生活跃的想法提供更多选择和碎片化空间。现如今通过分离的体裁和形式来教授写作已经不是必要的教学方式了,写作教学应允许更大的可能性和机会。但是现在发生了什么呢?按体裁或形式教学又是什么样子?

考虑到过去的 20 年里,澳大利亚大学创意写作课程性质的变化,以及人们如何看待这些课程教学的未来等方面,碎片化这个词开始浮现在我的脑海中。

现在,我们已经拥有了更多的创意写作课程,并且有更多的学生注册这些课程。在我现在工作的大学里,我们经常听到在校学生、毕业生以及准创意写作专业的学生说,他们希望有更多的选择,比如更多学习的科目和学习时间的选择,以及更多补充专业、副专业和选修课的选择。但是,像大多数其他创意写作课程一样,迪肯大学的课程仍然在不同的学分或科目中提供特定的、完全分离的写作体裁。与之前的本科学位课程一样,它提供的仍然是小说、创意非虚构、编剧、诗歌和编辑等体裁和形式。

就教什么和如何教而言,与 20 年前相比几乎没有什么变化。

---

① WESTBURY M. Evolution and creation: Australia's funding bodies[J]. *Meanjin*, 2009, 68(2): 37.

目前澳大利亚的一些课程几乎完全基于这样一种理念，即：教一个创意写作学生好好阅读会促使他们写得更好。这样的课程或科目包括阅读和讨论文学作品，在课堂上不做或很少做创意写作练习，并且也没有学生习作的工坊。在评估方面，学生将提交创意写作手稿，可能附有一个理论评估项目，如批评性或分析性文章。对于创意评估项目，将有一个假设，即技巧和风格的吸收主要是通过对已出版的文学作品的分析进行，而不是通过写作实践方面的具体指导来评估的。

然后是由写作技巧和风格的教学强烈驱动的课程类型，通常被划分为如上所述的科目（小说等）。这门课可能会有大量的讲座，辅以少量辅导课上或家庭作业中的学生写作练习。评估通常以创意作品的形式进行，最常见的是在初稿阶段开设工坊，然后在提交评估之前进行修改。

目前有一种非常流行的工坊形式主要由学生主导。在这里，学生和导师对正在进行的作品，也就是学生的写作草稿，给出口头和/或书面反馈。然后学生有机会在提交评估前修改草稿。大多数情况下，这种类型的工作坊将涉及学生和导师在分配的工坊课之前阅读学生创作的手稿的初稿。一个或者更多情况下是两个或更多的草稿在一个单独的工坊课堂上进行研讨。每个草稿的讨论方式各不相同，但最常见的情况可能是要求作者在规定的时间内倾听，不能口头参与讨论，这样同学们就可以提出建议以及建设性的批评。在此期间，导师有时可能会参与，但通常情况下，在学生讨论作品时，导师最好保持沉默，以避免过多地指导讨论。然而，如果讨论偏离轨道或陷入僵局，导师可能会插入评论。然后，在学生讨论即将结束时，除了草稿的作者之外，班上的所有学生都要发言，导师将对作品提出建议

第九章 创意写作教育的艺术:"坚持"与"放手"

和批评。之后,草稿的作者被邀请发言,通常会对帮助改进作品的朋友表示感谢,也许会问几个问题,回答讨论中提出的问题,提到讨论中未提及的任何与草稿有关的问题,也许会概述草稿的修订计划。工坊到此结束,学生通常会得到导师和其他学生的书面意见,以便为日后重写的草稿提交评估之前进行修改。

另一种工坊,我称之为实践工坊。我把这比作可能发生在触觉和表演艺术学科课程中的工坊,在这些课程中,学生们在教室或工作室的空间里积极地实践他们的艺术形式:画家绘画;舞者跳舞;作家写作。在这样一个创意写作工坊上,学生们通常会就导师设定的主题进行写作练习,可能与以前课堂上讨论的特定主题有关,或者与为课堂准备的阅读材料有关,或者可能与课堂上最近关注的特定写作风格或技巧有关。学生们在规定的时间内写作,之后口头分享他们的写作经验,可以朗读他们所写的内容,还可以谈论他们在写作期间的收获,或者两者兼有。

我现在想到了另一种可能的写作工坊形式,尽管在大学创意写作课程中不常看到这种形式。这将是一种自由形式的实践工坊,学生可以自由分配时间和空间来写作,无需指导或设置练习和任务。在课程结束时,学生们将口头分享写作经验的各个方面。

但是在大多数课程中,无论采取什么方法来教和学,通常至少在第一年,基础课程完成之后,学习被分成不同的类型,主要包括已经提到的非常保守的选择。但是仅仅思考提供这些有限的形式,现在似乎不再特别适用和受欢迎了。如果要扩展这些类型的话,则可能会引发大家的思考,作为替代或补充,我们可能会教些什么。

我们可以把现在和未来的课程重点放在创意写作上,而不是像现在大多数课程那样分成流派和形式。为什么不能尝试跨越文本类型、体裁边界的创意写作课程呢？学生们当然可以学习不同的体裁和形式，并可以在每种体裁和形式下练习写作。我们也可以为这些学生腾出一些空间，让他们体验写他们要写的内容带来的"放下"，那会是一种新的感觉。如果他们的作品看起来像是加入了一点街头艺术的诗歌和回忆录的混合，那很好。如果是一个电影剧本，被设计成以剧本而不是以电影的形式被投射到画廊的墙上，那也行。如果是虚构的，但似乎也是即兴舞蹈的时刻，那就顺其自然吧。如果还是一篇六节诗的散文，那太棒了。如果是一个看起来很短的小故事，那也很不错。

至于这类课程的空间、环境、栖息地，我建议有一个像工作室一样的空间，更多地强调写作练习以及分享练习中出现的东西。因此，工坊还在以我上面描述的一些形式继续，学生和导师评论创意写作的草稿；学生在课堂上进行写作练习，并与班上其他同学口头分享经验。可能也会有一些正式的内容，最好安排在课程刚开始的时候，讲授被称为"坚持"的理论的方方面面。

关于评估，目前我们大多数人谈论符合出版标准的作品的隐含质量基准是我们在课程中对学生的期望。但是当我们质疑前面提到的那些身份关系时，特别是生产者/消费者时，这就成了问题。如果学生的作品要在网上自我发表，或者成为街头艺术、电子杂志或绘画的一部分，那么这个基准就不一定合适。我们可以继续实施特定的范式，如文学期刊写作标准（假设这可以被视为稳定和可识别的），但我们似乎陷入了与韦斯特伯里描述的情况相似的境地：官僚化的机构严重落后于更广泛的创意社群的发展，并有排斥发展、创新的风险、想法、精力和激情的风险。与此同时，如果我们放弃所有质量基准，那么我就怀疑我们是否是在有效地为学生服务,因为肯定没有人愿意学习一门在某种程度上缺乏明确宗旨的课程。但是优秀的写作——有力、有效、有情感的写作——可以呈现出许多不同的形式和无数的表象。有时它会伪装成完美解析、标点恰当。有时候,它会表现为像埃文·威尔什那样激烈的辩证的抱怨,等等。这甚至还没有开始考虑跨越学科和模式的写作,例如,保罗·卡特的诗歌片段被雕刻在墨尔本联邦广场区域地面的石头上;或者在一幅画上潦草地写下一个单词,或者在超文本中写下尖刻的政治讽刺的博客。但是,尽管这些例子给出了各种评估情况的一些提示,我们,作为创意写作的教师,现在和未来可能会遇到有创造性的方法来解决这种变化,更好地容纳它。

无论是什么形式或流派,无论在哪里出版/表演/展览/曝光的作品,都会有某种对高品质的隐含期望,这种品质会有自己的完整性,也就是自己的一套期望。例如,一个特定的作家可能不关心完美的语法,或比较清晰的叙事弧线,或微妙的隐喻之美,但他们可能会关心作品实现的某个方面;它是什么或它做什么;或许作者会有同样有效的对立目的。因此,在大学课程中,作者/学生的部分作品可能会提出那些质量评估的基准。最近,为了准备在澳大利亚高等研究领域发展研究质量框架,许多创造性艺术,实际上就是创意写作,学者们被要求为他们的实践学科建立质量评估基准。我们起草了特定学科的准则,这将有望使我们的创意实践在现在以及未来的研究测量方面得到适当的认可。但在我们的课程中,如果我们要涵盖比我们以前认识到的更多的体裁和形式,那么我们需要以自己的方式和方法来评估它们,同时通过确保作品的价值和意义来保持完整性,我建议我们请作家、学生、创作者自己来协助完成这项任务。对于学生来说,一种代表着学习和成就的巨大机会的方式是与实践导向研究的论述相联系，即：在创意写作进行过程中展开的研究。这引导我们如何更好地在课程本身之外建立有机的研究路径，即理想中我们将为现在和未来的大学课程建立的创意环境之外的路径。

有人可能会反驳，对实践的强烈关注可能包括某些关于实践导向研究的理论：是应该在课程初期就介绍，还是到后期再说，比如说在荣誉课程阶段作为提供研究途径的一部分？我设想它从初期就应该成为课程的一部分，比如第一年，这样学生们就会意识到他们在练习创意写作时，所做的事情本身就可能有智力价值：过程以及作品本身都有内在的知识发现。有人可能会说，除了写作的技术方面，学生根本不需要学习任何理论，但有人可能会问，为什么学生要在大学里学习？他们也可以在比如技术类的非大学机构学习写作技巧。但是大学课程可能会允许更多的智力投入。此外，通过在大学学习，就有可能继续学习更高的研究学位的课程，对于希望走学术研究道路的学生来说，做研究可以为他提供完成高级应用创意实践工作的机会，而如果没有任何学术理论基础，将会发现很难做研究。然而，如果一门课程没有提供实践导向研究的教学，在创意写作课程本身或是补充研究中却有研究，比如英语或文学研究，那么很可能其大多数关注点都会放在已出版或以其他方式生产的文学作品的分析、批评和理论上。也就是对文学艺术品的研究。在写作时，至少大多数英语或文学研究课程中很少或没有包含实践导向的研究理论。因此，如果采取这种方式，即使学生刚刚完成一门创意写作实践的课程，他们在完成本科学位时，仍然没有多少实践理论的正式课程。这就造成了一种奇怪的情况产生，在这种情况下，学生将把学习时间主要投入学习创意写作的

第九章 创意写作教育的艺术:"坚持"与"放手"

实践中,但除了学习实际技能和创意写作技巧的实际应用以外,学生可能实际上并没有意识到他们在创作创意写作作品的过程中所学知识的深度。对于一个不希望走学术研究道路的学生来说,可能这并不重要。那又如何?学生知道如何写一首诗;为什么他们需要知道他们在进行创作的过程中发现了什么,学到了什么,揭示了什么,以及他们如何表达这些?但我要再问一下,如果一个人不想要高等智力投入,为什么要学习大学课程呢?似乎合乎逻辑的说法是,如果一个人在大学学习期间花大量时间做一件特定的事情(比如:练习创意写作),除了作品本身之外,最好对自己正在做的事情及其可能的结果有所理解和领悟。如果学生的确选择了研究道路,并打算作为研究的一部分完成创意写作,就像现在更高的创意写作学位中常见的那样,那么他们将有理解练习艺术形式时他们在做什么,以及艺术过程如何与世界上更广泛的话语联系起来的基础。因此,我的建议是,从学习的早期阶段开始,我们就要教学生欣赏他们在创意写作实践中所做的事情。

我相信,在未来大学创意课程的教学会包括为创意的动态能量——实践的动态能量——提供更多的空间和容纳。我们将继续支持这种微妙的"坚持"和"放手"的纠缠,这是理论和实践的融合,但重点主要还是放在探索创意写作实践的过程,在实践中不断地思考其中的可能性。

王岚　刘卫东　译

第十章　构建更好的超级机器：创意写作项目设计个案研究

奈杰尔·麦克劳格林

本文以英国格洛斯特郡大学的本科生和研究生项目为例，研究了与创意写作课程设计有关的教育学问题与主要关注点。文章还对可用以衡量项目设计是否成功的指标进行了思考，并对项目设计如何解决教学法及见习作家的评估和发展等问题做了探究。

在探究哪些要素可以促成一个项目设计的成功时，我们要谨防自己陷入两个误区：过分关注项目规章的设立模式和自以为是地对构建新项目时"应该"考虑哪些问题夸夸其谈。我个人更偏向于寻找一个或许符合成功标准的项目，并对其进行个案研究，以此阐明该项目表现出当今形态的原因、其在发展过程中所关注的各个要素，以及该项目的独特之处。我将此类个案分析视为更好的方法，是因为其在为读者提供了项目设计的成功范例，以供他们研究这种设计背后的哲学与逻辑的同时，也能让他们反向关注到其他不同的做法，以进行比照。

一、定义成功

成功的项目（无论是本科生层级还是研究生层级）究竟该如何

第十章 构建更好的超级机器：创意写作项目设计个案研究

定义，不同的评判者或许会给出许多不同的答案。定义项目成功的基准之一是学生能否在完成课程之后发表作品并成为作家。然而，不幸的是，让所有学生都出版作品并成为作家是不切实际的。此外，一部作品是否能获得出版上的成功，更多取决于它的市场适应性，而非其质量。举例来说，现实可能会证明，相较于创作更多主流作品的作家，实验小说家出版作品的难度要高得多。此外，学生从毕业到出版作品所花费的时间也不尽相同。有些学生在毕业后的次年便出版了作品；而另外一些则在20年之后才出版自己第一部作品。一般而言，毕业生往往需要数年的时间才能够出版作品并以作家的身份获得声誉。故此，按照上述标准，那些有着更长历史的著名项目就要比新建立的项目更容易表现其自身的成功，因为一个项目的毕业人数是逐年递增的，而这些项目由于开设时间较长，毕业生基数也相对较大。

定义成功的另一大标准或许是毕业生能否在求职或竞赛中取得更好的成绩。然而，求职或竞赛的激烈程度可能会受到经济因素、营销预算以及地理位置的影响。另外，项目自身的经济效益也被视为衡量其是否成功的一个因素。然而，能获取最佳利润的授课方式从学生体验角度来看却未必是理想的。而学生满意度同样可被当作一种衡量标准。不过，将学生满意度作为衡量标准同样存在一个缺陷，那就是人们需要知道学生到底是以什么样的标准比对衡量自己的学习体验。或许有些人会选择用外部评论弥补这一缺陷。外部顾问与审查员的优势是他们可以跨领域地对比观察某一学科的创新之处或其产生的工作标准，但采用外部评论时，我们同样也需要认识到一个事实，外部顾问或审查员之所以能成为顾问或审查员，是因为他们的思想体系与其评审的项目的道德体系相适应,抑或他们曾经运行或正在运行着与被审查项目有着相似教育学基础的其他项目。

尽管在上文中我们已经讨论了定义项目是否成功的各种标准所存在的问题,我仍相信我们能够通过综合下述各种关键要素来为成功下一个相对平衡的定义。

第一,一个成功的项目将不断产生优秀的毕业生,所谓优秀,即是指这些毕业生能够写出足以发表在杰出杂志上的作品,或达到了比这更高的水平。参与项目的学生也应当具备一定的自我营销知识或技能,以便在写作行业或比之更广泛的创意行业中进行自我经营。

第二,我认为一个成功的项目应当构建起下述框架结构:该框架认同并教授创意写作及其相关研究所固有的更广泛的基础知识,其中包括了领域相关技能、创造力相关技能以及可迁移技能,同时这一项目框架也需要辨识出对于创造力和创造性学科教学至关重要的激励因子。[①] 这包括了对见习作家自身的诗歌与写作实践进行批判性反思的知识,以及语言艺术所固有的基础技巧专业知识。

第三,项目所使用的教学法以及其所教授的知识应当能够吸引并激励学生。不过,回避那些讲授起来十分困难(并因此有时不受欢迎)的材料也是不可取的。项目教学的关键是给学生以机会让他们习得更专业化的创作方法或成为创作方法方面的通才,并让他们在完成多样且平衡的单一工作之余,也能实验性地创作混

[①] AMABILE T M. *Creativity in context: update to the social psychology of creativity*[M]. Oxford: Westview, 1996.

合体裁作品。

第四，我认为一个成功的项目需要为学生提供一次融入作家社区与学习者社群的机会。最后，我认为一个成功的项目应该在不降低教学标准的前提下尽可能地降低其运营成本。考虑到费用、教学质量和接触时间等方面的市场竞争，在未来，成本效益可能会成为一个关键性的驱动因素。要做到这一点，项目的运营者需要采取更聪明的办法，恰当而平衡地使用多种教学方法以应对不同师生比下的授课环境，而非仅仅是增加工作的强度。

格洛斯特郡大学的创意写作项目至今已经运行了六年，已有数位毕业生成功出版了书或将要有书出版。另一些毕业生则在重要的国家级文学刊物上发表了作品，亦有几位在知名的赛事中入围或获奖。该项目的创新设计获得了来自机构外部的赞许，这些赞许来自曾经或正在对项目进行审查的全部四位审查员，以及在审查过程中提供了咨询建议的作家与学者们。一些同事在听说了我们的课程结构与教学内容时，也通过非正式的渠道对上述褒奖表示了认同。通过均衡地使用针对大班授课的教学方法与针对小群体的教学法，项目达成了较高的费效比。我们的招生状况良好，同时，各个年度的全国大学生普查都表明学生们在本项目中获得了激励和挑战，且总体上对本项目满意。因此，如果上述指标可以用以衡量一个项目是否成功，我认为，本项目可以被认为是一个成功的项目。

二、着手设计

格洛斯特郡大学的创意写作项目包括本科荣誉学士学位和创

意写作联合学位,以及授课型创意及批判性写作硕士学位。此外,这里也招收研究型硕士与博士。在我开始设计这个项目时,我选择自下列两个问题着手:首先,作家需要学习哪些东西?其次,这些东西该如何被教授给学生?而这两个问题又引出了第三个问题:如何在一个项目中整合这些要素,从而帮助学生取得进步?事实已经证明,通过此类设问寻找与项目相匹配的教学内容与教学方法是一种有利于项目发展的良好策略,因为它能够帮助我们从学生的视角去观察并探寻什么是他们需要学习的,以及他们怎样才能习得这些东西。而就我的另一重身份——教师来说,这也同样是一种有益的练习,因为它促使我坚持质疑精神,而非盲信传统,只因为某些东西是创意写作教学法的传统组成部分,就认为它必然完全正确。此外,这种方法还可被用以思考大班教学甚至考试的可能性。

　　有一件事自始至终都十分明确:作为一个团队,我们希望这个学位是"纯写作性质的"。我们想要一个以技能为焦点,以学生为中心,以作家式的写作和阅读为重点的批判性课程。首先,我们希望我们所教授的知识和技能不仅能帮助年轻作家成长,同时也能帮助他们作为有创意的个体和作家在这样的群体中达成自我实现。① 其次,我们也希望给学生以机会,去发展其他可迁移的技能,让他们可以在写作之余利用这些技能获得一定的收入。在我们着手进行项目设计时,英语研究领域中已有数个这样的新兴课程,然而它们还未能构成一个有着明确框架的项目,有关主要体裁的规

---

① ROGERS C R. *On becoming a person: a therapist's view of psychotherapy*[M]. London: Constable, 1961.

定也存在许多空白。同样,当时已有的课程也还不足以支持创意写作运行一个单独的荣誉学位。① 彼时,我们的全职教职员工中有一位剧作家、一位诗人以及一位散文作家,此外我们还有许多可以教授散文与诗歌的兼职教职员工,这意味着我们具备了涵盖大部分主要体裁创作的专业知识。以此为出发点,我们开始思考在这个学科领域中存在着哪些类型的知识。

三、知识框架

创意写作涉及了多种不同形式的知识:在其他一些地方,我将这些知识分为创制、实践、工序流程以及教学知识。② 这种分类方法的有用之处在于,我们可以通过广泛地讨论这四种不同的类型,来针对性地处理基础知识的四个不同方面,以此培养出熟练、具有批判意识且擅长反思的作家,并教授给他们谋生之技。创制是一切的基础,广义上的创制指的是制造人工制品所必须的工艺技能。实践涉及写作过程中与批评、编辑和反思有关的知识。工序流程是指与创作过程及其运作方式相关的反思性知识与理论知识。而教学知识则涉及了上文中提及的全部知识类型,此外,为了将这些与创制、实践以及工艺流程相关的知识整合为适应课堂教学的形式,实际上其还包括了更进一步的反思性知识与理论性知识。

---

① 译者注:单元(module)是英国高校课程的基本组成部分,其概念大致类似中国高校内的一门课,但也存在细微差别。英国高校内,每个单元可能由数位导师负责,其中一名为课程的主负责人,此外,一个单元可能涵盖了多种不同类型的授课方法,包括但不限于讲座(lecture)、研讨会(seminar)以及工坊(workshop)。

② MCLOUGHLIN N. *Creating an integrated model for teaching creative writing — one approach*[M]// HARPER G, KROLL J. *Creative writing studies: practice, research, pedagogy*. Bristol: Multilingual Matters, 2008: 88-100.

我们判定，为了教授这些不同类型的知识，最优框架应当给学生提供可能范围内最大程度的稳定性与群体认同感。不过，这里存在一些固有限制：高校本科阶段的模块化教学方案是基于每门课"15学分/每学期"这一模型构建的。针对这一限制，我们所能做到的是将其翻倍，采用以每门课"30学分/年"为基础的教学设计。这种改动创造了我们想获得的稳定感。它给予了学生充足的时间去理解、消化并实践老师教给他们的知识。

同时，这种结构也带来了一种强烈的群体认同感，并为建立更稳定舒适的工坊创造了条件。按照传统的课程框架，每门课每十五周就要更换一次教师与学生，而其中还包括了三周的假期。而这意味着教师需要在十二周与学生共度的时间内，让他们成为一个工坊团队，让他们彼此信任，并且自由地对彼此的作品进行评论。故此，我想再次重申，将这一周期延长至原来的一倍是创建更稳定团队的合理方法，这能让团队成员学会彼此信任，并为工坊有效地开展更长期的工作打下基础。工坊根据不同体裁对学生进行分流，以让那些想要从事特定体裁创作并以此为业的学生和其他有着相同想法的同学一起学习，而这也有助于创建以技能为导向的见习作家社区。

按照规定，在本科阶段，每个学年学生需修读120个学分的课程，因此，我们按照体裁将可选课程划分为诗歌、戏剧与散文三部分，每部分都包括了一系列课程，每门课30学分。学生可以花费一整年学习他们选择的体裁，而随着他们学年的上升，他们也可以渐进地学习这一体裁的进阶课程。项目的第四部分也由一系列为期一年的30学分课程组成，这些课程根据学年的不同而有着不同的关注点：第一个学年的关注点是批判性阅读技能，第二个学年的

第十章 构建更好的超级机器：创意写作项目设计个案研究

关注点是如何发表商业稿件，第三个学年则是创意过程。当然，我们知道并不是所有学生都想学习所有体裁的创作方法，因此，我们还为学生提供了机会选修英语语言文学项目课程或电影研究专业所提供的荧幕写作课程。

围绕着这一基本结构，我们还开设了专门的自传体写作课程与小说写作课程作为额外的选择。这些课程多开设于第三学年，因为很多三年级的学生都偏好于研究某一特定体裁。我们希望课程足够灵活，既能满足那些想要研究单一特定领域的学生的需求，也能满足那些希望继续创作多种体裁作品或尝试混合体裁写作的学生的需求。在本科阶段，我们还增设了一个与创造力及创作过程相关的教学单元，为那些对创作过程感兴趣的学生提供正规的知识框架结构，以便于他们在未来将此作为自己的研究课题。硕士课程在本科课程的基础上，围绕着一个特定体裁的研究生工坊建立，提供分体写作、理论、翻译与改编、创作过程、编辑和教育学等课程。这些课程的设计是为了训练学生们的关键技能，教授他们各种相关的理论观点与理论模型知识，并给他们提供上手操作的机会，让他们具备对本领域就业十分有用的实践经验。

由于硕士学位课程规划也有着固定的模式结构，必须包括6个20学分的课程与一篇60学分的毕业论文，我们不得不再次在课程结构方面做一些妥协。这对诗人或短篇小说家来说并不算一个太严重的问题，前者可以（在就读期间）提交薄本诗歌集；而后者则能提交二到四篇短篇小说。然而，对于长篇小说作家来说，毕业论文的字数限制使得他们只能提供自己作品的一小部分。幸运的是，实践经验显示，这似乎并不是一个问题。学生们愉快地选择了他们认为最能代表他们写作水平的那一部分,并附上了其余部分的梗概以供参考。

四、教学方法

当我们开始进行项目课程设计时,工坊制被视为默认的教学模式,而在我们构建起了上文中我所阐述的基础框架结构后,我们开始对自己所采用的教学方法进行更细致的研究。在旧有的体系里,我们将18位学生分为一组,并为各组学生安排相同的课程。当这些相同的课程被安排于不同的学期而每个课程只由特定的老师负责时,这种安排是合理且可行的。然而,随着教职员工人数的增加,相同的课程可能由不同的讲师讲授。学生们总是希望选择他们最喜欢的讲师负责的小组,一旦未能如愿以偿,他们便会感到不愉快。而这同时也意味着,不同的讲师可能在不违反课程大框架的前提下使用不同的教学大纲。利用这种弹性的一种可行方法,是将只需学生"接收"的"程序性"知识与那些需要被"构建"的知识区分开来。①

举例来说,在讲授十四行诗时,我可能会花费一个小时讲解诗歌,回顾十四行诗的历史,讨论各种不同类型的十四行诗的行文结构,无论教室里坐着十名学生还是五十名学生,基本上都不会对我造成影响。在这样的课堂上,知识很大程度上是由老师单向传输给学生的,而学生只负责接收。我或许会将诗歌分发给学生,并提

---

① BELENKY M F, CLINCHY B M, GOLDBERGER N R, et al. Women's ways of knowing: the development of self, voice, and mind[M]. New York: Basic Books, 1986.

第十章 构建更好的超级机器：创意写作项目设计个案研究

供给他们分析诗歌的流程与方法。之后，学生可以分组对诗歌进行分析，而此后的全体讨论中，小组可以交流展示彼此的发现。这是一种更具对话性的教授知识的方式，它所提供的流程能让学生自己发现知识。同时，这种教学法也让更大的课容量成为了可能，不过，由于其利用的是课堂内已有的知识，因此，这些方法也只适用于那些教授固有知识的课程。

工坊则在本质上与其不同。在这里，围绕着学生作品进行的小组批评真正成为了核心。在这里，学生们可以预测并尽力理解可能出现的读者反应，以检验自己的作品。在这里，学生可以收到批评与建议，以改进提升他们的作品。老师们下发的练习也可以将这里变成一个进行创造性游戏的园地。这里，大家可以关注阅读技巧，可以针对技巧、影响与过程展开讨论；这是一个构建新知识的场所。

在设计这一项目时，与创造力相关的文献是我找到的最宝贵的资源之一。这些文献从认知层面或社会层面上讨论了创作过程，并提出了洞见。同时，其也向我们展示了哪些事物可能促进或抑制创造性产出。例如，特蕾莎·阿马比尔和她的合作者们对创造力的研究表明，受到监督的自由写作往往无法产生真正的创造性反馈，因为其涉及了教师的监督、截止日期与评分期望值等因素——而过往研究表明这些因素都会抑制创造力。[①] 当学生处于教师的监管之下，创作时间有限且对分数抱有担忧时，他们通常会倾向于套路化的写作手法，而非更具风险且更耗时的策略，前者对

---

① AMABILE T M. *Creativity in context: update to the social psychology of creativity*[M]. Oxford: Westview, 1996.

学生来说是一种安全的选择，让他们确保自己在期限内可以创作出一些东西，然而后者却有产出更富创造力的作品的潜能。受监督的写作还会产生另外一个问题，即在工坊中，大量的讨论交流时间被耗费在了这种不成熟的作品上。对此类不成熟的作品进行评论是毫无意义的，参与评论者唯一能做的，只有鼓励作者继续完成它。根据这些信息，我们认为，如果学生在自己的个人时间里进行写作练习，那么这些写作练习的效率将变得高得多，这些练习可以在研讨会、工坊或一堂课的末尾下发给学生，他们可以自己尝试练习，或在之后与其他人合作练习。学生可以通过数篇草稿打磨自己的习作，然后将正在创作的作品带回到工坊。这就为工坊腾出了讨论学生正在创作的作品的时间。学生们可以将更多的时间花在分析他们正在创作的作品上，并听取有关作品的意见与建议。他们也能花费更多时间去研究他人的作品，以磨炼自己的批评能力。

五、自反性诗学

我们希望本项目不仅能够帮助学生培养核心技能、构建技术与词汇等方面的知识，也能在他们选择了自己感兴趣且能最大发挥自己才能的领域之后，帮助他们掌握更多的专业知识。在设计实际的教学单元时，设计团队认为整体教学大框架应该以基础技能作为开始，这些基础技能包括让诗歌合辙押韵，或对散文中的人物形象、情节或对白进行观察分析。这让学生在第一学年就打下两方面的良好基础，他们既获得了基础性的写作实践，又学习了一定的用以讨论作品的批评话语。第二年的教学内容以第一年的内

第十章 构建更好的超级机器：创意写作项目设计个案研究

容为基础，主要集中于诗歌修辞的特定方面，如隐喻、讽喻或反讽；戏剧课程则主要关注舞台艺术的各种元素与对舞台物理空间的利用。第三年的教学则建立在前两年的基础上，关注诗歌更理论化的一面；以更政治化的视角看待戏剧；而学习散文的学生则会学习到一种越界的写作方式。同时，各个教学单元的教学法、教纲、学习成果和评估标准是否良好的结合在一起，应当被予以特别关注。[1]

作为写作教学补充的是被称为"响应性批评理解"的批评话语，使用这种称呼的是为了强调其目的，即对作品以及创作作品的创意过程进行批判性反馈，从而让创作者理解它们。这可能包括对语境、影响、灵感、实践和诗学的讨论。这种对过程分析、实践分析和诗学分析的关注是建立起跨越层级的思辨型写作风气的重要一环。响应性批评理解可以确保项目始终贯彻这一精神，并让其反映于学生的学习成果与项目的评估标准中。不过，我们同样也将响应性批评理解当做创作工作的补充，这也清晰地反映在了它在总成绩的占比上。在本科阶段，它被赋予了总分数的20%，在研究生阶段，它被赋予了总分数的30%。这种差异之所以存在，是因为我们期望研究生层级能进行更深入的分析与理论整合。

六、评估

在以往的教学系统中，我们通常在开学六周后对学生进行评

---

[1] BRIGGS J B. *Teaching for quality learning at university*[M]. Buckingham：SRHE and Open University Press，1999.

估。然而,充分吸收技巧知识,用它进行实验写作,写出最初的文字,随后编辑和打磨直至得到最终的成品——这一过程需要耗费大量的时间。这也意味着在第六周的评估中,教师只有两种选择:评估非常原始的作品,或只考察学生到底掌握了哪些知识。故此,我们决定将评估点设置于学期的末尾,这样,学生就有更多的时间学习,而被评估的作品集也可以被打磨地更加成熟完善。事实证明了这种决策的正确性。

为了让评估测验保持多样与均衡,有些评估要求学生进行口头陈述,其他则要求学生提交书评、关于某一作家或作家群的正式学期论文,或针对两本书或两位作家的比较分析,此外,更加理论化的论述题也会被设置于评估测试中。在项目设计阶段,我们认为,确保阅读和分析其他作家的作品被视为本项目的一个完整独立的组成部分以避免学生对外界过分漠不关心,是十分重要的一点。有人认为,这是鼓励学生更广泛地与文学互动的关键因素。然而,过往经验已经表明,许多本科生并没有意识到阅读其他作家的作品和创作自己的作品之间存在联系。这一点在大一新生身上表现得尤为明显,他们中的许多人更习惯于将电影作为他们理解情节和人物的主要媒介。也有一些刚入校的学生习惯阅读小说作为娱乐。然而,他们的阅读范围往往十分狭窄,且仅供娱乐,而非分析与批评。

七、结论

本项目自 2009 年开始运行。既包括了大班授课元素,又包括了工坊制教学元素。这使得项目在提高师生比例,并使之与高校

第十章 构建更好的超级机器：创意写作项目设计个案研究

内其他人文学科相一致的同时，也保留了原有的小组接触时间。本项目的设计基本上消除了不必要的重复作业，并确保使用了适当的教学方法，这些方法即适于传递知识，同时也能与项目"以实践为导向、以工坊为基础"的要素相匹配。我们需要用聪明的工作方法代替盲目的努力。例如，通过延后评估时间，我们让教师与学生都不再感觉到他们处于一个恒定的评估周期中。而当我们每六周对学生进行一次评估测试时，这曾是一个十分严重的问题。此外，由于现今英国高校通常在学期中期给予较多的拨款，这种设计结构让我们的学位项目有了良好的经济基础，这也意味着我们能够继续高效地利用项目教职工的时间与其他资源。

在过去的五年间，我们对项目设计进行了更进一步的改善以提升其质量，但项目的基本结构仍保持不变。由于我们偏好于将两周当作一个独立的教学小节，让知识转化为引导工坊作业的元素，因此我们构建起了灵活的项目结构，而这一流程同时也映射出了自然的创作周期，从获取灵感及创作动机，与汲取外界的信息与知识开始，然后是写作、编辑，最后以工坊输出作为整个创作过程的收尾。它使得学生能够专注于一个主题，并在学习时通过将主题有机结合来构建自己的知识。这也促使他们将自己所学的知识与如何在自己的写作中应用它们直接联系在一起。这一过程可直接映射至库伯的经验学习周期。①

考虑到现行的经济状况与高校惯常的拨款模式（通常在期中），仅仅是不假思索地复制爱荷华工坊的模式，或照搬已有的实

---

① KOLB D A. *Experiential learning*, *englewood cliffs*[M]. New Jersey: Prentice Hall, 1984.

践标准已不再可行。在学生选择的时代,高校需要更有特色的项目。适合小众市场的定制课程将会很受欢迎。写作教学法课程的出现以及它们在各学院间的传播,也将产生影响。未来有关学生如何学习的理论以及有关创意过程如何运行的研究将更多地指导项目设计。可以肯定的是,项目的经济压力将在未来进一步加大,这也要求我们寻找到新的教学方法,既能应对经费的削减与随之产生的效率提升的要求,同时也能保持原有的教学质量,使学生的学习体验不至于下滑。不过,在未来,新的教师或许不得不援引大量的文献,而这不仅仅是为了设计创新型的课程,同时也是为了恰当地捍卫小组教学的传统方法。

范天玉　译

第十一章　创意写作研究生教育的未来：制度化的文学写作

帕特里克·比扎罗

　　本章的这一部分假设，以唐纳德·霍尔和阿特·杨的文章为例证，在英语研究领域，我们对通常所说的诗歌与詹姆斯·布里顿所阐明的语言的诗意功能混淆，导致了创意写作的制度化。创意写作项目学生人数的激增表明，该领域所经历的民主化带给创意写作课堂里的学生们的不是唐纳德·霍尔所想的东西，而是阿特·杨所推崇的学生有能力进行的那种写作。在英语系，创意写作已根深蒂固，而杨的努力使我们看到了在这个新的专业人士正试图阐明新的发现的时代，将创意写作视为跨学科研究生课程的必修课的可能。

　　如果 30 年前，唐纳德·霍尔能够得偿所愿的话，现在，我们这些关注创意写作研究生教育未来的人，或许将迈向一个与当今学术研究迥然不同的方向。在他的演讲《诗歌与抱负》中，霍尔抗议说研究生教育对创意写作毫无益处，并主张创意写作应当去制度化。在他看来，创意写作的民主化以及其伴生的作家抱负的衰落才是问题所在。这是霍尔所提供的解决办法："废除艺术学硕士项目,为什么?因为工坊训练我们创作快餐诗歌……"①

与之相对,一年后,阿特·杨在《思量价值:语言的诗性功能》一书中写道:

在某个时间点,我想大概是在六年级的时候,我们的大众教育体系不再把创意写作当做一种有用的学习经历。这种行动的基本原理,是认为只有少部分被上帝垂青,予以了天赋的有灵感的人,才能真正精通创意写作,这些人注定会成为伟大的艺术家,无论他们受到了何种教育,而让其他没有这种天赋的人尝试诗意地写作则没有任何意义。②

杨在这篇文章中所谈论的并不是霍尔所说的诗歌,而是创意写作制度化过程中更为重要的"语言的诗性功能"。杨认为诗性功能是一种学习模式:"……诗意的语言可以帮助学生根据自己的信仰体系来评估(他们所学到的)知识。"③和霍尔不同,他指的并不是但丁的著作,相反,他解释道,"我们大多数人所承认的最为熟悉的、也是最完整的诗意写作的形式,是除了诗歌、故事、戏剧与寓言之外的其他一些东西"。

到目前为止,还没有人将创意写作学院内持续进行着的冲突直接归因于分裂成不同派系的创意作家:这其中有像霍尔这样的,提倡创意写作去制度化,或至少进一步让创意写作从其他学科和作文

---

① HALL D. Poetry and ambition: poetry and ambition: Essays 1982-88[M]. ARBOR A. Michigan: University of Michigan Press, 1998: 4.
② YOUNG A. *Considering values: the poetic function of language*[M]// FULWILER T, YOUNG A. Language connections: writing and reading across the curriculum. Urbana: NCTE, 1982: 77.
③ YOUNG A. *Considering values: the poetic function of language*[M]// FULWILER T, YOUNG A Language connections: writing and reading across the curriculum. Urbana: NCTE, 1982: 78.

第十一章 创意写作研究生教育的未来：制度化的文学写作

学中独立的人；以及像杨这样的，计划着进一步推进创意写作制度化，并试图帮助它与其他美国高校通常的教学任务相融合的人。

尽管从未有人将原因归于他们，在我们反思美国高校创意写作项目已经做过的与还尚待尝试的事时，那些主张创意写作去制度化的人们，以及那些主张进一步将创意写作作为一门学术科目发展并试图让它与其他学科相联接的人们，仍不可避免地成为我们的反思的核心。更重要的是，无论未来的创意写作研究生教育是何种模样——它可以包含许多东西，其中一些我们现在可能还无法想象——我相信创意写作的未来会是现在某种正在发生的演进过程的产物，而这种过程也将反映在当前的一大学术领域中：创意写作研究。

定位创意写作：当前观点

在《越过边界：当今大学课程中创意写作的拓展作用》中：查德·戴维森和格雷戈里·弗雷泽提出，创意写作对研究生教育的未来至关重要："……创意写作工坊应当被置于更广泛学生课程中的什么位置？"有人试图将创意写作与作文学之间的联系理论化，这反而让这门学科不再是创意写作，而变成了作文研究的一个子学科。戴维森和弗雷泽超越了此类群体中大多数人的主要关注点，他们向前迈进了一步："……工坊要如何与哲学、历史、生物、外语、文学等其他大学课程互动？"由此，戴维森和弗雷泽提出了新的问题，把关注点放在创意写作的制度化。[①] 我用制度化一词指涉他们所讨论的东西，

---

① DAVIDSON C, FRASER G. Out of the margins: the expanding role of creative writing in today's college curriculum[J]. The writer's chronicle, 2009, 42(3): 76-81.

而我的观点则与他们的略有不同。我想知道创意写作要如何演进，才能够帮助哲学家、历史学家、科学家以及其他在大学里受训的人，学会描述他们自己的新发现。换句话说，我的兴趣点并不在于哲学、历史、科学和其他学科的知识应当如何在创意写作课堂中应用，而在于创意写作能够为哲学、历史、科学和其他学术课程提供哪些不同的东西，以帮助未来这些领域的专业人士更好地描述自己的发现。简而言之，最终，创意写作必须教授某些目前大学里没有教授过的技能，而这些技能，就我们目前所知，也只能通过创意写作教授。

我想要强调的是，我相信无论创意写作的研究生教育最终发展成何种形态，它都将是某个演进过程的产物，而这一过程就始于戴维森和弗雷泽所做的思考。不过，它决不能以此结束。无论如何，任何研究都必须沿着该领域最新的学术研究按图索骥，这是显而易见的。而创意写作研究，正是创意写作进一步制度化的产物之一。如今，创意写作已经成为了大部分高校教育结构中的一部分，霍尔那呼吁将创意写作从大学里完全驱逐出去的计划，听上去已像一个遥远而可笑的回忆。显然，霍尔对创意写作所抱持的观点，看上去与过去30年间阿特·杨等作文学家将其理论化的方式截然不同。事实上，大多数人都会同意，"创意写作的目标是努力培养下一代的写作才能这种传统观点，已不再是创意写作项目中唯一和最重要的关注点了"，而这倒并不是因为近来人们对创意写作教学法的不满。戴维森和弗雷泽在呼吁某种"双向启发"，而实际上，这种双向启发在几年前就已经开始了。① 我所能找到的所有

---

① 创意写作在20年代末至30年代初的进步教育中的应用表明，这种双向启发已经在实现的过程中。此外，阿特·杨和他在克莱姆森大学的其他同事们已经让一种类型的诗学延伸到了各种学科项目中，下文中我将对此做一些讨论。此外，皮特·埃尔伯把他的著作《充满力量的写作》中的一章命名为"没什么大不了的诗歌"时或许并没有想过但丁的诗。

第十一章 创意写作研究生教育的未来：制度化的文学写作

信息都让我坚信在学院中，创意写作并不会被去制度化，甚至也不会被孤立。恰恰与之相反，鉴于自 1981 年以来创意写作飞速的制度化与普及，它在高校中发挥的效用越来富有创新性。这——同时也意味着，许多学术讨论中所提及的创意写作的多种应用——实际上是一个已经开始了的过程。

课程制度化：作为一种学习方式的诗歌

作为一名写作项目的前主管及跨学科写作项目的前负责人，克莱姆森大学近年来的工作给我留下了深刻的印象。由阿特·杨带头，该校的跨学科写作发展出了一个新的分支——跨学科诗学。这种致力于帮助学生学习如何运用语言的诗性功能的特殊尝试已经有了正向收益。例如，"来自各校区的老师们都为学生布置了作业，让他们根据所学的内容写一首诗。"① 有关如何创作诗歌的指导似乎非常稀缺，如果不是没有的话；用埃尔伯在《充满力量的写作》一书中的话说，以诗人之外的身份创作诗歌并没有什么问题，就像埃尔伯自己正在做的那样。② 克莱姆森大学则强调写作是为了（更好的）学习，而不是为了创作出伟大的诗歌。他们在《创造性的教与学：启发与思考》中，所汇报的结果也同样是非正式的、轶事性的、乃至缺乏科学严谨性的，反正也没有人要求或期待创意写作做到这些东西：教师们发现学生会将整合他们在不同课程中所学的知识，或者将某一课程的知识和他们在其他地方获得的见解联

---

① CONNOR-GREENE P A, MOBLEY C, PAUL C E, et al. Teaching and learning creatively: inspirations and reflections[M]. West Lafayette, IN: Parlor Press, 2006: 5.

② ELBOW P. Writing with power[M]. New York: Oxford University Press, 1998.

系起来。① 在某种意义上,"跨学科诗歌"是对于黛安娜·唐纳利"更多跨学科活动"这一呼吁的回应。同时,它也提供了一个极好的例子,来展现创意写作是如何在学院内制度化的。②

那么,杨在克莱姆森的工作又有什么意义呢?它的意义在于:坚持写诗不仅能帮助学生学习,同时,诗性语言的描写能力也可以与其他领域中难懂的概念相互沟通。时至今日,哲学家、历史学家、科学家等人,仍在宣称语言的不充分:我们的理解力被我们话语的力量所定义并因此受到限制,而话语的力量则依赖于我们的感知以及我们描述这些感知的能力。尽管事实上,我刚刚所做的关于语言的陈述在17世纪就有人谈过了,我现在仍要再重复一次该论点并赋予其与往日不同的重要性。而这是因为我认为重要的改变即将发生,或者,至少应该发生:修辞学家和诗人很快就需要帮助那些在尖端领域工作的专家们向外行表述难以通过语言解释的难懂概念。我把这种类型的写作称为"量子修辞学",我发现该类型的写作其实已经得到了广泛的发表。③

我认为有关量子修辞学的教学,将研究生阶段的创意写作训练与专业技术领域的研究生教育结合在了一起,而这将构筑创意写作研究生教育的未来。无论是对那些为成为下一代作家而努力学习的人,还是近年来增加的、期望未来能在学院内教授创意写作

---

① CONNOR-GREENE P A, MOBLEY C, PAUL C E, et al. *Teaching and learning creatively: inspirations and reflections*[M]. West Lafayette, IN: Parlor Press, 2006: 5.

② DONNELLY D. *If it ain't broke, don't fix it or change is inevitable except from a vending machine*[M]//DONNELLY D. *Does the writing workshop still work?*. Bristol: Multilingual Matters, 2010: 21.

③ DONNELLY D. *If it ain't broke, don't fix it or change is inevitable except from a vending machine*[M]// DONNELLY D. *Does the writing workshop still work?*. Bristol: Multilingual Matters, 2010: 21.

第十一章 创意写作研究生教育的未来：制度化的文学写作

的人,这都可能成为一种与传统方式并存的选择。我的立场是基于我的信念的,即我们已经在呼吁人们为此努力合作,同时,很多我们认为难以解释的创意作品实际上是量子修辞学的一部分,而它们已被误读了。

因此,我对创意写作研究生教育未来的观点是,创意写作的制度化意味着创意写作将很快开始涉足多种我们现在并未在高校中教授的写作类型。我看到了此类写作教学的必要性。

量子修辞与创意写作教学中的混合模式

我认为,创意写作正朝着本文试图命名的某个方向不断演进,与我的这种观念相一致,我十分关注那些已经开始阐释混合课程这一术语的学者,以及那些能够证明当代作家已经开始使用量子修辞学的出版作品。

凯瑟琳·哈克对高校创意写作的制度化或全球实用性作了极有说服力的设想,"我们仍在为此奋斗,因为我们不仅仅试图说服自己,同时也试图说服我们在英语系中的其他同事,让他们相信我们在教室里提供的创意写作教学已经超越了学生诗歌和故事这些为人所熟悉的产物,而能丰富我们参与的各种活动带给我们的体验,贯穿整个英语研究"[1]。我们早就知道这件事,只是我们没有足够的勇气把它说出来。尽管分体分类写作是一种经受住了时间考验的创意写作教学法,但至少是在近二十年,诗歌、戏剧、小说和创

---

[1] HAKKE K. Re-envisioning the workshop: hybrid classrooms, hybrid texts[M]//DONNELLY D. *Does the writing workshop still work?*. Bristol: Multilingual Matters, 2010: 15.

意论文已不是我们唯一的成果,甚至不是我们的最主要的成果。显而易见,就哈克展现给我们的观点来看,克莱姆森的人们已经开始回应蒂姆·梅耶斯针对项目发展者的"考虑创意写作该如何与更广泛的写作课程相适配"的诉求。① 事实上,正如梅耶斯所设想的那样,创意写作可以提供一种独特的视角,观察英语系的起源与未来方向。毫无疑问,且非常重要的是,克莱姆森的工作反映出了美国文学院持续进一步民主化及制度化的特征。作为一个研究领域,创意写作不仅仅是一种传达理念的手段,尽管它同样也传达了理念:"教学无法让一个人成为天才,但教学可以让人们学会模仿一些天才擅长的技巧。"② 从这个角度来看,我们可以发现,在学院内,创意写作的某些用途已经被视为了一种民主的努力。这是一个令人兴奋的宣言,因为通过宣称创意写作是一种民主的追求,我们看到了新的可能性——小说和诗歌技巧不仅仅可以产出可出版的艺术作品,还可以产出更多。这种观点要求我们重新考虑两件事,首先,当我们在课程标题中使用"创意"一词时,我们到底在指涉什么。其次,我们应该如何理解"写作"对那门课或其他一些东西的意义。我欣赏并认同凯瑟琳·哈克对此的观点:

在我们拥抱自己工坊的崭新可能性的同时,我们仍值得承认一点,所有的场合都可以是写作的场合,它们都是"创意的",而这一特定的论述是更大的项目的一部分,这一项目即英语研究作为一个所有学术分支都能与创造力相交融而不失去其自治权的跨学

---

① MAYERS T. *Figuring the future: lore and/in creative writing*[M]// RITTER K, VANDERSLICE S. *Can it really be taught? resisting lore in creative writing pedagogy*. Portsmouth, NH: Boynton/Cook, 2007: 3.

② RITTER K, VANDERSLICE S. *Can it really be taught? resisting lore in creative writing pedagogy*[M]. Portsmouth, NH: Boynton/Cook, 2007: 3.

科领域的再重组。①

交叉与融合的教学法：混合的研究生课程

混合课堂是一种新兴的教学法,其在创意写作教学中的潜力刚刚开始被人们所理解。在我们的学术著作中已经出现了一些有关这种教学法的讨论。这种教学法就如异花授粉,它使我们能够设想,混合课堂将在未来成为创意写作研究生课程中的一种杰出模式,正如我在这篇文章中预言的那样,它们是当前学术思考的一种产物。

越来越多的人呼吁学者对创意写作中的混合课程做更进一步的研究。有些特定类型的混合课堂比其他类型更易管理。例如,不久前,我和艺术学院的一位同事一起教授了一门名为"写诗和作画"的课程。我们没有经过太多的深思熟虑,他想学写诗,而我想学作画,所以我们这样做了。我们的学生热切地想要学习如何兼顾二者。除了如何授予那一学期的教学学分之类的行政顾虑(最后,我们每个人都很慷慨地获得了一门3小时课程的学分),这门课相对来说是比较容易教授的。老师们相处得也很好,度过了一段愉快的时光,并且做了一些他们认为十分明智的事。两位老师都出席了每一堂课。每周有一天(我们每周见面三次)专门用于指导和学习与创作诗歌相关的技能,一天用于画画,第三天则用于研讨会或评论。我的艺术学院同事和我成为了彼此的学生。为了学分修读这门课的学生的成绩取决于他们为这门课付出了多少及付

---

① HAAKE K. *Re-envisioning the workshop: hybrid classrooms, hybrid texts* [M]// DONNELLY D. *Does the writing workshop still work?*. Bristol: Multilingual Matters, 2010: 182-193.

出的方式如何；可以预见的是，这门课对他们的要求比对我们更苛刻。与这种模式相一致，他们的第一次作业是起草一份协议。艺术老师评论这些画，而我，作为诗人，指导诗作。我和我的同事一起决定最终的成绩。经过班上所有人的同意，这门课的期末作业被定为一首诗/一幅画。在经过导师同意之后，期末项目可选择独立完成或合作完成。艺术老师和我合作创作了一首诗/一幅画，它占据了一整面墙，全班都对它作了评议。那时我们年轻、精力充沛、无所畏惧，在接下来的一年里，我们一起写了一本书，其中收录了我的诗歌和他的画作。

这看上去是有关混合课堂的一次明智努力。我们从试验、错误和意外收获中学到了很多东西。从这样一个在未来的量子修辞课上可能同样有效的实验中我学到了什么？学到了两位老师都应该出席全部课程，即使他们当天不上课；他们应该和学生一起写作与绘画，并接受同样的批评（而这最终将成为课堂有趣的部分之一，尽管不是每个人都愿意接受这样的审视）；老师们应当共享空间，他们或许可以选择特定的一天轮流授课，或者设计相互呼应的授课内容；批评和工坊由专于此领域的老师领导；而评分则由两个老师共同完成。全部这些见解都是一次非正式努力的结果。

几年后，当我在同一所大学担任大学写作项目主任时，负责研究生教学与科研的副校长要求我设计一个跨学科的写作研究生项目。出于研究生教育的本质需求，我们必须设计出一套与我们在WAC开发的本科课程迥异的新模式。和大多数其他高校一样，该校的需求也十分明晰：研究生院的学生们需要在毕业前完成硕士或博士论文，而他们都需要得到写作方面的指导。在当时看来，混合模式对这一目标来说似乎是最适选择。在这个项目中，写作教

第十一章　创意写作研究生教育的未来：制度化的文学写作

师与另一位来自商业、教育、健康科学、自然科学、医学等专业的教师一起分享教学空间。除了固定的两名教师外，这个项目还需要引入其他专家来教授我们所谓的"迷你课程"，这些课程往往聚焦于写作在特定专业领域的用途。经过思考，我认为过往曾经合作过某个项目（比如我们在本科的诗歌/绘画课程上布置的期末作业）的诗人和艺术家，将会是很好的补充。我们从过往项目的毕业生中挑选了满足这一条件的外部顾问。事实证明，这在多种层面上都收效显著。唐纳利为混合课堂提供了一个形式方面的建议："经过仔细的协调，一个包括一系列相关主题迷你讲座的项目可能会引起很多学生的兴趣，项目或许被安排在六到八周的短学期内，可以是付费的"。就此来看，唐纳利已经考虑了混合课程的多种细节问题。

　　唐纳利设想了一种双轨的项目，这种设想将让创意写作研究生项目继续在未来保持稳定，因为它将与进一步的制度化相适应。我的观点是，我们可以在其中添加第三条轨道，即量子修辞学。唐纳利的创意写作研究生教育模型是包容且发展变化的，这也是它的优势所在。通过唐纳利设想的双轨模型，无论是那些想要继续推进他们流派写作的作家，还是那些用唐纳利的话来说"对创意写作教学也感兴趣"的作家都能获得一定的空间。① 此外，她还为这一模型添加了一条"互补而重叠的轨道"，即"在市场环境中聚焦创造力"。

　　我的计划是为唐纳利的双轨课程添加"量子修辞学"这一新轨道。无论它在个别大学的发展如何，这条轨道必须满足机构的需要。我建议把传统修辞研讨会设为项目的必修，以任何形式都可

---

① DONNELLY D. If it ain't broke, don't fix it or change is inevitable except from a vending machine[M]// DONNELLY D. *Does the writing workshop still work?*. Bristol: Multilingual Matters, 2010: 222.

以。在这样的课程中,学生将有机会学习修辞史上的"微小的声音",比如朗吉努斯,并思考如果把朗吉努斯,而不是亚里士多德的思想传递下去,现今写作教学的世界将会是何种模样。其他课程则可以同时关注一种文体以及一个学科领域,比如大多数人都熟悉的诗歌和物理。其目标是运用语言的诗性功能"帮助培养更具适应性和修辞意识的学生作家,这些作家对不同体裁和语境的知识使他们能够成功完成多种写作任务"。[1]

结论

当今的学术研究已经转向了一种新的观点,即混合课堂是教授创意写作的最好方式。物理学等领域的专业人士需要更好的工具来阐明新的发现,这显示出学习描述深层想象,可能有助于人们描述诸如宇宙深处或其他我们从未见过的复杂事物。正如庞德所敦促的那样,通过这种活动,我们"让它焕然一新"。混合课堂给了我们一个机会,来向各个学院的专业人士教授写作技巧,例如诗歌写作的技巧。虽然我们的表达方式仍在不断演进,而这也超出了本文的范畴,但毫无疑问的是,我们面前的新发现需要使用曾经只孤立于写作学院的技巧去描述,当然,为了达成这一点,我们还需要进一步的制度化。

范天玉 译

---

[1] MAYERS T. Figuring the future: lore and/in creative writing[M]// RITTER K, VANDERSLICE S. *Can it really be taught? resisting lore in creative writing pedagogy*. Portsmouth, NH: Boynton/Cook, 2007: 12.

结语：探究创意写作的基本问题

黛安娜·唐纳利　格雷姆·哈珀

我们编辑这本书的目的很明确，就是为了探讨当前创意写作的发展、探索和教学中的一些基本问题。为此，我们汇集了来自世界各地的多位作者。当然，也可能会有其他人提出质疑：这本书里谈到的真的是创意写作的基本问题吗？应该说，一本书显然无法覆盖这个领域所有的话题，我们也没有要求作者们这样做。如果说这里存在一些缺失，或者某些话题没有被纳入进来，这都是很正常的、自然的。

首先，在本书中我们特别关注了大学、学院里的创意写作教育和实践问题，或与它们相关的创意写作研究。对一些读者来说，这可能是第一个应该关注的焦点。另一个问题则在于，有些人可能会认为对创意写作活动本身的关注也很重要，他们关注的是在高等院校之外的各种创意写作实践活动，对它们与高等院校内的创意写作的活动、立场和产出等方面的差异更有兴趣。这是一个难点，创意写作研究人员对这一部分问题的探索也刚刚开始。在这本书中，我们的作者尚没有充分地探究这个问题，而是把研究的重点集中在以当代大学为中心的环境和活动。

创意写作研究的范围广阔，这本书未涉及的问题当然还有很多，可能包括那些与特定体裁的写作，或专注于创意写作与其他艺术形式的交互关系,或将创意写作视为一种疗愈工具,或作为高等院校创意写作教育之外的个人的、业余活动的创意写作,或是创意写作在不同层次的教育实践,抑或将创意写作作为人类基于文学或媒体文化进行的一种创造性活动。一些读者可能认为上述列出的这些才是关键问题,因此觉得我们的研究尚未覆盖这些内容,这为他们自己进行后续的研究留出了空间。

本书所涉及的创意写作中的基本问题,仅仅是该领域研究的一部分,除此之外还有很多问题值得研究。本书研究的这些问题,其特点在于,它是世界各地的大学中的创意作家、创意写作人员正在不断探索的问题。要想在某个方面获得进展,最好的办法就是提出问题。当我们即将结束这本书的写作和编辑时,我们甚至比刚开始时提出了更多的疑问。我们希望读者也能有同样的反应,希望这些内容能够某种程度上带给我们的读者一些新的思考。

鉴于这些结论性意见,我们还应该声明,作为本书的编辑者,我们(在中等范围内)精心策划了作家所探讨的主题,并(在编排中)对作家可能希望采取的方向给予了一些建议。

在某些情况下(最突出的是比扎罗、麦克劳格林所撰写的章节),我们着手构建本书,以将交替的观点非常紧密地结合在一起。一位来自英国的作家和一位来自美国的作家独立地探讨了同一主题,而另一位则或多或少地意识到了另一主题。

当然,我们没有为任何一位作家撰写作品。我们当然也没有给他们太多的限制。因此,这可以看作是一本具有编辑核心的书,并且像熔岩一样围绕着它,流淌着作家的兴趣和表达的岩浆!

考虑到这一点,并抛开关于行星的隐喻,读者很可能会发现,他们开始阅读这一结束语时出现的个人的一些判断,是极其有趣的。这本书里的每个作家都有自己的独特观点,虽然他们都是在谈论创意写作中的基本问题,但是每个话题都有自己的独特之处。

确实,这表明创意写作实践的独特性,我们的撰稿人在这些讨论中给出了他们自己对创意写作如何发生,为什么发生,以及如何达到这些结果的认识。

因此,如果还有我们已经触及但尚未明确的基本问题,那就是如何将一个具有共同利益或兴趣,拥有容易界定的角色和身份的人聚集在一起。基于特定的文化和社会实践,这些人拥有一种共同的学习意识,这些总能使我们将注意力放在人的个体行为、思想、感受和情感上。

创意写作可以做到这一点,对创意写作的各种探索也应该正确地做到这一点。任何与寻求新知识有关的活动都有一条经验法则,那就是,如果你从错误的地方开始,你很少会得到正确的答案。

考虑到这一点,从创意写作的本质开始,从对创意作家的活动和理解开始,是接近于了解创意写作本身的唯一途径。其他起点当然也会产生有趣的发现,对此也会有帮助,甚至可以提供有关其他方面的有用信息,但至少在目前的阶段,我们需要集中去仔细考虑创意写作中的这些基本问题。

今天,我们身处世界各地的大学中,这里拥有大量创意作家和创意写作研究人员,我们正在快速向新的时代迈进,创意写作活动和各类作品的公开交流、传播变得更加普遍。如今,我们拥有众多的出版机构、公司或代理商,创意作家拥有了前所未有的工作机会和发展空间,拥有更为多样的作品传播渠道。得益于这个时代巨大的技术变革,现在的创意写作作品的分发和传播非常便捷。当然,这些技术也使得传播的途径更容易被个人掌握。除此之外,正如许多在线创意写作讨论所阐明的那样,现在,我们可以更为轻松地定期谈论创意写作的发生以及完成或接近完成时的创意写作作品。

如今,关于创意写作的研究很多都体现在对写作进程的关注,它为我们揭示了人们投入了多少时间、知识和精力到这个进程之中。

所有这些都需要纳入我们思考的范围,并探究如何在大学、学院中开展创意写作的学习与教育。我们并不是在孤军奋战。21世纪的高等教育面临很多问题,包括学科的未来,学科专业知识,以及教师与学习者之间关系的发展和建设。在这些方面,学院如何应对并发挥其领导作用?我们应该如何推进创意写作在学院内的发展?如何在世界上新的文化、社会和经济发展中寻找发展机会?作为高等教育体系中的创意作家,我们未来的角色是什么?毫不奇怪,正如我们在本书中所指出的那样,了解我们可以探索的内容,为什么可以探索它以及如何进行这些探索,对我们来说似乎至关重要。

刘卫东　译

参考文献

外文著作

[1] AMABILE T M. *Creativity in context: update to the social psychology of creativity*[M]. Oxford: Westview, 1996.

[2] AIRA C. *Ghost*[M]. New York: New Directions, 2009.

[3] ATWOOD M. *Writing with intent*[M]. New York: Carroll & Graf, 2005.

[4] DONNELLY D. *Does the writing workshop still work?*[M]. Bristol: Multilingual Matters, 2010.

[5] DAWSON P. *Creative writing and the new humanities*[M]. Oxford: Routledge, 2005.

[6] FLORIDA R. *The rise of the creative class, and how it's transforming work, leisure, community, and everyday life*[M]. New York: Basic, 2002.

[7] GRIFFIN G. *Research methods for english studies*[M]. Edinburgh: Edinburgh University Press Ltd, 2005.

[8] GUILLORY J. *Cultural capital: The problem of literary canon formation*[M]. Chicago: Chicago University Press, 1995.

[9] GEE J P. *What video games have to teach us about learning and literacy*[M]. NewYork: PalgraveMacMillan, 2003.

[10] HARPER G. *On creative writing*[M]. Bristol: Multilingual Matters, 2010.

[11] JOSEPHY M. *Creative writing in America: theory and pedagogy*

[M]. Urbana: National Council of Teachers of English, 1989.

[12] KAUFMAN S B. *The psychology of creative writing* [M]. Cambridge: Cambridge University Press, 2009.

[13] MORLEYD. *The cambridge introduction to creative writing* [M]. Cambridge: Cambridge University Press, 2007.

[14] MCGURL M. *The program era: postwar fiction and the rise of creative writing*[M]. Cambridge, MA: Harvard University Press, 2011.

[15] MYERS D G. *The elephants teach: creative writing since 1880*[M]. Englewood Cliffs, New Jersey: Prentice Hall, 1996.

[16] O'ROURKE R. *Creative writing: education, culture and community* [M]. Leicester: National Institute of Adult Continuing Education, 2005.

[17] PINK D. *A whole new mind: why right-brainers will rule the future* [M]. New York City: Riverhead Trade, 2006.

[18] ROGERS C R. *On becoming a person: a therapist's view of psychotherapy*[M]. London: Constable, 1961.

[19] RIFKIN J. *The age of access: the new culture of hypercapitalism, where all of life is a paid-for experience*[M]. New York: Tarcher, 2000.

[20] RADWAY J A. *A feeling for books: the book-of-the-month club, literary taste, and middle-class desire* [M]. Chapel Hill, NC: University of North Carolina Press, 1997.

[21] SMITH H, DEAN R T. *Practice-led research, research-led practice in the creative arts (research methods for the arts and humanities)*[M]. Edinburgh: Edinburgh University Press, 2009.

[22] STARKEY D. *Teaching writing creatively*[M]. Portsmouth, NH: Boynton/Cook, 1998.

[23] VANDERSLICE S. *Rethinking creative writing in higher education: programs and practices that work* [M]. The Professional and Higher

Partnership Ltd, 2011.

[24] WANDOR M. T*he author is not dead, merely somewhere else*[M]. Basingstoke: Palgrave MacMillan, 2008.

[25] WOOLF V. *A room of one's own*[M]. New York: Mariner Books, 1989.

外文论文

[1] BIZZARO P. Research and reflections: the special case of creative writing[J]. *College English*, 2004(3).

[2] BOURKE N A, NEILSEN P M. The problem of the exegesis in creative writing higher degrees[J]. *TEXT: journal of writing and writing courses*, 2004(3).

[3] CASTRO B. Teaching creative writing in Asia: four points and five provocations[J]. *TEXT Special issues: creative writing in the Asia-Pacific region*, 2011(15).

[4] HARPER G. Special issue on practice-led research[J]. *The creative industries journal*, 2011(1).

[5] HARPER G. Creative writing: words as practice-led research[J]. *Journal of visual arts practice*, 2008(2).

[6] HARPER G. Creative writing? [J]. *New writing: the international journal for the practice and theory of creative writing*, 2009(2).

[7] HARPER G. Making connections: creative writing in the 21st century[J]. *New writing: the international journal for the practice and theory of creative writing*, 2011(3).

[8] PIANTA R C, WALSH D F. Applying the construct of resilience in schools: cautions from a developmental systems perspective[J]. *School Psychology Review*, 1998(3).

[9] RITTER K. Ethos interrupted: diffusing 'star' pedagogy in creative writing programs[J]. *College English*, 2007(3).

[10] ROTH M. Of self and history: exchanges with Linda Nochlin[J].

Art journal, 2000(3).

[11] RUST C. Unstated contributions: How artistic inquiry can inform inter-disciplinary research[J]. *International journal of design*, 2007(3).

[12] SEGAL D. In pursuit of the perfect brainstorm[J]. *The new york times magazine*, 2010(10).

译后记

刘卫东

时间过得很快，我从 2009 年开始从事创意写作学习和研究，至今已有十余年。十年之间，中国创意写作的教学和研究始终处于高速发展阶段。从 2009 年复旦大学创意写作 MFA 招生，上海大学成立创意写作研究中心，中山大学戴凡教授开设英语创意写作课程，到 2011 年前后中国人民大学英语系教授刁克利翻译出版多萝西娅·布兰德的《成为作家》，葛红兵、许道军在《探索与争鸣》发表《中国创意写作学学科建构论纲》，葛红兵在《湘潭大学学报（哲学社会科学版）》的"创意写作学科的基本理论与实践"专题研究发表《创意写作学的学科定位》，2016 年南京师范大学杨靖等主持翻译"MTI 学术写作译丛"的《数字时代的创意写作》，再到 2022 年张永禄、范天玉等主持翻译《剑桥创意写作导论》，以及《中国创意写作研究》近年来陆续推出，可以说中国创意写作的教育教学和研究所走的路非常清晰，也非常富有活力。

回顾这十余年的历程，我们可以看到，中国创意写作领域出现了三个较有代表性的创意写作丛书、书系，分别是中国人民大学出版社创意写作书系、高等教育出版社大学创意写作丛书，以及上海大学创意写作丛书。其中，上海大学创意写作丛书始于 2012 年，目前主要由上海大学出版社出版，其定位更多地与创意写作基本理论问题研究、教学法、创意规律、类型成规等相关，鼓励本土学者的原创性思考成果出版，学术性、理论性是这个丛书的基本特色。目前上海大学创意写作丛书已经进行到第三辑，第四辑的工作也即将开始。在上海大学出版社领导的主持下，由许道军主编，由江振新、徐雁华、刘强、袁苇鸣和等协力合作，已经推出了多种本土研究人员的著作，此外还有英语国家创意写作领域代表性的译作。

本书所选文章的作者包括英语国家近二十年创意写作研究领域的多位代表性人物，包括格雷姆·哈珀、黛安娜·唐纳利、米米·特博、史蒂夫·希利、凯瑟琳·哈克、斯蒂芬妮·范德斯利、英迪格·佩里、奈杰尔·麦克劳格林、帕特里克·比扎罗等。

关于本书翻译出版的一个缘起，则要说到2019年我在西安参加由西北大学、高等教育出版社主办的第五届世界华文创意写作大会。会后葛红兵、许道军、张永禄等各位老师，决定在上海大学创意写作丛书继续引进译本。每一辑都有一本译著，似乎成了上海大学创意写作丛书的一个小传统。这个丛书最早的译本要从2012年葛红兵、郑州明、朱喆等翻译的《创意写作的兴起：战后美国文学的"系统时代"》出版说起，2019年上海大学创意写作丛书还推出许道军、汪雨萌主持翻译的黛安娜·唐纳利的《作为学术科目的创意写作研究》，现在手里的这本译作与高尔雅老师主持翻译的《美国创意写作史》都是聚焦创意写作学科、创意写作发展和演进的著作，它们共同的特点是注重创意写作研究的学科史、基本理论问题的勘察和探索，这也是它相对于中国人民大学出版社创意写作书系、高等教育出版社大学创意写作丛书的突出特色，它们彼此之间是一种互补关系。

关于这本书的另一个缘起，则与我组织的创意写作学术交流方面的兴趣小组——创意写作翻译工坊密切相关。2020年，我就在创意写作研究多位同行的支持下，组建了虚拟的创意写作翻译工坊，希望可以联合国内关注创意写作教学、研究的人员不断地翻译、引进国外的相关文献。翻译工坊有在中国攻读创意写作硕士、博士学位的同学、老师，以及海外留学生、英语教师等五十多位成员组成，他们的专业背景多样，包括英语专业、心理学专业、教育学专业、语言文学专业等。翻译工坊的人员主要是基于教学和学术兴趣聚集在一起，不断引介创意写作教学和研究前沿的新话题、新思想。范天玉、王岚、雷勇、李枭银等都是翻译工坊的人员。未来还会有更多的英语国家的创意写作文献会经由工坊人员陆续翻译出来。

总体上，这本书的主要翻译人员包括上海大学中国创意写作中心的博士研究生范天玉、拥有英语和教育学两个硕士学位的王岚老师、西北大学创意写作团队的雷勇老师，以及近期致力于创意写作与表达性写作研究的上海大学创意写作博士研究生李枭银。本书的审核工作则主要由上海大学外国语学院冯奇教授与笔者负责。

其中，上海大学中国创意写作中心的博士研究生范天玉为这本译著做出了重要的贡献。范天玉翻译了本书中的《创意写作的知识》《面向未来的创意写作教学》《构建更好的超级机器：创意写作项目设计个案研究》《创意写作研究生教育的未来：制度化的文学写作》四章，并参与了第五章哈克教授的论文的部分翻译工作。范天玉此前就读于美国乔治华盛顿大学，获得了硕士学位，语言能力较为出色。她同时也在主持翻译美国创意写作研究组织主席格雷姆·哈珀的《渴望写作——创意写作的五把钥匙》，在忙碌的学习和翻译工作中，她出色的时间管理、项目管理能力，都对这本书能够如期翻译完工有很重要的贡献。

翻译团队里的王岚老师多年来从事英语教学、编辑出版工作，在中国、新西兰分别获得了两个硕士学位，拥有出色的英语专业能力，是一位细心而富有耐心的译者。王岚老师主持翻译了《创意写作栖息地》《创意写作研究》《创意写作教育的艺术："坚持"与"放手"》等篇目。王老师留学新西兰期间，我们曾就创意写作的教学和发展情况进行过交流和探索，她也曾分享过新西兰的创意写作的一些信息给我。王老师在写作与英语教育方面开阔的国际视野，都是我们翻译团队重要的财富。

另一位译者是来自西北大学创意写作团队的雷勇老师。雷勇多年前在上海大学中国创意写作中心攻读创意写作硕士学位、博士学位，后来又去英国从事创意写作调研工作，可以说是我们本土创意写作学科培养出来的优秀青年学者之一。雷勇老师的学科视野也非常开阔，研究范围涵盖了创意写作学科史、学科学位建设、创意写作与文化产业、潜能激发、创意写作的创意学研究等多个方面。雷勇老师主持翻译了本书中的第一章《重塑创意写作：学院的权力与代理》，这篇信息含量较大、涉及知识点较多，由他主持翻译再合适不过。我们在翻译的过程中，也曾经有过多次的专门交流，对于其中术语的措辞、理念的阐释和翻译进行过多次讨论。

本书翻译团队的译者还有来自上海大学创意写作专业的李枭银。李枭银在翻译进行的中期加入了我们的团队，她的快速反应能力对这本书的翻译非常重要。未来，在李枭银的协作下，我们还将继续翻译表达性写作与创意写作交叉研究领域的文献。

上海大学的江振新老师，徐雁华、刘强、袁苇鸣等老师也为本书做了大量的工作。江老师在出版方面的经验、徐老师在编校方面的统筹、刘老师在工作流程方面的指导、袁老师在编辑方面的付出,都为本书的顺利完工提供了保障。作为本书选题的策划人之一,我很高兴能够在编校工作、翻译工作联动的过程中,与各位老师有了很愉快的探讨、合作,也从他们的专业工作中学到很多。

本书在翻译过程中,部分术语、句子的翻译,同时也得到了中山大学戴凡老师的指导。尤其是,关于第四章中的部分术语翻译问题,戴凡教授在百忙之中给与了详细的解释,并给出了建议。另外,本书翻译中所涉及的阿甘本的一些引言,译者也曾向上海戏剧学院支运波教授请教。

本书的翻译工作还得到了上海大学中国创意写作中心许道军、张永禄老师的支持。许道军老师在合作方面、译文的翻译方面都给予了很大的支持,张永禄老师则对译文的内容当面给出了许多有价值的建议。华东政法大学新闻传播学院硕士生导师高尔雅也对本书的版权引进、译介工作做出了重要的贡献。本书合同的签订过程中,在许道军老师的统筹下,高老师与上海大学出版社老师一起进行了多次的审核、修订。在长达半年的多次出版文书往来工作中,他们以超凡的耐心、专业精神,解决了合同中的各项复杂问题,为我们顺利签下了本书的版权。

本书的选题在最初的申报和出版立项过程中,还得到了复旦大学王宏图教授的帮助和支持。上海大学外国语学院冯奇老师也为译文的审核付出了大量的精力。上海健康医学院的刘赛老师也为本书的翻译联络等工作做出了重要贡献。

温州大学人文学院的创意写作研究中心、创意写作教研室团队金丹霞、易永谊、郭垚、李广旭等老师,浙江传媒学院创意写作中心叶炜老师,以及山东青年政治学院创意写作中心冯现冬老师都在本书的译介与出版方面给予了很多的支持和鼓励。另外还有来自重庆移通学院创意写作学院、西北大学、上海大学、复旦大学、中山大学等院校的多位老师、创意写作硕士和博士研究生参与了本书稿件的试读工作。

本书的翻译和出版工作还得到了原作主编格雷姆·哈珀教授的支持。格雷姆教授拥有两个创意写作博士学位,是英语国家创意写作教学和研究领域的代表性人物。我们多次聊到他和唐纳利合作编辑的这部作品。在本书的译介期间,我还就创意写作的数字化问题、创意写作与新媒体的问题请教了格雷姆,相关的采访刊载在《中国创意写作研究 2020》。另外,本书的翻译还得到了中阿肯色大学范德斯利、洪堡州立大学嘉奈尔·阿德西特的支持和肯定,得到了创意写作研究组织的同行、朋友的支持。

海外著作的翻译一直是学术研究、教育教学工作不可或缺的有机组成部分,关键术语的界定与转介,核心理念的传递和行文风格的把握,都是一项长期的课题,需要译者不断地加强学习,认真思考。尤其是创意写作研究领域,许多基础性的工作尚未完成,可参照的译本也不多,再加上翻译团队工作的翻译能力、出版周期等多方面的原因,本书的翻译难免还存在不少问题,欢迎专家、老师们多批评、指正,以期能够共同推进创意写作在中国的发展,促进创意写作理念的社会化传播和深入。

2021 年 11 月 25 日